연약함의 신비
The Revealed Strength in Weakness

하나님이 저에게 약속 가운데 주신 딸 한나를 자연스럽게 생각하게 되었습니다.
왜냐하면, 한나는 중증장애인으로 살아가지만, 아빠가 세속의 길을 접고
거룩한 사역의 길을 가는 나침반 역할을 해 주었기 때문입니다. 그뿐만 아니라
한나는 목숨을 걸고 달려도 좋을 하나님의 비전을 갖게 해 주었고 더 나아가서는
하나님의 은혜를 공급하는 축복의 통로이자 몽학선생의 역할을 해 주었습니다.
따라서 한나는 현재까지 장애인 사역을 할 수 있는 은혜의 매개체가 되었습니다.
아무것도 할 수 없었던 것처럼 여겨졌던 중증장애인의 삶이었지만
필자에게 장애인 사역에 대한 비전을 깨닫게 하였고 지금까지 영감을
주고 있습니다. 따라서 누구보다도 한나에게 감사한 마음을 표하고 싶습니다.
"한나야, 정말 고마워! 그리고 누구보다도 너를 사랑해!"

발달장애인들의
존재와 삶을 통하여
깨달은 영성

연약함의 신비

김해용 지음

추천사

　김해용 목사님의 『연약함의 신비』는 '하늘나라 장애학 사전'입니다. 이 땅에 사는 동안 우리는 사회가 만든 장애인(disabled people)이라는 이름으로 살아가는 경우가 있습니다. 하나님의 형상을 따라 지은 바 된 사람을 장애인으로 만드는 사회(disabling society)에 살아가려면 끊임없이 '왜'라는 질문이 저절로 나오지 않을 수 없습니다. 장애, 이것이 교회와 내게 무엇이며?, 왜? 라고 궁금해 하던 것들에 대한 복음적 대답이 이 책 속에 있습니다. 이 책을 통해 주님 안에서의 자유가 우리 모두의 것이 되길 소망합니다.

강 창 욱 교수
강남대학교 사범대학장, 중등특수교육학과
(사) 평생돌봄 감사

　제가 사랑하고 존경하는 김해용 목사님은 하나님과 동행하며 장애인을 품고 살아가시는 분입니다. 김해용 목사님은 늘 세상의 절망을 뛰어넘는 희망을 노래하고 있습니다. 삶의 깊은 고통 가운데 주님과 함께 흘린 눈물이 장애인들의 창이 되고 선물이 되며 출구가 되었습니다. 김해용 목사님은 연약함의 신비를 드러내는 장애인이란 책을 통해 장애인을 바라보는 예수님의 마음을 담아내었습니다. 이 책을 읽는 모든 분이 우리 주님이 그렇게 하셨던 것처럼 연약함의 신비를 경험하며 세상을 이길 수 있게 되시기를 소망하며 마음을 합하여 장애를 딛고 새 삶을 열어갈 수 있도록 힘과 마음을 보탤 수 있기를 소원합니다.

서 옥 인 목사
순복음노원교회 복지담당
순복음노원장애인선교회
전국장애인교회학교협회 지회장

추천사

한국의 장애인 사역자들 대부분은 김해용 목사님에게 빚을 지고 있습니다. 장애인을 대상으로 예배하는 사역에 관심이 없었던 수십 년 전, 한국장애인사역연구소를 통한 김해용 목사님의 사역은 한국의 장애인들에게 예배의 감격을 회복하는 큰 힘이 되었습니다. 그가 주도하여 만들고 보급한 장애인들을 위한 성경교육교재와 예배지침서 및 장애인 목회 관련 자료들은 오늘날 교회에서의 장애인 사역에 선구적 모델이 되었습니다. 이번에 김 목사님께서 출간하시는 『연약함의 신비』는 지금까지 김 목사님의 소명적 장애인 사역의 결정판이라고 할 수 있습니다. 예배하고 교육하여 장애인들이 예수의 제자가 되게 하는 사역을 아동기와 청소년기 때만이 아니라 평생에 걸쳐서 해야 함을 역설하고 있습니다. 평생돌봄입니다. 김 목사님의 글을 읽으면서 깨닫게 됩니다. 예수의 제자가 된다는 것은 장애인이든 비장애인이든 누구나 다 하나님께서 준비하신 사명 안으로 자기 자신을 던져 넣는다는 의미입니다. 성령님께서 역사하심으로 예수의 제자가 된다는 것입니다. 예수의 제자가 되면 성령의 능력으로 새로운 자아가 형성되고, 이전의 삶을 개혁하며, 온전한 삶으로 변화됩니다. 돌보는 자와 돌봄을 받는 사람 모두가 그리스도의 제자가 되는 삶, 〈연약함의 신비를 드러내는 장애인〉은 바로 이 삶에 대한 근원적인 지향을 도전적으로 제안하고 있습니다. 많은 사람이 이 책을 읽고 연약함의 신비를 드러내는 그리스도의 제자가 되었으면 합니다. 저를 포함하여 많은 장애인 사역자들이 언제쯤이면 김해용 목사님으로부터 진 빚을 갚을 수 있을지 모르겠습니다. 그저 감사한 마음입니다.

이 준 우 목사
강남대학교 사회복지학부 교수
한국기독교사회복지실천학회 학회장
지구촌교회 농아부 지도목사

추천사

장애가 거룩한 도구요 축복의 통로로 사용되기 위해서는 하나님의 은혜를 입어야 합니다. 하나님의 은혜를 입은 장애는 탁월한 능력으로 사용됩니다. 이것이 연약함의 신비입니다. 세상의 관심은 인공지능(AI) 기술 도입에 집중되어 있습니다. 인공지능 기술은 더 많은 생산성과 새로운 부의 가치를 가져다준다는 믿음이 있기 때문입니다. 일부는 맞는 말입니다. 세상은 빠른 속도로 변화되어 가고, 사람들이 추구하는 가치는 더 높이, 더 부요하게 그 목표를 높이고 있습니다. 그래서 교회는 달려가는 방향과 목표가 세상과 다를 수밖에 없습니다. 더불어 발달장애인들의 속도는 더디기만 합니다. 그럼에도 교회가 세상의 답이 될 수 있는 것은 한 영혼을 천하보다 더 귀하게 여기시는 예수님의 거룩함을 추구하기 때문입니다. 저자인 김해용 목사님은 발달장애인 자녀를 둔 아버지입니다. 그래서 그 가족들과 함께 울고 웃을 수 있는 진실한 마음이 있습니다. 세상은 연약함을 비웃고 외면하지만, 하나님 아버지는 당신의 계획을 연약한 자들에게 심어주고 열매 맺게 하시는 분이십니다.

김해용 목사님은 오랜 시간 아버지의 마음을 갖고 한 방향을 향해 달려왔습니다. 한국장애인사역 연구소를 섬기며 전국장애인교회학교 주일학교 교재를 발간하여 발달장애인 친구들에게 생명의 복음을 전하고 있습니다. 많은 곳에서 이 교재와 애니메이션, PPT 등을 통해 예수님을 만나고 주님을 찬양하며 귀한 예배가 진행되고 있습니다. 이번 출판하는 책을 통해 가정에서 또는 교회공동체에서 우리와 다름없는 발달장애인, 그들 존재 중심에 계신 하나님, 그분의 간섭하심과 계획하심을 발견하는 은혜가 있으시길 바랍니다.

변 춘 자 전도사
춘천평안교회 사랑부
전국장애인교회학교협회 자문위원

추천사

    2002년에 장애인차별금지법 제정 운동이 시작되었고, 마침내 국회를 통과하여 2008년에 법이 시행된 지 11년이 지났지만, 여전히 장애인의 삶은 고단하기만 합니다. 오늘도 어디에선가는 장애인 인권을 위해 투쟁하는 분들의 목소리가 들릴 것입니다. 다행히 최근 우리나라에서도 장애인에 대한 인식이 몰라보게 좋아진 경우를 목격하기도 합니다만, 여전히 동정과 시혜, 불행의 표상처럼 여기는 세태 또한 존재합니다. 김해용 목사님이 쓰신 이 소중한 글들은 '장애인'과 '현실'을 '신앙'의 관점에서 바라보고 있습니다. 소주제마다 기독교의 핵심 가치와 장애인의 특성 및 삶을 잘 연결하고 성경말씀을 통해 증명하는 방식을 취하고 있는데, 인용되는 장애인 관련 사례들을 보면, 글쓴이가 걸어온 장애인 섬김의 삶을 연상케 합니다. 부디 이 책을 통하여 장애인에 대한 우리의 인식이 변화되기를 기대하며, 장애인과 비장애인이 함께 행복한 세상을 꿈꾸어 봅니다.

박 종 운 변호사
(현)장애인법연구회 이사
대한변호사협회 장애인인권소위원장
(전)장추련 법제정위원장

이 책을 집필하면서...

　필자가 오랫동안 장애인 선교사역을 해 오면서 항상 생각하고 있었던 것은 '연약함의 신비'를 드러내는 것이었습니다. 왜냐하면, 중증장애인 딸 한나를 통하여 장애인 선교사역으로 부름을 받았고 고통 속에서 훈련을 받았기 때문입니다. 그리고 사랑하는 딸을 통하여 목숨을 걸고 달려갈 수 있는 거룩한 비전을 찾았기 때문입니다. 또한, 장애인 선교사역을 하면서 늘 연약한 상태에서 하나님께 도움을 구하며 의지하게 되었고 연약한 자에게 은혜를 베푸시는 그 손길을 지금까지 경험하며 장애인 선교사역을 하고 있기 때문입니다. 연약함의 신비는 모든 사역자가 깨달아야 할 진리라고 생각됩니다.

　이 책은 연약한 장애인을 거룩한 도구로 즐겨 사용하시는 하나님의 섭리를 증거하려는 내용을 담았습니다. 다시 말씀드리자면 고통이 집약적으로 나타나는 지적능력이 낮고 성장과 발달에 장애가 있는 분들을 (이하 발달장애인 혹은 장애인으로 표기함) 하나님의 마음으로 살펴보았습니다. 따라서 이 책의 목적은 독자로 하여금 장애인이 하나님의 걸작품이며 거룩한 뜻과 계획을 드러내는 축복의 통로임을 깨닫게 하고 사랑의 돌봄을 촉구하는 데 있습니다. 그렇습니다. 하나님은 연약한 지체들을 우리 가운데 두시고 우리의 영적 장애를 깨닫도록 하실 뿐만 아니라 그들을 하나님의 사랑으로 돌봄으로써 거룩한 공동체를 건강하고 아름다운 공동체로 만들어 가시길 원하십니다. 조금 더 설명하자면 모든 교회가 '우는 자와 함께 울고, 웃는 자와 함께 웃는' 긍휼과 돌봄을 실천하는 사랑의 공동체가 되기를 원하십니다. 따라서 이 책에 연약함의 대명사라 불리는 지적 능력이 낮고 성장과 발달에 장애가 있는 분들이 어떤 존재인지 또한 가정과 교회에 어떤 역할을 하며 유익을 주는지 하나님의 생각을 담아 보았습니다. 바라기는 이 책을 읽는 분들이 연약함의 신비에 눈을 뜨고 십자가의 영성을 소유할 수 있었으면 좋겠습니다.

우리가 본받아야 할 예수님은 섬김의 삶을 사시는 고난받는 종의 모습 속에서 그리고 지극히 연약한 모습으로 십자가에 대신 속죄 제물이 되심으로서 아름다운 모습을 드러내셨습니다. 십자가는 연약한 자리였지만 하나님과 죄인이 화목을 이루는 신비롭고 아름다운 자리였습니다. 이와 마찬가지로 장애인도 그들의 연약한 존재와 고난의 삶을 통하여 예수님처럼 우리에게 깊은 영성을 깨닫게 해 줍니다. 하나님은 '세상의 미련한 것들을 택하사 지혜 있는 자들을 부끄럽게 하려 하시고, 세상의 약한 것들을 택하사 강한 것들을 부끄럽게 하려 하시며, 세상의 천한 것들과 멸시받는 것들과 없는 것들을 택하사 있는 것들을 폐하려 하시는데 그 목적은 어떤 사람도 하나님 앞에서 자랑하지 못하게 하시려는 것'이라고 말씀하셨습니다.[1]

진리를 통해서 뿐만 아니라 고난의 삶을 통해서 영적인 깨달음을 얻게 하고 바른길을 걷게 하시는 것은 하나님이 우리를 이끄시는 방법입니다. 따라서 극복하기 어려운 고통을 안고 슬픔과 눈물로 하루하루를 살아가는 장애 자녀를 둔 부모와 그 가족들 그리고 장애인 선교사역을 하시는 모든 사역자와 일반 목회자들 그리고 교회 성도님들께 이 책의 일독을 권합니다.

바라기는 이 책이 캄캄한 밤중의 길을 걷는 분들에게 길을 밝혀주는 초롱불과 같은 역할을 할 수 있었으면 좋겠습니다. 이 책이 장애로 고난 받는 분들을 위로하기에는 많이 부족할 수도 있겠지만, 마음을 울리는 작은 감동과 깨달음이라도 드릴 수 있으면 좋겠습니다. 한편으로 장애인 선교사역을 하는 필자로서 이 책을 집필하면서 어느 정도의 책임감과 의무감을 가졌습니다. 그러나 탈고를 하면서 기쁨이 찾아들고 해방감을 느낄 줄 알았는데 오히려 부족함을 느껴서 그런지 더욱 큰 부담감이 밀려옵니다. 저의 연약한 자의식이 하나님을 더욱 의존하는 태도를 보임으로써 해방과 자유를 누리고, 힘을 공급받아 하나님의 뜻을 이루는 장애인 선교사역을 계속 감당할 수 있기를 소망해 봅니다. 아름다운 동역자들의 기도와 협력을 부탁합니다.

감사의 글

"연약함의 신비"란 책을 집필하면서 하나님이 저에게 약속 가운데 주신 딸 한나를 자연스럽게 생각하게 되었습니다. 왜냐하면, 한나는 중증장애인으로 살아가지만, 아빠가 세속의 길을 접고 거룩한 사역의 길을 가는 나침반 역할을 해 주었기 때문입니다. 그뿐만 아니라 한나는 목숨을 걸고 달려도 좋을 하나님의 비전을 갖게 해 주었고 더 나아가서는 하나님의 은혜를 공급하는 축복의 통로이자 몽학선생의 역할을 해 주었습니다. 따라서 한나는 현재까지 장애인 사역을 할 수 있는 은혜의 매개체가 되었습니다. 아무것도 할 수 없었던 것처럼 여겨졌던 중증장애인의 삶이었지만 필자에게 장애인 사역에 대한 비전을 깨닫게 하였고 지금까지 영감을 주고 있습니다. 따라서 누구보다도 한나에게 감사한 마음을 표하고 싶습니다. - "한나야, 정말 고마워! 그리고 누구보다도 너를 사랑해!" 그리고 한나를 낳고 키우면서 말로 다 표현하기 어려운 고통 속에서도 묵묵히 오직 하나님을 의지하는 믿음으로 인내하며 30년 넘게 장애인 사역의 아름다운 동역자가 되어준 사랑하는 아내에게 또한 감사의 마음을 전하고 싶습니다. - "여보, 당신이 나를 생각하고 있는 이상으로 당신을 사랑해요! 그리고 날이 갈수록 변함없는 당신의 순종과 섬김의 모습에 하나님의 선택이 최고였음을 깨닫게 합니다. 그래서 눈을 감는 시간에도 감사하단 말을 드리고 싶습니다." 또한, 한나의 언니로서 동생을 사랑으로 돌보며 마음속으로 눈물을 흘리며 지금까지 인내해온 큰딸 승유에게도 감사한 마음과 사랑을 표현하고 싶습니다. - "사랑하는 딸 승유야~ 네가 알고 있는 것 이상으로 아빠는 너를 사랑한단다. 지난 세월 동안 남몰래 흘린 눈물과 상처가 많았겠지만 잘 극복해준 것과 지금까지 아름답게 성장해서 믿음으로 살아가니 참 고맙구나. 승유야~ 아주 많이 사랑해! 형민이도 이안이도 많이 사랑한다!"

마음속 깊은 곳에서 우러나오는 감사를 드려야 할 분들이 많이 있습니다. 30년 넘게 흐트러짐이 없는 모습으로 장애인사역에 동역해 오신 장경자 국장님께 감사를 드립니다. "장 국장님~ 변함없이 신실한 마음과 자세로 부족한 저의 필요를 채우며 장애인 선교사역을 함께해 주어서 감사해요. 그리고 늘 그렇듯이 이번에도 저의 원고를 살펴봐 주어서 감사해요." 또한, 척박한 광야와 같은 장애인 선교사역의 현장에 사막의 길을 함께 걷듯이 아름다운 동역자로 헌신해주신 장근연 목사님께 감사드립니다. "장 목사님~ 함께 척박한 길을 걸어가게 되어서 외롭지 않게 되고 힘을 얻게 되어서 감사합니다." 그리고 한장연 사역이 매우 어렵고 힘들었던 변화의 시기에 기꺼이 동역자로 함께하여 지금까지 신실한 모습으로 동역해 준 전영 실장님께 감사드립니다. "전영 실장님~ '나만 잘하면 됩니다'라고 말씀해 주시며 늘 겸손과 모범으로 사역해 주셔서 감사합니다." 또한 한장연의 중요한 기둥 역할을 해 오신 김인숙 팀장님께 감사를 드립니다. 조용히 그리고 묵묵히 사역하시는 김 팀장님께 이 말씀을 드리고 싶네요. "김 팀장님~ 든든한 동역자로서 저의 사역에 힘이 되어 주셔서 감사합니다."

그리고 한장연 사역의 또 다른 기둥으로서 요즘 보기 드물게 서로 깊이 신뢰하며 동역하시는 전장협 자문위원님들과 지회장님들 그리고 지부장님들께 감사를 드립니다. "광주 동명교회 황규팔 목사님, 대구 내일교회 양해섭 목사님, 대전 한밭제일장로교회 정재효 목사님, 서울서문교회 이재환 목사님, 소양성결교회 서승정 집사님, 순복음노원교회 서옥인 목사님, 숨, 쉼이 있는 교회 박하성 목사님, 숲교회 김경호 목사님, 전장협 자문위원 김호열 목사님, 성일호 목사님, 변춘자 전도사님, 최소월 목사님, 안산동산교회 천종관 목사님, 은혜샘물교회 장성철 목사님, 이리신광교회 한희영 전도사님, 주안장로교회 김미애 전도사님, 한가족교회 정금숙 목사님, 한국중앙교회 고정옥 전도사님, 사랑하는 유명운 목사님~ 모두 모두 감사해요! 한번 동역자면 끝까지 동역자입니다!" 그리고 미국 GSNM의 공동대표이신 브라이언 목사님과 여러 동역자님들 그리고 국내, 외 여러 교회와 사역의 현장에서 장애인 한 영혼을 위하여 아름답게 헌신하며 섬기고 계신 교역자님들과 선생님들 그리고 봉사자님들께 감사를 드립니다. "함께 오랫동안 동지적 사역을 해 오셨기 때문에 장애인 교회학교 사역이 그나마 꽃을 피울 수 있게 되었습니다. 이번에도 감사한 마음을 이 책에 담았습니다. 꼭 도움이 되었으면 하는 마음으로 집필하였습니다. 모든 분에게 유용한 책이 되었으면 좋겠습니다."

그리고 장애자녀를 두신 부모님과 가족들께 감사의 마음을 표현하고 싶고 또한 격려를 드리고 싶습니다. 책에서 기술해 놓았지만 자녀는 부모의 선택이 아닙니다. 그저 하나님이 주시는 선물로 받을 뿐입니다. 그럼에도 장애자녀를 키우는 부모입장에서는 고통이 뒤따르며 너무나 힘겨운 삶의 여정을 계속하게 됩니다. 믿음의 눈으로 보면 장애인은 특별한 하나님의 섭리로 우리 가운데 보내주신 축복의 통로입니다. 하나님은 장애자녀를 통하여 특별한 은혜를 공급하시길 원하십니다. 따라서 하나님의 눈과 마음으로 장애자녀를 돌보시기 바랍니다. 하나님은 가족들에게도 특별한 은혜와 형통의 선물을 주십니다.

그리고 마지막으로 사단법인 평생돌봄을 희생적인 믿음으로 헌신하며 섬기시는 존경하는 이사님들께 감사를 드립니다.
"최종식 큰 형님, 친구 강창욱 교수님, 길영준 대표님, 양용희 이사장님, 윤상조 대표님, 홍병호 대표님~ 오랫동안 손해만 보는 자리를 믿음과 신뢰로 지켜주셔서 감사합니다. 나중에 하늘의 상급이 클 것입니다. 기대하세요~" 그리고 훌륭하신 평생돌봄 법인의 자문위원님들께 감사를 드립니다. "이범성 교수님, 박종운 변호사님, 이동귀 부학장님, 이명희 교수님, 이소현 교수님, 이준우 목사님~ 지금까지 변함없이 자리를 지켜주시고 귀한 조언과 협력 사역을 해주셔서 감사드립니다." 그리고 정말 빼놓을 수 없는 아름다운 동역자이신 평생돌봄 법인의 상임이사이신 정종성 장로님께 감사를 드립니다. "정 장로님, 정말 아름다운 섬김의 모범을 보여주셔서 늘 감사드리고 있습니다. 평생 함께해요!" 그리고 이 책이 집필되도록 뒤에서 기도로 동역해 주신 평돌교회 모든 성도님께 감사를 드립니다.

사랑하는 교우님들~ 감사합니다! 그리고 또 감사합니다!" 그러나 누구보다도 저에게 믿음과 지혜를 선물로 주시고 모든 사역의 환경과 여건을 조성하셔서 지금까지 훈련과 돌봄을 통하여 인도하신 여호와 하나님께 감사하지 않을 수 없습니다. 모든 영광은 오직 여호와 하나님께 돌립니다. "하나님, 감.사.합.니.다!"

끝으로 부족한 글을 읽어주시는 모든 독자님께 감사를 드립니다. 그리고 이 부족한 글이 조금이나마 읽는 분들께 도움이 되기를 바랍니다. 또한, 이 책의 고백들이 다음에 누군가가 장애인 선교를 위하여 헌신하고자 할 때 그리고 장애인과 그 가족들이 하나님을 바라보고자 할 때 디딤돌 역할을 할 수 있기를 소망합니다.
마라나타!

사당동 집무실에서 김해용 목사 드림

CONTENTS

추천의 글 / 이책을 집필하면서... / 감사의 글

*읽기 도움 기호
- 🟡 발달장애인 이해
- 🔴 부모님
- 🔵 교역자 / 교사

Part.01 동일한 마음으로 바라보는 장애인

1장. 장애인과 신앙
- 🟡 01. 거룩한 도구인 장애인 · 18
- 🟡 02. 메시아를 알리는 장애인 · 22
- 🟡 03. 바른 믿음을 깨닫게 하는 장애인 · 26
- 🟡 04. 구원받을만한 믿음을 가진 발달장애인 · 30
- 🟡 05. 성숙한 인격을 갖게 하는 장애인 · 34
- 🟡 06. 심판 주를 알리는 장애인 · 38
- 🟡 07. 영적 거울인 장애인 · 42
- 🟡 08. 연약함의 신비를 드러내는 장애인 · 46

2장. 장애인과 가르침
- 🟡 01. 하나님의 영광을 드러내는 장애인 · 50
- 🟡 02. 축복의 통로인 장애인 · 54
- 🟡 03. 참사랑을 깨닫게 하는 장애인 · 58
- 🟡 04. 참 능력을 깨닫게 하는 장애인 · 62
- 🟡 05. 참 자유를 깨닫게 하는 장애인 · 66
- 🔴 06. 장애 자녀의 부모가 되는 것이란 · 70
- 🔴 07. 장애 자녀를 양육하는 지혜 · 74
- 🟡 08. 겸손을 가르쳐주는 장애인 · 78
- 🟡 09. 예절을 가르쳐주는 장애인 · 82

3장. 장애인과 공동체
- 🟡 01. 하나님이 사랑하시는 장애인 · 86
- 🟡 02. 도움을 요청하는 장애인 · 90
- 🟡 03. 복음을 전해야 할 장애인 · 94
- 🟡 04. 하나님 나라에 초대되어야 할 장애인 · 98
- 🟡 05. 평생 돌봄의 대상인 장애인 · 102
- 🟡 06. 공동체를 건강하게 만드는 장애인 · 106
- 🟡🔴 07. 아름다운 가족으로 만드는 장애인 · 110
- 🟡🔵 08. 교회를 건강하게 하는 장애인 · 114
- 🟡🔵 09. 교회의 운영원리를 깨닫게 하는 장애인 · 118
- 🟡🔴🔵 10. 안식일의 주인을 나타내는 장애인 · 122

Part 02 긍휼한 마음으로 바라보는 장애인

1장. 부르심과 훈련
- 01. 꿈을 주시는 하나님 · 128
- 02. 때를 두고 다스리시는 하나님 · 132
- 03. 기다림의 훈련을 시키시는 하나님 · 136
- 04. 광야의 길을 걷게 하시는 하나님 · 140
- 05. 감당할 시험만 허락하시는 하나님 · 144
- 06. 마음이 상한 자를 도우시는 하나님 · 148
- 07. 마음의 상처를 치유하시는 하나님 · 152
- 08. 문 앞에서 기다리시는 하나님 · 156

2장. 사명과 위로
- 01. 연약한 자에게 귀를 기울이시는 하나님 · 160
- 02. 사람들을 놀라게 하시는 하나님 · 164
- 03. 일꾼을 부르시는 하나님 · 168
- 04. 잃어버린 자를 찾으시는 하나님 · 172
- 05. 우리를 위해 장애인을 주신 하나님 · 176
- 06. 장애인을 낳으신 하나님 · 180
- 07. 부모의 직분을 맡기신 하나님 · 184
- 08. 장애를 통해 연단하시는 하나님 · 188
- 09. 좌절하는 곳에서 만나주시는 하나님 · 192
- 10. 참된 평안과 쉼을 주시는 하나님 · 196

3장. 변화와 성장
- 01. 장애인을 돌보시는 하나님 · 200
- 02. 장애인을 초청하라고 말씀하시는 하나님 · 204
- 03. 가르쳐 지키게 하라고 말씀하시는 하나님 · 208
- 04. 장애인을 통해 일하시는 하나님 · 212
- 05. 정의를 행하라고 말씀하시는 하나님 · 216
- 06. 공동체의 변화를 원하시는 하나님 · 220
- 07. 공동체의 성장을 원하시는 하나님 · 224

Part 03 부록

01. 부모가 장애자녀를 수용하는 심리 변화 단계 · 230
02. 장애자녀의 건강한 성장과 발달을 위한
    부모의 바람직한 양육자세 · 233
03. 자폐 범주성 장애 특성 및 지도방법 · 236
04. 지적장애인의 특성 이해 및 지도방법 · 244
05. 장애인을 이해하는데 도움이 되는 영화 · 251
06. 장애인을 이해하는데 도움이 되는 책 · 252
07. 장애 학생의 행동 관찰하기 · 254
08. 장애인에 대한 올바른 용어사용 · 256

참고도서목록 · 258

본문 미주 · 259

PART 01

동일한 **마음으로** 바라보는 장애인

01 | 장애인과 신앙
거룩한 도구인 장애인

■ 장애인이 거룩한 도구라고요?

사람들은 누구나 고난이 없는 삶을 이상적인 것으로 생각합니다. 이런 점에서 평생 고난의 삶을 사는 장애인들은 불행을 연상시키기 때문에 외면하게 되고 부정적으로 생각합니다. 분석심리학자인 칼 융은 '장애인은 비장애인에게 어두운 면을 보여주는 그림자 역할을 하므로 그들에 대해 무의식적으로 심리적인 거부감을 느낀다'고 말했습니다.[2]

인생의 고난은 어두 운 면만 있는 것이 아닙니다. 고난 속에 감추어진 밝은 면도 있습니다. 예를 들자면 시편 기자는 "고난당한 것이 내게 유익이라 이로 말미암아 내가 주의 율례들을 배우게 되었나이다."[3] 라고 말했습니다. 이것은 고난 속에 감추어진 '깨달음'이라는 정신적인 순기능이 있음을 말해주고 있습니다. 장애가 바로 이런 것입니다. 장애는 고난의 표징(a sign)이지만 그 속에는 영적 장애의 현실을 고발하고 직면하게 하는 예언적 기능을 내포하고 있습니다. 이런 이유로 예수님은 "내가 심판하러 이 세상에 왔으니 보지 못하는 자들은 보게 하고 보는 자들은 맹인 되게 하려 함이라 하시니"[4] 라고 말씀하셨습니다.

■ 하나님이 이렇게 말씀하셨습니다.

"이르되 주여 내가 믿나이다 하고 절하는지라 예수께서 이르시되 내가 심판하러 이 세상에 왔으니 보지 못하는 자들은 보게 하고 보는 자들은 맹인이 되게 하려 함이라 하시니 바리새인 중에 예수와 함께 있던 자들이 이 말씀을 듣고 이르되 우리도 맹인인가 예수께서 이르시되 너희가 맹인이 되었더라면 죄가 없으려니와 본다고 하니 너희 죄가 그대로 있느니라" (요한복음 9장 38~41절)

예수님은 고난의 종으로서 우리를 찾아오셨습니다. 이 말의 의미는 하나님은 고난을 통하여 우리와 관계를 맺으시고 우리의 하나님이 되셨다는 말씀입니다. 따라서 고난은 깊은 의미를 내포하고 있음을 알 수 있습니다. 일반적으로 고난을 당하면 연약해진다고 생각합니다. 틀린 말은 아니지만 옳은 말이라고도 할 수 없습니다. 왜냐하면 고난을 피하지 않고 직면할 때 그것은 삶의 지혜를 깨닫게 해 주는 능력이 되기 때문입니다. 예를 들자면 고난의 종이신 예수님과 관계를 맺고 고난의 삶을 살기로 작정한다면 그분을 통해 얻는 지혜로 고난을 넉넉히 극복할 뿐만 아니라 고난을 겪는 자를 위로하는 능력도 얻을 수 있기 때문입니다. 장애인의 고난도 마찬가지입니다. 장애인은 부족하고 연약한 면모를 갖고 있지만 장애를 통하여 지혜와 능력을 갖게 될 수도 있습니다. 발달장애인의 경우 인지기능이 약함으로 수용적이고 의존적인 삶을 살지만 그러나 돕는 사람으로 하여금 영적 깨달음을 갖게 만듭니다. 따라서 서로 돕는 관계 속에서 바람직한 인간관계를 깨닫게 하며 나아가서는 건강한 공동체의 모습을 보여주기도 합니다. 이처럼 모든 사람은 서로에게 영향을 미치며 살아갑니다. 개인의 자아정체성과 인격 성숙은 서로에게 영향을 주고받으면서 확립되고 성장합니다. 자아정체성이란 다른 사람과 관계를 맺으면서 발견하게 됩니다. 예를 들자면 '나는 누구인가?' 혹은 '나의 인격은 괜찮은가?' 등 자신에 대한 궁금한 답을 찾을 수 있습니다. 그리고 각 개인의 인격이 성숙하게 되는 것도 누군가의 영향에 의하여 내면화됩니다. 예를 들자면 인격이 훌륭한 사람을 만나서 교제하면 훌륭한 인격을 배울 수 있는 것과 같습니다. 이것은 대상관계이론[5]에서 찾아볼 수 있습니다. 이와 마찬가지로 비장애인은 장애인을 통하여 건강한 자아정체성을 발견하기도 하고 성숙한 인격도 갖게 된다는 것입니다.

예수님은 올바른 믿음을 갖지 않았던 바리새인들을 깨닫게 하시려고 시각장애인을 도구로 사용하셨습니다. 그들이 눈을 뜨고 앞을 보아도 예수님이 그리스도이심을 깨닫지 못했던 것은 마음에 죄가 있었기 때문이었습니다. 따라서 예수님은 시각장애인을 통하여 그들의 영적 장애를 깨닫게 하셨습니다. 이처럼 하나님의 은혜로 부르심을 입고 도구로 사용되는 사람은 언제나 '연약함 속의 능력'(strength in weakness)이라는 새로운 힘을 드러냅니다. 다시 말하자면, 하나님의 은혜가 연약한 자로 하여금 강한 자를 부끄럽게 하는 능력의 도구로 사용된다는 것입니다. 그러므로 예수님의 십자가 아래에 있는 사람은 결코 연약한 존재가 아닙니다.

■ 장애인이 어떻게 거룩한 도구로 사용될까요?

바울 사도는 이렇게 말했습니다. "모든 사람이 죄를 범하였으매 하나님의 영광에 이르지 못하더니. 그리스도 예수 안에 있는 속량으로 말미암아 하나님의 은혜로 값없이 의롭다 하심을 얻은 자 되었느니라."[6] 그리고 "내게 능력 주시는 자 안에서 내가 모든 것을 할 수 있느니라."[7] 라고 말했습니다. 그렇습니다. 누구든지 하나님의 은혜를 받으면 형질변경에 따른 거룩한 신분의 변화를 경험하고 성령의 능력을 덧입게 됩니다. 따라서 아무리 연약한 자라도 거룩한 도구요 축복의 통로로 사용될 수 있습니다. 이것이 연약함의 신비입니다. 그러므로 누구든지 거룩한 도구로 사용되기 위해서는 먼저 하나님의 은혜를 받아야 합니다. 하나님의 은혜를 받고 거룩한 도구로 사용되기 위해선 무엇보다도 십자가 아래에 머물러 있어야 합니다. 이 말의 의미는 예수 그리스도의 복음을 듣고 깨달아야 한다는 뜻입니다.

인지능력이 부족한 발달장애인도 십자가 아래에 있기만 하면 하나님의 은혜를 받을 수 있습니다. 왜냐하면 거룩한 하나님의 은혜는 성령이 일방적으로 주시는 조건 없는 은혜이기 때문입니다. 성령이 주시는 거룩한 은혜는 그 누구도 막을 자가 없으며 거부할 자가 없습니다. 그리고 성령의 은혜가 임하기만 하면 누구든지 능력의 도구로 사용될 수 있습니다. 왜냐하면, 성령은 깨닫게 하는 진리의 영이며 거룩하게 변화시키는 능력의 영이기 때문입니다. 한편으로 하나님은 아무리 비

싼 금과 은으로 만든 그릇이라 하더라도 더러우면 사용하시지 않으십니다. 반면에 깨어지기 쉬운 값싼 질그릇이라도 깨끗한 그릇은 사용하십니다. 세상은 언제나 큰 그릇이 되라고 말합니다. 그러나 하나님은 그냥 깨끗한 그릇이 되라고 말씀하십니다. 왜냐하면 깨지기 쉽고 값이 싼 질그릇이라 하더라도 깨끗한 그릇은 사용하기가 좋기 때문입니다. 인지능력이 부족한 장애인이 거룩한 그릇으로 쉽게 사용되는 이유는 세상의 더러운 것에 물들지 않았기 때문입니다.

신체적 장애는 고난의 표징이지만 그 속에는 영적 장애의 현실을 고발하고 깨달음을 주는 예언적 순기능을 내포하고 있습니다. 그리고 장애인이 다소 부족하고 연약한 면모를 갖고 있지만 서로 돕는 관계 속에서 바람직한 인간관계와 건강한 공동체성을 깨닫게 해 주기도 합니다. 이처럼 장애는 우리에게 유익합니다. 그러나 장애가 거룩한 도구요 축복의 통로로 사용되기 위해서는 하나님의 은혜를 입어야 합니다. 하나님의 은혜를 입은 장애는 탁월한 능력으로 사용됩니다. 이것이 연약함의 신비입니다.

> 모든 사람이 죄를 범하였으매 하나님의 영광에 이르지 못하더니
> 그리스도 예수 안에 있는 속량으로 말미암아 하나님의 은혜로
> 값없이 의롭다 하심을 얻은 자 되었느니라
> - 로마서 3장 23, 24절

| 장애인과 신앙

메시아를 알리는 장애인

■ 장애인이 메시아를 알린다고요?

하나님이 세상 만물을 창조하신 이유가 있다면 그것은 자신의 기쁨을 위한 것입니다. 따라서 모든 피조물은 창조주의 기쁨을 위해 존재해야 하는 당위성을 갖습니다. 하나님이 창조하신 장애인도 마찬가지입니다. 아무리 연약한 장애인이라 할지라도 그 삶에는 창조주의 특별한 계획이 있기 마련입니다. 왜냐하면 하나님은 인간이 갖춘 다양한 능력도 사용하시지만 연약한 장애인도 깨달음과 은혜의 도구로 사용하시기 때문입니다. 세상의 사람들은 강한 사람을 좋아하지만, 하나님은 약한 사람을 좋아하십니다.

창조주이신 하나님은 연약한 사람들을 회복시키길 원하시며 더 나아가서는 연약한 사람을 도구로 사용하셔서 강한 사람을 부끄럽게 하십니다. 구약시대의 전설적인 전사였던 삼손은 적에게 사로잡혀 두 눈이 뽑히고 아무런 힘을 쓸 수 없는 장애를 가진 상태였지만 하나님이 주신 힘으로 다곤의 신전을 무너뜨려 하나님께 영광을 돌렸습니다.

신약시대 때 10명의 한센인들이 예수님을 찾아와서 고침을 받고 돌아갔습니다. 비단 한센인들 뿐만 아니라 수많은 불치병 환자들과 다양한 장애를 가진 사람들이 예수님을 찾아와서 고침을 받고 돌아갔습니다. 예수님이 불치병 환자들을 고쳐주신 것과 장애인들을 치유하신 것을 통해 어떤 의미를 찾을 수 있을까요? 그것은 불치병과 장애를 고쳐주신 예수님이 이사야 선지자의 예언대로 이 땅에 오신 메시아임을 증거[8] 하는 것이며 이것은 누구든지 예수 그리스도를 믿음으로써 구원의 소망을 가질 수 있음을 알려주는 놀라운 사건이었습니다.

그러므로 장애인은 메시아가 누구인지 알려주는 선지자적인 역할을 감당했던 축복의 통로임을 깨닫게 해 줍니다.

■ **하나님이 이렇게 말씀하셨습니다.**
"예수께서 온 갈릴리에 두루 다니사 그들의 회당에서 가르치시며 천국 복음을 전파하시며 백성 중의 모든 병과 모든 약한 것을 고치시니 그의 소문이 온 수리아에 퍼진지라 사람들이 모든 앓는 자 곧 각종 병에 걸려서 고통당하는 자, 귀신 들린 자, 간질하는 자, 중풍병자들을 데려오니 그들을 고치시더라" (마태복음 4장 23, 24절)

예수님은 공생애 사역을 시작하시면서 가장 먼저 나사렛 회당에서 메시아로서 취임 선언을 하셨습니다. 그 내용이 바로 가르치고, 전파하며, 치유하는 사역이었습니다. 온갖 불치병이 낫고 장애인이 고침을 받은 것은 예수님이 메시아 되심과 하나님 나라의 도래를 알려주는 희소식이었습니다. 이것은 그 당시 로마제국의 억압과 그로 말미암은 고통 속에서 소망 없이 살아갔던 유대민족에게 가장 큰 기쁨이었습니다. 하나님은 언제나 정의를 드러내시길 원하시며 그 방법은 치유와 회복이었습니다. 기적은 하나님이 그 자녀에게 은혜 베푸시는 방법입니다. 그러므로 불치병이 낫고 온갖 장애로부터 고침을 받은 사람들은 예수 그리스도가 메시아이심과 하나님 나라의 도래를 알리는 복음의 메신저로서 사용되었던 것입니다.

하나님은 언제나 은혜로운 방법을 통하여 구원계획과 섭리를 나타내 보이십니다. 은혜란, 하나님이 아무런 조건이 없이 베푸시는 순수한 사랑을 의미합니다. 따라서 예수님이 치유와 회복의 기적을 베푸실 때도 당사자들에게 그 어떤 대가도 요구하지 않으셨습니다. 그저 믿음으로 주님을 바라보고 의지하기만 하면 됩니다. 예수님께 찾아온 불치병 환자와 장애인들은 은혜로 값없이 고침을 받았습니다. 그리고 불치병과 장애를 치료 받은 사람들은 예수 그리스도가 세상의 유일한 소망이며 메시아이심을 주위 사람들에게 알렸습니다. 그들은 말로 다 표현할 수 없는 기쁜 마음으로 목이 터지라 외치며 사람들에게 메시아와 복음을 알렸습니다. 불치병을 치료 받고 장애에서 회복된 사람들은 세상에 복음을 전하며 소망을 던져준 하나님의 메신저였습니다.

■ 세상에 소망을 어떻게 전해야 할까요?

예수님은 온갖 불치병과 장애가 치유되고 회복되는 것이 하나님의 임재를 알리며 그 백성을 다스리시는 방편임을 보여주셨습니다. 이것을 다른 말로 표현하자면 하나님의 정의를 드러내는 것이었습니다. 정의는 하나님이 세상을 창조하시고 다스리시는 원리입니다. 따라서 하나님은 죄로 말미암아 더러워진 세상을 회복하시기 위하여 그 자녀에게 정의를 실천할 것을 말씀하고 있습니다. 하나님은 정의를 거룩한 백성이 반드시 지켜야 할 실천적 과제라고 선지자들의 가르침과 모세의 율법을 통하여 알려 주셨습니다. 그리고 마지막에는 예수 그리스도의 가르침과 모범을 통하여 정의가 무엇인지 보여주셨습니다.

하나님의 정의는 치유와 회복으로 나타나야 합니다. 다시 말하자면 거룩한 백성은 하나님의 정의를 실천함으로써 치유와 회복을 드러낼 수 있어야 합니다. 하나님이 정의로 그 백성을 다스리시고 은혜를 베푸시는 방편이 기적이라면 정의를 행하는 거룩한 자녀의 사역 속에 치유와 회복이 나타나는 것은 당연합니다. 그러므로 하나님의 자녀는 정의로운 사역을 통하여 어두운 세상에 소망을 줄 수 있어야 합니다.

병든 몸과 마음의 치유는 거룩한 사역에서 볼 수 있어야 합니다. 왜냐하면 치유는 하나님의 정의를 드러내는 것이며 하나님의 다스리심을 증거 하는 것이기 때문입니다. 따라서 하나님의 이름으로 사역을 하는 곳에서 기적이 일어나지 않는다면 하나님의 정의가 실천되지 않고 있음을 반증하는 것이며 또한 하나님의 은혜가 머물러 있지 않음을 증거 하는 것입니다. 그러므로 하나님의 사역자들은 올바르게 행하며 하나님의 정의를 실천해야 합니다. 먼저는 자신이 속해 있는 가정과 교회 그리고 직장과 사회에서 정의를 실천해야 합니다. 하나님의 정의는 거짓과 타협하지 않고 오직 진리의 말씀에 순종하며 정직하게 행하는 것입니다. 순수한 마음을 가진 발달장애인들이 우리에게 하나님의 정의가 무엇인지 가르쳐 주고 있습니다.

　성경에 등장하는 많은 장애인은 창조주 하나님의 특별한 계획을 알리고 영광을 드러내는 존재로 사용되었습니다. 그들이 하나님의 거룩한 도구로 사용된 이유는 단지 연약했기 때문입니다. 연약함은 무용하다는 편견을 갖게 합니다. 또한, 연약함은 동정적인 생각을 하게 만듭니다. 그러나 하나님은 연약한 사람들을 사용하십니다. 그 이유는 의존적 삶을 사는 사람을 통하여 하나님의 능력과 계획을 잘 드러낼 수 있기 때문입니다. 하나님은 인간의 교만한 생각과 행동을 싫어하십니다. 그리고 겸손한 사람을 사용하십니다. 하나님을 전적으로 의존하는 겸손한 삶은 기적을 경험하는 비결입니다. 발달장애인들이 이러한 지혜를 깨닫게 해 줍니다.

이는 한 아기가 우리에게 났고 한 아들을 우리에게 주신 바 되었는데
그의 어깨에는 정사를 메었고 그의 이름은 기묘자라 모사라 전능하신 하나님이라
영존하시는 아버지라 평강의 왕이라 할 것임이라
- 이사야 9장 6절

| 장애인과 신앙

바른 믿음을 깨닫게 하는 장애인

■ 장애인이 바른 믿음을 깨닫게 한다고요?

　장애자녀를 둔 부모는 늘 고통을 겪으며 살아가지만, 특별히 장애자녀를 돌보기 어려운 위기 상황을 맞이할 때는 더욱 앞이 캄캄해집니다. 왜냐하면 부모를 대신해서 장애자녀를 돌보아줄 마땅한 대안이 없기 때문입니다. 그러나 부모가 염려하고 있는 것과는 다르게 장애자녀는 현재는 물론 미래의 삶도 별로 걱정하지 않습니다. 그들은 가진 재산과 배운 지식과 안정된 직장이 없어도 염려하지 않습니다. 오히려 하루하루를 재미있게 살아갑니다. 그 이유는 그들이 자신의 삶을 염려하지 않으며 내일을 걱정하지 않기 때문입니다. 어쩌면 장애의 특성 때문인지 모르겠습니다. 가진 것이 없는 거지가 파산할 염려가 없듯이 장애가 있기 때문에 염려하지 않는 것입니다.

　그리스도인 중에는 많은 재산과 안정된 직장을 갖고 있으면서도 현재와 미래의 삶을 염려하며 살아가는 분들이 있습니다. 하나님이 우리를 돌보신다는 신앙이 있으면서도 현재와 미래의 삶을 염려하는 것은 연약하기 때문입니다. 장애인은 연약하여서 부모를 의지하며 살아갑니다. 자신이 연약하여서 부모를 의지하는 것은 결코 잘못된 것이 아닙니다. 따라서 그리스도인들도 연약하여서 하나님을 전적으로 의지하며 살아야 합니다. 하나님은 장애인들의 의존적 삶을 통해서 우리에게 바른 믿음을 깨닫게 해 줍니다.

■ 하나님이 이렇게 말씀하셨습니다.

"그러므로 염려하여 이르기를 무엇을 먹을까 무엇을 마실까 무엇을 입을까 하지 말라 이는 다 이방인들이 구하는 것이라 너희 하늘 아버지께서 이 모든 것이 너희에게 있어야 할 줄을 아시느니라 그런즉 너희는 먼저 그의 나라와 그의 의를 구하라 그리하면 이 모든 것을 너희에게 더하시리라 그러므로 내일 일을 위하여 염려하지 말라 내일 일은 내일이 염려할 것이요 한 날의 괴로움은 그 날로 족하니라" (마태복음 6장 31~34절)

하나님을 믿는 그리스도인은 무엇을 입을까, 무엇을 마실까, 무엇을 입을까 염려하지 말아야 합니다. 왜냐하면 염려하는 삶은 그리스도인의 삶의 방식이 아니기 때문입니다. 무엇보다도 모든 그리스도인의 부모가 되시는 하나님이 우리의 필요를 아시고 때에 따라 공급해 주시기 때문입니다. 그럼에도 많은 그리스도인은 염려하며 살아갑니다. 이것은 결코 바른 믿음의 자세가 아닙니다. 바른 믿음이란 하나님의 약속을 믿으며 순종하는 믿음입니다. 예수님은 자신을 따르던 많은 사람에게 가장 먼저 구할 것이 무엇인지 가르쳐주셨습니다. 그것은 하나님 나라와 의입니다. 하나님 나라를 구한다는 것은 하나님의 통치를 받고 거룩한 뜻을 드러내는 삶을 사는 것입니다. 그리고 하나님의 의를 구하는 것은 하나님의 말씀을 순종하면서 올바르게 사는 것을 말합니다. 이처럼 순서를 바꾸지 않고 하나님 나라와 정의를 먼저 구할 때 우리가 염려하는 모든 것들이 하나님의 약속 가운데 주신다는 것입니다. 따라서 그리스도인의 삶의 우선순위는 하나님 나라와 그의 의를 먼저 구하는 것입니다. 이것을 믿고 따르는 것이 바른 믿음을 가진 그리스도인입니다.

장애인들은 우리에게 바른 믿음과 평안한 삶이 무엇인지 그들의 의존적 삶을 통하여 귀중한 가르침을 주고 있습니다. 그것은 그들이 연약하여서 부모를 전적으로 의지하고 있고 부모는 연약한 자녀이기 때문에 자녀를 전적으로 돌봅니다. 이것은 참사랑의 관계에서 나타나는 원리입니다. 이처럼 그리스도인들도 하나님을 전적으로 의존한다면 염려가 찾아올 수가 없습니다. 왜냐하면, 전적인 의지는 전적인 돌봄으로 나타나기 때문입니다. 이것은 하나님이 우리에게 해 주신 약속입니다. 그리스도인이 현재와 미래의 삶을 염려하는 것은 하나님을 절대적으로 의존하지 않고 자신을 의지하기 때문입니다. 따라서 자신을 의지하며 살아가는 사람은 염려하는 삶을 살기로 작정한 것과 같습니다.

　하나님을 전적으로 의지하며 살아가는 그리스도인은 최상급의 믿음을 가진 것입니다. 이런 사람은 스스로 연약하다고 생각하기 때문에 작은 일이나 큰일이 있을 때에도 항상 하나님을 바라보고 의지합니다. 따라서 사단이 세상의 온갖 시험과 염려거리를 들고 찾아와도 두려워하지 않습니다. 오히려 사단이 이런 사람을 무서워하며 가까이하지 않습니다.

■ 바른 믿음을 어떻게 가질 수 있을까요?

　믿음이란 신뢰입니다. 즉, 서로의 관계 속에서 이루어지는 것입니다. 신뢰하는 관계란 상당히 오랜 시간 동안 서로 알아가는 과정에서 서서히 형성되는 것입니다. 믿음도 마찬가지입니다. 하나님을 알아가는 과정 즉, 사귐 속에서 신뢰가 형성되는 것입니다. 하나님을 아는 방법에는 대략 세 가지가 있습니다. 첫째, 하나님이 자기의 뜻을 이미 알려주셨던 특별계시인 성경을 통해서 아는 것입니다. 둘째, 일반계시인 우주 질서 곧 세상 만물이 자연스럽게 돌아가는 것에서 하나님의 뜻을 알 수 있습니다. 셋째, 예수님이 보내신 거룩한 영, 진리의 영이신 성령님을 만남으로써 알 수 있습니다.

　하나님을 아는 믿음이란 앞에서 언급한 바와 같이 세 가지 방법을 통해 바른 지식을 가질 때 생겨납니다. 이것을 두고 '하나님이 선물을 주셨다'라고 말하기도 합니다. 성령님이 우리를 찾아오시면 바른 지식이 무엇인지 깨닫게 되고 행하게 됩니다. 이것을 다른 말로 표현하자면 하나님이 선물로 주신 믿음이라는 것입니다. 바른 믿음이란, 하나님을 알뿐만 아니라 올바른 관계를 맺고 사귐 속에서 신뢰하는 것입니다. 발달장애인들이 부모를 전적으로 신뢰하며 의지하듯이 하나님을 전적으로 신뢰하며 의지할 때 바른 믿음을 선물로 받습니다. 이처럼 하나님이 우리 가운데 발달장애인을 두신 중요한 이유 중 하나는 그들의 의존적 태도를 배우라는 것입니다.

발달장애인들은 대체로 비장애인보다 건강하게 삽니다. 그 이유는 그들은 자신의 삶을 염려하지 않기 때문입니다. 동의보감에 따르면 '생각이 많으면 신경이 약해지고, 염려가 많으면 뜻이 흩어지며, 욕심이 많으면 뜻이 혼미해지고, 일이 많으면 과로하게 된다'고 말하고 있습니다. 건강하게 사는 비결 중 하나는 염려하지 않는 것입니다. 발달장애인들이 우리에게 중요한 삶의 진리를 가르쳐주고 있습니다. 그것은 모든 것을 부모에게 맡기는 의존적 삶을 사는 것입니다. 하나님께 모든 것을 맡기고 전적으로 의존적 삶을 사는 것은 바른 믿음을 가진 사람이며 가장 건강하고 지혜롭고 행복하게 사는 비결입니다.

그런즉 너희는 먼저 그의 나라와 그의 의를 구하라
그리하면 이 모든 것을 너희에게 더하시리라
그러므로 내일 일을 위하여 염려하지 말라 내일 일은 내일이 염려할 것이요
한 날의 괴로움은 그 날로 족하니라
- 마태복음 6장 33, 34절

| 장애인과 신앙

구원받을만한 믿음을 가진 발달장애인

■ **발달장애인은 어떻게 구원을 받을까요?**

　발달장애인은 일반적으로 지적, 언어적, 사회적, 관계적, 정서적, 학습상 어려움이 있습니다. 따라서 발달장애인들을 경험해 보지 못한 분들은 그들의 지적 능력이 떨어지고 적응기술이 부족한 상태를 보면서 신앙 교육의 대상이 될 수 있는가? 라는 의문을 가집니다. 그러나 창조주 하나님의 관점에서 보면 첫째, 하나님은 모든 사람이 구원받으며 진리를 아는 데에 이르기를 원하시고[9] 둘째, 성령 하나님이 베푸시는 구원의 은혜는 그 누구에게도 차별이 없을 뿐만 아니라 제한할 수도 없으며,[10] 셋째, 누구든지 주의 이름을 부르는 자는 구원을 얻을 수 있다는[11] 거룩한 약속을 생각한다면 발달장애인도 신앙교육의 대상이 되어야 합니다. 왜냐하면, 구원은 하나님의 주권적인 은혜 베푸심과 그 은혜로운 약속을 믿음으로 얻는 것이기 때문입니다.

■ **하나님이 이렇게 말씀하셨습니다.**
"그런즉 육신으로 우리 조상인 아브라함이 무엇을 얻었다 하리요 만일 아브라함이 행위로서 의롭다 하심을 받았으면 자랑할 것이 있으려니와 하나님 앞에서는 없느니라 성경이 무엇을 말하느냐 아브라함이 하나님을 믿으매 그것이 그에게 의로 여겨진 바 되었느니라"(로마서 4장 13절)
"그러므로 상속자가 되는 그것이 은혜에 속하기 위하여 믿음으로 되나니 이는 그 약속을 그 모든 후손에게 굳게 하려 하심이라 율법에 속한 자에게뿐만 아니라 아브라함의 믿음에 속한 자에게도 그러하니 아브라함은 우리 모든 사람의 조상이라"(로마서 4장 16절)

구원받을 믿음이란 무엇일까요? 자기 생각을 이리 재고 저리 재는 자기중심적인 믿음이 아니라 단순하게 하나님을 믿는 믿음입니다. 단순한 믿음이란, 하나님이 세상을 사랑하셔서 독생자 예수님을 보내주셨다는 것과 예수님이 죄로 말미암아 죽을 수밖에 없는 사람들을 대신해서 죽어주신 그 사랑을 믿는 것을 의미합니다.[12] 하나님의 사랑의 깊이와 높이와 넓이를 그 누구도 깨달을 수 없습니다. 이렇게 생각한다면 구원받을 만한 믿음도 사실은 큰 믿음이 아닙니다. 더군다나 구원받는 믿음 또한 하나님께서 선물로 주셔야 가능한 것입니다.[13] 본문에 등장하는 믿음의 조상인 아브라함도 처음부터 믿음이 있었던 것은 아니었습니다. 사실인즉 아브라함이 우상을 믿으며 우상을 팔아 생계를 이어가는 생활을 하고 있었을 때 여호와 하나님이 그를 찾아오셨고 복을 주시겠다고 약속해 주셨습니다.[14]

아브라함은 이 약속을 믿음으로써 구원을 받고 그의 보잘것없는 믿음으로 구원받은 자들의 조상이 되었습니다. 이것은 전적으로 하나님의 은혜로운 행위이자 축복이었습니다. 다르게 표현하자면 아브라함이 구원을 받은 이유는 하나님께서 아브라함의 구원을 약속해 주셨기 때문입니다. 그러므로 예수님이 우리에게 전해 주신 구원에 대한 약속을 전하는 것과 또한 많은 사람이 그 약속을 듣고, 믿도록 하는 것이 매우 중요합니다. 이처럼 믿음이란 매우 단순한 것입니다. 마음을 하나님께로 향하는 아주 미약한 의지만 있어도 됩니다. 강한 의지로 자신의 행동을 통제하고 철저하게 거룩한 삶을 살아야 구원받는 것은 아닙니다. 만약에 강한 의지로 자신을 통제할 수 있는 사람이 구원을 받을 수 있다면 그 누구도 구원의 감격을 노래할 수는 없습니다. 왜냐하면, 그런 사람에게는 하나님의 은혜가 필요 없기 때문입니다. 하나님 나라에 가는 것은 하나님이 베푸시는 그 은혜로만 가능합니다. 그리고 그 은혜는 하나님의 약속을 믿는 사람들에게 상속됩니다. 그러므로 하나님을 의지하는 믿음이 매우 중요합니다.[15]

■ **구원받는 믿음이란 무엇일까요?**

　구원받는 믿음이란 구원을 베푸시는 하나님께 이끌림과 돌봄을 받고 인정받는 믿음입니다. 하나님은 어린 아이들이 가진 단순하고 깨끗한 마음을 좋아하십니다. 순전한 마음입니다. 하나님은 비록 의지가 약해서 믿음의 행위를 온전히 실천하지 못하고 실수를 늘 해도 해맑은 모습으로 찬양하는 사람을 좋아하십니다. 하나님은 음정이 바르지 못하고 박자를 제대로 맞추지 못하는 찬양이라 할지라도 순수한 마음과 열정이 있는 태도를 가진 찬양자를 기뻐하십니다. 논리와 언변을 갖추고 짜임새 있게 기도하지는 못하지만 순수한 생각과 편견 없는 마음으로 기도하는 사람을 좋아하십니다. 하나님은 기본적인 인성과 지식은 물론 사회성이 매우 부족해도 오직 하나님을 사랑하며 의지하는 삶을 살아가는 발달장애인을 사랑하십니다. 이런 분들이 구원받을 만한 믿음을 가진 자며 하나님 나라를 상속받을 하나님 나라의 백성입니다. 다시 반복하지만 구원받는 믿음이란 큰 믿음이 아닙니다. 평생 용서받을 수 없는 심각한 죄를 짓고 사형수의 몸이 되어 최후를 맞는다고 할지라도 마지막 순간에라도 예수님을 의지한다면 그것이 구원받는 믿음이 될 수 있음을 성경은 가르쳐주고 있습니다.[16]

　구원받는 믿음이란 신앙생활을 오랫동안 하고 직분을 갖고 잘 섬기는 믿음만이 아닙니다. 성경을 많이 읽고 예배를 안 빠지며 경건하게 사는 사람만이 받을 수 있는 믿음이 아닙니다. 그것은 지혜와 지식이 부족하여 실수가 많은 삶을 살고 또한 인격과 사회성이 부족하여 관계를 잘 맺지 못하고 문제행동을 하고 늘 의존적인 삶을 산다고 할지라도 순수한 마음으로 주님의 이름을 부르고 의지하며 찬양하는 삶을 사는 믿음입니다.[17] 예수님도 우리에게 참된 믿음이 우리를 구원하였다고 하였지 참된 행위가 구원에 이르게 하였다고 말씀하지 않았습니다. 구원은 오직 하나님의 주권적 사역이며 은혜를 베푸시는 그 행위는 언제나 올바른 것입니다.

사람은 외모를 보고 판단하지만, 하나님은 언제나 사람의 마음과 그 중심을 보시는 분입니다.[18] 그리고 하나님은 언제나 약한 자와 작은 자를 좋아하십니다.[19] 오히려 그들을 거룩한 도구로 사용하셔서 강한 자들을 부끄럽게 하십니다.[20] 일반적으로 발달장애인들은 인지능력과 적응능력이 부족하여서 의존적인 삶을 삽니다. 그리고 생각이 단순하고 마음이 순수하여서 하나님이 기뻐하시는 신앙생활을 할 수 있습니다. 따라서 발달장애인들은 그 누구보다도 구원받을 만한 믿음을 가진 사람들이라는 생각이 듭니다.

| 장애인과 신앙
성숙한 인격을 갖게 하는 장애인

■ 장애인이 성숙한 인격을 갖게 한다고요?

장애 아이를 양육하는 대부분의 부모님은 장애와 그 때문인 문제행동 때문에 고통을 겪게 됩니다. 장애 때문에 가장 먼저 찾아오는 고통은 상실감과 절망감입니다. 어떤 어머니는 이렇게 표현했습니다. "그 어떤 단어로도 그 어떤 글로도 상실감과 절망감을 표현할 수 없었다."[21] 이 어머니는 혼자 노는 아이를 바라보면서 세상에서 가장 값진 인생이 무엇인가를 생각하게 되었습니다. 장애의 고통이 자신의 행복만을 생각했던 이기적 생각에서 벗어나 이타적 생각으로 전환하게 한 것입니다. 이처럼 장애는 부모에게 고통만 안겨주는 것이 아니라 아름다운 인생관을 새롭게 설계하게 되는 깨달음을 줍니다. 그리고 고통 속에서 연단은 받지만 성숙한 인격을 갖게 하고, 이타적인 삶을 살게 하며, 아름다운 열매를 맺게 합니다.

■ 하나님이 이렇게 말씀하셨습니다.

"구스 사람이 이르러 말하되 내 주 왕께 아뢸 소식이 있나이다 여호와께서 오늘 왕을 대적하던 모든 원수를 갚으셨나이다 하니 왕이 구스 사람에게 묻되 젊은 압살롬은 잘 있느냐 구스 사람이 대답하되 내 주 왕의 원수와 일어나서 왕을 대적하는 자들은 다 그 청년과 같이 되기를 원하나이다 하니 왕의 마음이 심히 아파 문 위층으로 올라가서 우니라 그가 올라갈 때에 말하기를 내 아들 압살롬아 내 아들 내 아들 압살롬아 차라리 내가 너를 대신하여 죽었더면 압살롬 내 아들아 내 아들아 하였더라"
(사무엘하 18장 31~33절)

성경에는 자녀 때문에 부모가 고통을 받고 왕의 자리에서 쫓겨나는 이야기를 알려 주고 있습니다. 다윗 왕과 그 아들 압살롬의 이야기입니다. 다윗 왕의 셋째 아들이었던 압살롬은 배 다른 형이었던 암논을 무참하게 살해했습니다. 그 이유는 암논이 압살롬의 여동생 다말을 욕보였기 때문이었습니다. 이 일로 인하여 압살롬은 아버지의 눈을 피해 왕궁에서 떠나게 됩니다. 몇 년 뒤 아버지 다윗 왕의 부름으로 압살롬은 왕궁으로 돌아오지만, 아버지 다윗은 마음을 열어 압살롬을 따뜻하게 맞이하지 않았습니다. 아버지 다윗이 압살롬을 왕궁으로 불러들였지만 그를 거들떠보지 않았습니다. 마음으로 진정한 용서를 하지 못한 것입니다. 이 일로 인하여 원한을 품은 압살롬은 쿠데타를 준비했고 때가 되자 자신을 따르던 부하들을 이끌고 아버지 다윗 왕을 왕궁에서 떠나게 했습니다. 다윗 왕은 압살롬을 온전히 용서하지 못한 좁은 마음 때문에 결국 고통을 당하게 된 것입니다. 이 일이 있고 난 다음 다윗 왕의 군사와 압살롬의 군사가 전쟁을 벌였는데 그 와중에 압살롬이 죽게 됩니다. 다윗은 압살롬이 죽자 통곡을 하며 지난 일을 후회했습니다. 다윗 왕은 아들의 죽음이 가져다준 고통으로 마음이 변화되었고 인격이 더욱 성숙해졌습니다.

고통은 사람으로 하여금 생각하게 합니다. 그리고 고통의 마음에 하나님의 은혜가 부어진다면 고통 속에서 하나님의 뜻을 찾는 바른 생각과 하나님의 뜻을 행하려고 하는 아름다운 삶의 변화를 하게 만듭니다. 지혜롭게 할 뿐만 아니라 인내하게 만들며 결국 아름다운 인격으로 나타나게 합니다. 이것이 하나님 안에서 깨닫는 고통의 유익입니다. 자녀의 장애는 부모와 가족들에게 그 무엇과도 비교할 수 없는 고통이자 상실입니다. 마치 돌에 글을 새겨서 지워지지 않는 것처럼 그 상처는 지워지지 않는 평생의 아픔입니다. 부모가 자녀의 장애에 대하여 도움을 줄 수 없는 한계를 경험하면서 고통은 더욱 가중됩니다. 그리고 부모가 문제행동을 보이는 자녀를 바라보면서 부모가 돌봐줄 수 없는 위기상황의 때를 생각하고 자녀의 미래를 걱정하며 한숨을 짓고 눈물을 흘리게 됩니다.

■ 장애의 고통이 주는 유익이 무엇인가요?

자녀의 장애 때문인 고통은 부모가 그 무엇으로도 대체 할 수 없고, 대신해 줄 수 없으며 또한 평생에 걸쳐 다가오기 때문에 극복하기 어려운 만성적인 슬픔입니다. 그러나 앞에서 언급한 바와 같이 고통이 찾아왔을 때 그 고통이 '어디'로 부터 왔으며, '무엇' 때문인지 생각을 해 보는 것이 중요합니다. 왜냐하면, 모든 고통에는 '하나님의 뜻'이 내재하여 있기 때문입니다. 따라서 고통이 우연히 찾아온 것이 아니라면 그 뜻이 '누구'의 뜻으로 말미암고 '무엇' 때문인지 깊게 생각해 보는 것은 고통을 극복하는 지혜로운 방법입니다. 모든 일이 하나님의 뜻으로 말미암는다면 장애도 하나님의 뜻 안에서 그 의미를 찾는 것이 중요합니다. 하나님은 고통을 창조하시는 분은 아니지만, 고통을 허락하십니다. 그리고 우리가 겪는 고통을 통하여 자기 뜻을 드러내십니다. 또한 하나님은 우리가 겪는 고통을 통하여 부르시고, 연단하시며, 소망을 이루게 하십니다. 따라서 고통이 찾아왔을 때 고통을 뿌리치기 보다는 오히려 고통 속에서 기다리시는 하나님을 만나고 거룩한 뜻을 발견할 수 있어야 합니다.

하나님은 장애의 고통 속에서 우리를 훈련하시는데 그 훈련을 받고 나면 성숙한 인격을 갖게 되는 것은 물론 다른 사람들의 고통을 이해하고 상담하며 다루는 기술과 능력도 갖추게 됩니다. 그러므로 고통이 찾아왔을 때 그 고통을 부정하거나 피하지 말아야 합니다. 만일 그렇게 한다면 지혜로운 선생님을 물리치는 것과 같습니다. 자녀의 장애는 부모의 내면을 보게 하는 영적 거울과 같은 역할을 합니다. 일반적으로 우리의 마음은 밝은 면과 어두운 면이 함께 있는데 어두운 면을 살펴보면 왜곡되고 상처로 얼룩진 면모를 갖고 있습니다. 그 증거가 두려워하는 마음, 분노하는 마음, 버림받은 마음, 굶주린 마음, 열등감과 죄의식 등입니다.

장애가 찾아왔을 때 이와 같은 마음이 발견되는 것은 그 마음이 왜곡되고 상처가 있다는 반증이기도 합니다. 하나님은 장애의 고통을 통하여 우리의 왜곡된 자아와 마음의 상처를 드러내시며 바른 마음과 성숙한 인격으로 바꾸어주시길 원하십니다. 따라서 믿음의 눈으로 장애를 바라보고 하나님을 의지해야 합니다.[22]

장애는 고난의 결정체입니다. 그러나 하나님의 뜻 안에서 믿음의 눈으로 장애를 바라보면 그것이 특별한 은혜며 축복인 것을 깨닫게 됩니다. 장애는 우리의 왜곡되고 상처로 얼룩진 내면을 비추어주는 영적 거울입니다. 그리고 믿음으로 장애의 고통을 받아들이고 인내하면 성숙한 인격과 탁월한 지혜와 능력을 갖추게 됩니다. 또한, 다른 사람들의 고통을 위로하며 상담해 줄 수 있는 기술과 능력도 갖추게 합니다. 무엇보다도 행복과 평안한 삶을 누리게 해 줄 뿐만 아니라 다른 사람들에게 행복과 평안한 삶을 안내해 줄 수 있는 길잡이 역할을 하게 됩니다. 하나님은 우리에게 선물을 주실 때 겉포장에 대해서는 신경을 쓰지 않으십니다. 내용물에 마음을 두시고 가장 좋은 것을 우리에게 주시는 분입니다. 그러므로 장애는 하나님의 특별한 선물입니다.

수고하고 무거운 짐 진 자들아 다 내게로 오라
내가 너희를 쉬게 하리라
- 마태복음 11장 28절

06 | 장애인과 신앙
심판 주를 알리는 장애인

■ 장애인이 심판 주를 알린다고요?

　장애는 고난이 집약적으로 나타나는 신체적 현상입니다. 따라서 장애인의 삶은 인간이 겪는 고난의 삶에 대한 단면을 뚜렷하게 부각해줍니다. 한편으로 불편한 신체적 장애가 있는 발달장애인은 경쟁적이고 이기적이며 자기중심적인 삶을 추구하는 불완전한 인격 장애를 고발하는 기능도 합니다. 이런 측면에서 생각해 볼 때 신체적 장애는 영적 장애를 깨닫게 하는 거울과 같은 역할을 합니다.

　인간을 창조하신 하나님은 고난을 매개로 우리와 관계를 맺으시고 참사랑을 나타내십니다. 그리고 고난을 통해서 우리의 인격을 성숙하게 하시며 형통의 자리로 인도하십니다. 따라서 하나님은 고난의 실존인 장애인을 통하여 고난 속에서 역사하시는 하나님을 알고, 만나고, 교제하도록 이끄십니다. 그 이유는 하나님의 참사랑을 깨닫게 하기 위해서입니다. 한편으로 하나님의 실존인 예수님은 신체적 장애인의 치유를 통해서 자신이 심판 주이심을 분명하게 드러내셨습니다.

■ 하나님이 이렇게 말씀하셨습니다.

"예수께서 그들이 그 사람을 쫓아냈다 하는 말을 들으셨더니 그를 만나사 이르시되 네가 인자를 믿느냐 대답하여 이르되 주여 그가 누구시오니이까 내가 믿고자 하나이다 예수께서 이르시되 네가 그를 보았거니와 지금 너와 말하는 자가 그이니라 이르되 주여 내가 믿나이다 하고 절하는지라 예수께서 이르시되 내가 심판하러 이 세상에 왔으니 보지 못하는 자들은 보게 하고 보는 자들은 맹인이 되게 하려 함이라 하시니 바리새인 중에 예수와 함께 있던 자들이 이 말씀을 듣고 이르되 우리도 맹인인가? 예수께서 이르시되 너희가 맹인이 되었더라면 죄가 없으려니와 본다고 하니 너희 죄가 그대로 있느니라" (요한복음 9장 35~41절)

창조주 하나님은 첫 사람 아담과의 약속을 통해서 불순종의 결과로 죽음이 반드시 따라오게 된다는 사실을 말씀해 주셨습니다. 아담의 불순종으로 말미암아 인류 모든 사람이 고난의 삶과 죽음을 불행한 유산으로 물려받게 되었고 그 고난과 죽음은 다양한 형태로 나타났습니다. 독일의 철학자 마틴 하이데거(Martin Heidegger)는 인간의 실존을 '거기 있음'(Dasein)[23]으로 표현했습니다. 즉 '세상 안에 있는 존재' 라는 의미입니다. 그는 우리가 사는 세상을 일컬어 고난의 삶과 죽음의 '한계'를 경험할 수밖에 없는 곳이라고 말했습니다. 이 모든 원인은 인간이 하나님과의 관계가 깨어졌기 때문입니다. 따라서 사람들은 고난의 삶과 죽음의 '한계'를 통하여 오히려 하나님과의 교제를 회복할 수 있어야 합니다. 왜냐하면, 하나님은 '한계'를 두고 우리를 다스리시며 우리와 교제하기 때문입니다. 이런 의미에서 고난이 집약적으로 나타나는 장애는 하나님을 알고, 만나고, 교제하는 축복의 통로로 생각해야 합니다.

세상에서 장애로 말미암아 고통의 한계를 경험하는 사람들은 반드시 영적 의미를 한 번쯤 생각해 봐야 합니다. 장애가 하나님의 뜻으로 말미암고 축복의 통로로 이해된다면 예수님이 하나님의 실존이시며 심판주이심을 깨닫게 됩니다. 대부분 고난의 삶을 좋아하는 사람은 없습니다. 그러나 고난의 의미조차 깨닫지 못하고 피하려고 할 때 좋은 선생님을 뿌리치는 것과 같습니다. 고난의 의미를 생각하지 못하고 고난의 현실을 회피하려고 한다면 영적 장애를 가진 사람이라고 생각할 수 있습니다. 왜냐하면, 하나님은 그 자녀들을 고난의 수레에 태워 연단하시고 하늘의 영광스러운 존재로 만드시기 때문입니다.

예수님은 하나님이 하신 말씀의 의미를 살피기보다는 형식을 중요하게 생각한 바리새인들을 책망하셨습니다. 바리새인들의 죄는 하나님의 뜻을 분별하지 못한 것입니다. 그들이 하나님의 뜻을 옳게 분별했다면 예수님이 그리스도이심을 알았을 것입니다. 그러므로 예수님은 바리새인들이 앞을 보는 눈은 있으나 영적인 눈이 닫혀있는 시각장애인이며 죄인이라고 말씀하셨습니다.

■ 장애인이란 어떤 존재일까요?

장애란, 하나님의 뜻으로 말미암는 신체적 장애도 있지만, 하나님의 뜻을 분별하지 못하고 불순종하는 영적 장애도 있습니다. 사람이 경험하게 되는 모든 고난은 중립적 가치입니다. 그러나 그 고난이 하나님의 뜻 안에서 해석되고 하나님의 손안에서 다루어질 때 축복이 될 수 있습니다. 따라서 고난은 변장된 축복이라고 말할 수 있습니다. 장애도 마찬가지입니다. 장애는 고난의 결정체이지만 모든 장애가 그런 것은 아닙니다. 장애가 하나님의 뜻으로 해석되고 받아들여질 때 축복의 통로가 되며 장애인은 하나님의 걸작품이 됩니다. 그러므로 고난의 삶을 평안의 삶으로 바꾸기 위해서는 하나님의 뜻 안에서 믿음으로 이해하는 것이 필요합니다.

하나님의 뜻 안에서 장애가 축복의 통로가 된다고 생각하는 사람은 하나님의 사랑을 받은 사람이며 연약함의 신비에 눈을 뜬 사람입니다. 그야말로 앞을 보는 사람입니다. 반대로 장애가 아직도 축복의 통로가 아니라 슬픔이며 저주로 생각된다면 하나님의 뜻을 분별하지 못한 영적 장애인이라고 생각할 수 있습니다. 영적 장애인은 하나님의 뜻을 살피고 순종하는 삶을 살기보다는 세상의 이치와 논리를 따르는 것을 중요하게 생각하는 사람입니다. 따라서 영적 장애인은 세상의 가치를 추구하며 세상의 힘을 추구하며 살아가는 사람입니다. 예수님은 이런 사람을 두고 '자기 십자가를 지고 나를 따르지 않는 합당치 않는 사람'이라고 말씀하셨습니다. 하나님의 뜻으로 말미암는 고난은 하나님의 아름다운 계획입니다. 그리고 그 고난은 인격의 모난 부분을 깎고 다듬으며 부족한 부분을 채우게 하는 능력이며 아름답고 성숙한 인격을 만드는 도구입니다. 하나님은 그의 자녀를 고난 속에서 연단하심으로 하늘의 별이 되게 만드십니다. 아브라함과 요셉과 모세와 다윗과 수많은 믿음의 선진들이 믿음의 고난을 통해 하늘의 빛나는 별이 되었습니다. 하나님 안에서는 더는 장애인이 존재하지 않습니다. 그러므로 모든 사람은 고난의 삶을 하나님 안에서 믿음으로 이해해야 합니다.

신체적 장애는 경쟁적이고 이기적이며 자기중심적인 삶을 추구하는 세상 사람들의 불완전한 인격 장애를 고발하고 직시하게 합니다. 따라서 신체적 장애는 영적 장애를 깨닫게 하는 거룩한 도구요 매개체입니다. 하나님은 언제나 고난을 통하여 영적 장애인을 부르시고 깨우십니다. 따라서 고난은 하나님이 영적 장애인을 부르시는 확성기입니다. 예수님은 참 장애인이 누구인지 분명하게 알려 주셨습니다. 참 장애인이란 하나님의 뜻을 살피지도 않고 모를 뿐만 아니라 그 뜻에 순종하지 않는 사람입니다. 이를 두고 영적인 눈이 감겨버린 시각장애인이라고 말씀하셨습니다. 영적 장애인은 하나님과 관계가 끊어졌기 때문에 마지막 날에는 돌이킬 수 없는 무서운 형벌을 받게 됩니다. 이것을 가르쳐주신 분은 심판 주이신 예수님입니다.

바리새인 중에 예수와 함께 있던 자들이 이 말씀을 듣고
이르되 우리도 맹인인가 예수께서 이르시되 너희가 맹인이 되었더라면 죄가 없으려니와
본다고 하니 너희 죄가 그대로 있느니라
- 요한복음 9장 40, 41절

영적 거울인 장애인

▎장애인이 영적 거울이라고요?

안데르센의 동화 중에 '벌거숭이 임금님'이라는 명작이 있습니다. 몸에 아무것도 걸치지 않은 임금님을 백성은 아무 일 없다는 듯이 환호했지만, 그중에서 한 아이가 현실을 말합니다. "임금님은 벌거벗었다!" 어린아이는 있는 그대로 현실을 말할 줄 아는 순진한 마음과 용기를 지녔던 것입니다. 그리스도인 중에는 자신의 영적 실체를 깨닫지 못하는 분들이 있습니다. 예수님은 이런 분들을 깨닫게 하시기 위하여 시각장애인의 눈을 뜨게 해 주시고는 "내가 심판하러 이 세상에 왔으니 보지 못하는 자들은 보게 하고 보는 자들은 맹인이 되게 하려 함이라"[24]고 말씀하셨습니다. 즉, 영적 장애인들을 깨닫게 하려고 신체장애인을 거룩한 도구로 사용하신 것입니다. 이처럼 하나님은 발달장애인이 가진 순진한 특성을 통하여 비장애인들의 영적 결핍을 깨닫게 하십니다. 이런 의미에서 발달장애인은 영적 거울과 같은 존재입니다.

■ 하나님이 이렇게 말씀하셨습니다.

"형제들아 너희를 부르심을 보라 육체를 따라 지혜로운 자가 많지 아니하며 능한 자가 많지 아니하며 문벌 좋은 자가 많지 아니하도다 그러나 하나님께서 세상의 미련한 것들을 택하사 지혜 있는 자들을 부끄럽게 하려 하시고 세상의 약한 것들을 택하사 강한 것들을 부끄럽게 하려 하시며 하나님께서 세상의 천한 것들과 멸시받는 것들과 없는 것들을 택하사 있는 것들을 폐하려 하시나니 이는 아무 육체도 하나님 앞에서 자랑하지 못하게 하려 하심이라" (고린도전서 1장 26~29절)

하나님은 이스라엘 백성을 선민으로 선택하여 거룩한 백성의 예표로 보여주시길 원하셨습니다. 하나님이 이스라엘 백성을 선민으로 선택하신 이유는 그들의 수효가 많아서가 아니라 모든 민족 중에서 수효가 가장 적었기 때문이었습니다.[25] 이스라엘 백성이 약했기 때문이었습니다. 하나님은 이처럼 연약한 자들을 사랑하시며 그들을 거룩한 도구로 사용하시기를 좋아하십니다. 따라서 사도 바울은 하나님이 '역설'[26]의 논리인 미련하고 약하고 천하고 멸시받는 사람들을 영적인 깨달음을 주는 도구로 사용하여 세상의 힘과 지혜를 가진 교만한 사람들을 부끄럽게 하신다고 말씀하셨습니다. 그 이유는 '어떤 사람도 하나님 앞에서 자랑하지 못하게 하려는 것'입니다. 예수님은 자신의 믿음과 지식과 경건한 삶을 자랑했던 그 당시의 서기관들과 바리새인들을 책망하시면서 그들을 '맹인 된 인도자'들이라고 말씀하셨습니다.[27] 또한, 예수님은 그들을 두고 외식하는 종교지도자들인 것을 신랄하게 비판하셨습니다.

하나님이 발달장애인을 우리 가운데 두신 이유 중 중요한 한 가지는 우리의 영적 장애를 깨닫게 하기 위함입니다. 발달장애인의 문제행동을 통하여 비장애인들의 문제행동을 굳이 들추어 비교해 보자면 다음과 같습니다.

발달장애인의 문제행동	비장애인의 문제행동
인지 장애	말씀을 잊어버리는 기억장애
상동행동	무의미한 일에 대한 반복행동
자기집착	자기중심적 집착 행동
자극통합능력 장애	세상 것에 마음을 빼앗기는 주의집중 장애
학습장애	말씀과 기도의 부적응 영적 장애

성도는 맹수처럼 믿음의 선한 싸움에서 이겼기 때문에 선택받은 것이 아니라, 부족하고 연약하지만, 예수님의 십자가 사랑 때문에 하나님의 은혜로 택함을 받은 것입니다. 만물을 창조하신 하나님께 거룩한 자녀

로 택함을 받았다는 것은 그 무엇과도 비교해서 설명할 수 없는 감사하고 신비한 일이 아닐 수 없습니다. 따라서 바울 사도는 예수 그리스도의 십자가 외에는 결코 자랑할 것이 없다고 고백하였습니다.[28] 바울 사도는 자신의 연약함을 자랑하였습니다.

■ 장애인을 통해 깨닫게 하는 것이 무엇일까요?

벌거벗은 임금님은 자기인식을 하지 못했기 때문에 백성에게 놀림감이 되었습니다. 예수님께 질책을 받은 그 당시 서기관과 바리새인들 역시 자기인식을 올바르게 하지 못했습니다. 거룩한 하나님의 자녀는 성령 안에서 자기인식을 올바로 할 수 있어야 합니다. 발달장애인은 영적 장애를 깨닫게 해 주는 거울과 같은 존재입니다. 다시 말씀드리면 영적 장애인들에게 반면교사 역할을 하는 몽학선생과 같은 존재입니다.

베드로 사도는 구원받은 모든 그리스도인을 가리켜 "너희는 택하신 족속이요 왕 같은 제사장들이요 거룩한 나라요 그의 소유가 된 백성이니 이는 너희를 어두운 데서 불러내어 그의 기이한 빛에 들어가게 하신 이의 아름다운 덕을 선포하게 하심이라 너희가 전에는 백성이 아니더니 이제는 하나님의 백성이요 전에는 긍휼을 얻지 못하였더니 이제는 긍휼을 얻은 자니라"고 말씀하셨습니다.[29]

발달장애인은 구원받은 모든 그리스도인에게 올바른 자기 인식을 하고 선한 삶을 살 수 있게 촉구하는 예언적 역할을 하는 존재입니다. 그러므로 자기 인식을 바르게 하지 못하는 모든 그리스도인은 발달장애인을 통하여 자신의 영적 정체성을 깨달을 수 있어야 합니다.

예수님은 선천성 시각장애인의 눈을 뜨게 해 주신 후에 영적 장애인들을 앞에 두고 교훈하시기를 "내가 심판하러 이 세상에 왔으니 보지 못하는 자들은 보게 하고 보는 자들은 맹인이 되게 하려 함이라"[30]고 말씀하셨습니다. 예수님이 말씀하시는 맹인이란, 진리를 안다고 할지라도 올바른 자기 인식을 하지 못하고 선한 삶을 살지 못하는 영적 장애인을 의미합니다. 예수님은 오늘날에도 참 장애인이 누구인지 신체장애인을 통하여 우리에게 교훈을 주시고 있습니다.

연약함의 신비를 드러내는 장애인

■ 장애인이 신비를 드러낸다고요?

일반적으로 장애인을 'the disabled'라고 번역합니다. 이것을 풀어서 설명하자면 '~을 할 수 없는' 무능력의 존재라는 뜻입니다. 따라서 장애인을 정상적인 기능을 수행하지 못하는 사람이기 때문에 부정적으로 생각하고 낮추어 보려는 경향이 있습니다. 사실 장애란, '정상과 질적으로 다른 상태가 아니라 정상과 같은 연속선상에서 보되 기능적인 차이'로 인식해야 합니다. 그리고 장애인을 비장애인과 비교해서 볼 때 '아무것도 할 수 없거나 올바르지 못한 존재'가 아니라 '비장애인이 중심이 된 환경 안에서 불편을 겪으며 살아가는 존재'라고 이해해야 합니다. 또한 '장애인 모두가 객관적인 사실로 판단되는 것이 아니라 사회적 규범이라는 관점에서 판단되고 있음'을 이해해야 합니다.

인간이 단순한 존재가 아니듯 장애인 역시 단순한 존재가 아닙니다. 장애라는 연약함 속에 순수한 의미가 있듯이 그 속에는 일반적인 지식으로 알 수 없는 놀라운 신비가 감추어져 있습니다. 오직 믿음의 눈으로 살펴보아야 찾아낼 수 있는 놀라운 가치와 영적 기능이 숨겨져 있습니다. 따라서 하나님은 연약한 장애인을 축복의 통로로 사용하셔서 신비를 깨닫게 하십니다.[31]

■ 하나님이 이렇게 말씀하셨습니다.

"그뿐 아니라 더 약하게 보이는 몸의 지체가 도리어 요긴하고, 우리가 몸의 덜 귀히 여기는 그것들을 더욱 귀한 것들로 입혀 주며 우리의 아름답지 못한 지체는 더욱 아름다운 것을 믿느니라" (고린도전서 13장 27~29절)

모든 사람이 거룩한 존재가 아니듯이 모든 장애인이 축복의 통로는 아닙니다. 장애인 중에는 우리가 알지 못하는 상처 때문에 왜곡된 자아를 갖고 비상식적인 말과 행동을 하며 살아가는 분들도 있습니다. 장애인 가족 또한 원하지 않은 상처 때문에 연약한 상태가 되어 고통 속에 몸부림치며 살아가는 분들도 있습니다. 그런데 예수님은 연약한 분들을 사랑하셨고 그들의 친구가 되어주셨습니다. 그리고 그들의 필요를 채워주셨습니다. 장애인 또한 그들의 연약함을 있는 그대로 받아 주셨고 장애를 고쳐주셨으며 더 나아가서는 그들의 연약함을 영적 교훈의 도구로 사용하셨습니다. 발에 밟히는 먼지도 햇빛을 받으면 보석처럼 빛나듯이 아무리 연약한 존재라도 하나님의 거룩한 손에 사로잡히고 은혜를 입으면 능력 있는 도구로 사용됩니다.

  하나님은 교만한 사람들에게 겸손을 가르치기 위하여 세상의 미련하고, 약하고, 천하고, 멸시받는 사람들을 사용하신다고 말씀하셨습니다. 이것은 사람의 지혜보다 하나님의 미련함이 더 지혜롭고, 사람의 강함보다 하나님의 약함이 더 강하다는 사실을 보이시려는 것입니다. 장애는 연약함의 대명사로 불리지만 모든 장애인이 절대 연약하지 않습니다. 장애를 가지고 탁월한 능력을 발휘하고 선한 영향을 끼친 분들이 역사상 많이 있었습니다. 중요한 점이 있다면 하나님이 장애의 연약함 속에 감추어 놓은 신비를 발견하는 것입니다.

  연약함은 일반적으로 의존적 태도를 보이게 됩니다. 쉽게 표현하자면 연약한 사람은 누군가에게 도움을 받고 살아야 한다는 뜻입니다. 성경은 하나님을 의지하며 살아가는 것이 겸손이며 의지하지 않고 살아가는 것을 교만이라고 말합니다. 그리고 하나님을 의존하며 살아가는 사람은 결코 나약한 존재가 아닙니다. 창조 질서를 따라 순종하며 살아가는 지혜로운 사람입니다. 이처럼 장애인들은 연약하여서 의존적인 삶을 살지만, 오히려 그것을 통하여 우리에게 영적 교훈을 주고 있습니다. 그것은 다름 아니라 하나님을 전적으로 의존하며 살아가는 삶이 올바른 삶이며 축복된 삶인 것을 깨닫게 해 주고 있습니다. 이런 이유로 장애인은 연약함의 신비를 깨닫게 하는 하나님의 도구라고 생각할 수 있습니다.

■ 연약함의 신비를 어떻게 드러내어야 할까요?

아무것도 할 수 없는 무능력한 장애인이 있다면 어떻게 연약함의 신비를 드러낼 수 있을까요? 일반적으로 우리는 무엇인가 행동함으로써 서로에게 영향을 줄 수 있다고 생각합니다. 그러나 반드시 그렇지는 않습니다. 예를 들자면 행동하는 신앙이 좋은 것이지만 영적 분별력이 없는 행동은 오히려 부정적인 영향을 줄 수 있습니다. 따라서 조용히 있으면서 하나님의 뜻을 분별하며 기도하는 신앙이 오히려 더 좋을 수 있습니다. 우리가 하나님보다 앞서서 생각하고 행동하게 된다면 하나님은 오히려 가만히 계십니다. 그리고 하나님은 자신의 자아를 앞세우며 능력 있게 일하는 사람을 좋아하시지 않습니다. 오히려 자신의 자아를 내려놓고 하나님의 은혜 없이는 아무것도 할 수 없다고 고백하는 사람을 즐겨 사용하십니다. 출애굽의 영웅이었던 모세가 바로 그런 사람이었습니다.

예수님은 연약함의 신비를 깨닫게 하시는 분입니다. 2천 년 전, 예수님은 십자가에 매달린 상태로 죽음을 맞이하셨지만, 그 연약함으로 하나님과 죄인을 화목하게 하셨고, 영생의 길을 활짝 열어주셨습니다. 예수님은 지극히 연약한 자리에 앉으시는 온전한 순종으로 부활의 첫 열매가 되셨고, 모든 순종하는 자에게 영원한 구원의 근거가 되셨습니다. 이것이 연약함의 신비입니다.[32] 비밀이란 답을 가르쳐주면 금방 알 수 있지만, 신비란 답을 가르쳐 주어도 깨닫지 못합니다. 오직 하나님이 믿음의 선물을 주셔야만 깨달을 수 있습니다.

연약함의 신비를 깨닫기 위해서는 자신의 교만한 자아를 먼저 내려놓을 수 있어야 합니다. 앞에서 언급한 바와 같이 하나님은 교만한 자를 싫어하십니다.[33] 반대로 하나님은 겸손한 자를 좋아하시며 거룩한 도구로 사용하십니다. 겸손한 자란 하나님께 순종하는 사람입니다.

하나님에 대한 온전한 순종은 자신의 자아를 내려놓고 철저히 연약한 상태가 되는 것입니다. 이때 하나님은 그 연약함을 아름다운 도구로 사용하셔서 놀라운 신비를 드러내십니다.

　하나님은 언제나 우리를 십자가의 자리로 초대하십니다. 십자가는 고통과 죽음을 생각하게 하는 연약함의 자리입니다. 그러나 그 자리는 하나님과 죄인이 화목한 자리였고 구원의 장막을 활짝 열었던 생명의 자리였고 복된 자리였습니다. 이처럼 하나님은 언제나 자아를 온전히 내려놓는 연약한 사람을 사용하셔서 축복의 통로가 되게 하십니다. 장애인을 가까이하며 그들의 마음을 살피고 긍휼 사역을 하는 분들은 연약함의 신비를 깨달은 분들입니다. 그리고 하나님의 은혜를 누리는 분들입니다. 왜냐하면, 하나님은 언제나 연약한 자리에 계시기 때문입니다.

너희 모든 성도들아 여호와를 사랑하라
여호와께서 진실한 자를 보호하시고 교만하게 행하는 자에게 엄중히 갚으시느니라
- 시편 31편 23절

| 장애인과 가르침

하나님의 영광을 드러내는 장애인

■ 장애인이 하나님의 영광을 드러낸다고요?

인간은 하나님의 형상을 따라 창조되었습니다.[34] 비록 장애인이라 할지라도 그 원인이 부모나 그 누구의 잘못 때문이 아니며 불운도 아닙니다. 우리의 삶 또한 우연히 이 세상에 존재하는 것이 아닙니다. 부모님께서 계획하지 않았을지라도 하나님이 계획하셨습니다. 우리가 모두 존재하고 있는 것은 하나님이 오래전에 예정해 놓으신 것입니다. 하나님이 오래 전 우리의 출생을 마음에 품으셨고 때가 되자 생명을 주셔서 이 세상에 탄생하여 살게 된 것입니다. 하나님은 우리의 성격과 체질과 모양과 장애까지 오류 없이 계획하셨습니다.[35] 우리를 가장 좋은 모습으로 만드셨는데 그 이유는 하나님의 뜻을 드러내고 그 영광을 위함입니다.[36] 우리는 하나님께 예배를 드림으로, 그리고 다른 사람들을 사랑함으로, 그리고 그리스도를 닮아가므로 하나님께 영광을 돌릴 수 있습니다. 무엇보다도 장애를 가진 몸과 순종하는 삶으로 하나님의 영광을 드러낼 수 있습니다.

■ 하나님이 이렇게 말씀하셨습니다.

"예수께서 배에 오르사 건너가 본 동네에 이르시니 침상에 누운 중풍병자를 사람들이 데리고 오거늘 예수께서 그들의 믿음을 보시고 중풍병자에게 이르시되 작은 자야 안심하라 네 죄 사함을 받았느니라 어떤 서기관들이 속으로 이르되 이 사람이 신성을 모독하도다 예수께서 그 생각을 아시고 이르시되 너희가 어찌하여 마음에 악한 생각을 하느냐 네 죄 사함을 받았느니라 하는 말과 일어나 걸어가라 하는 말 중에 어느 것이 쉽겠느냐 그러나 인자가 세상에서 죄를 사하는 권능이 있는 줄을 너희로 알게 하려 하노라 하시고 중풍병자에게 말씀하시되 일어나 네 침상을 가지고 집으로 가라 하시니 그가 일어나 집으로 돌아가거늘 무리가 보고 두려워하며 이런 권능을 사람에게 주신 하나님께 영광을 돌리니라" (마태복음 9장 1~8절)

피조물이 존재하는 이유는 자연 만물을 창조하신 하나님께 영광을 돌리기 위해서입니다. 따라서 하나님의 형상을 따라 지음 받은 존재인 사람[37]은 마땅히 하나님께 영광을 돌리는 삶을 살아야 합니다. 그러나 세상의 사람이 하나님의 말씀에 순종하기보다는 자기 뜻대로 살고 타락을 일삼음으로써 하나님의 형상[38]을 잃어버리게 되었습니다. 이에 따라 사람들은 하나님의 저주를 받아 고통의 삶을 살게 되었고 결국 죽음에 이르게 되었습니다. 본문에 나타나는 중풍병자 역시 죄의 문제를 해결하지 못한 채 살았던 것을 알 수 있습니다. 그러나 신체적 장애가 당사자의 죄 때문이라고 직접적인 연관을 짓기는 어렵습니다. 왜냐하면, 죄로 말미암아 신체적 장애가 발생하였다면 죄를 가진 세상 모든 사람이 신체적 장애를 갖고 있어야 하기 때문입니다. 따라서 신체적 장애는 당사자의 죄와 직접적인 관련이 없는 것으로 이해하는 것이 옳은 것입니다. 죄는 행위나 성향이나 상태에서 하나님의 말씀에 대한 불순종으로 말미암습니다. 그리고 죄에 관한 책임이 따르는 데 그 결과는 죽음이라고 성경은 알려주고 있습니다. 한편으로 죄는 다른 사람들에게 옮기는 오염의 성격입니다. 따라서 죄를 장애와 관련해서 생각해 볼 때 직접적인 연관이 없음을 알 수 있습니다.

예수님은 선천적인 장애인을 두고 말씀하시기를 '하나님이 하시는 일을 나타내기 위함'이라고 하셨습니다.[39] 예수님의 장애에 대한 해석은 오히려 하나님의 영광을 드러내는 도구며 매개체라는 것입니다. 구약성경에서는 장애가 다양한 이유로 발생하는 것으로 나타나 있습니다. 그리고 간혹 사람이 하나님께 불순종하는 죄를 지음으로써 하나님의 징벌 때문에 장애가 발생하는 것으로도 말합니다.[40] 그러나 모든 것이 하나님의 뜻으로 말미암는 것이며 예수님은 장애가 하나님의 영광을 드러내려는 방편임을 분명하게 말씀해주시고 있습니다.

■ **하나님의 영광을 어떻게 드러낼까요?**

장애가 하나님의 뜻으로 말미암는다면 장애의 치유는 하나님의 영광을 나타내는 방편입니다. 왜냐하면, 치유란 본래의 모습대로 되돌린다는 회복의 의미가 있기 때문입니다. 그래서인지 몰라도 영어권에서는 치유(healing)를 회복(recovery)이라는 표현으로 사용하는 것 같습니다. 장애의 치유를 통해 깨달아야 할 것이 있습니다. 그것은 장애를 본래대로 회복시키는 것을 누가 할 수 있는가? 치유하시는 분은 누구신가? 회복의 의미는 무엇인가? 입니다. 이러한 질문은 매우 중요한 의미를 내포하고 있습니다.

구약의 대 선지자인 이사야는 마음이 상한 자를 고치며, 포로 된 자와 갇힌 자에게 자유를 주시는 분이 세상을 구원하실 메시아라고 예언하였습니다. 그리고 메시아가 이 땅에 오시면 회복 사역을 하실 것이라고 말했습니다. 그 메시아가 갈릴리와 가버나움에서 이사야 선지자의 예언대로 병든 자들과 장애인들을 치유하시고 갇힌 자들에게 자유를 주신 예수 그리스도였습니다. 예수님이 이 땅에서 장애인을 치유하신 것은 자신이 메시아임을 증명하시는 것일 뿐만 아니라 메시아가 이 땅에 오심으로써 하나님 나라가 임했다는 것을 알려주는 것입니다. 따라서 세상에서 소망 없이 살아가던 하나님의 자녀가 천국 소망을 가지고 기쁨으로 살아가게 된 것은 놀라운 사건이 아닐 수 없습니다. 거룩한 백성의 기쁨은 하나님의 기쁨입니다. 따라서 장애인의 치유와 병든 자, 갇힌 자들의 회복은 하나님의 영광을 드러내는 거룩한 사건입니다.

하나님의 영광을 드러내는 방법은 믿음으로 장애인들을 섬기는 것입니다. 섬김의 다른 표현은 사역입니다. 따라서 예수님의 이름으로 하는 모든 섬김은 거룩한 사역이 됩니다. 자신의 몸조차 가눌 수 없는 중풍 병자를 들것에 태워 예수님께 데려온 사람들의 믿음 때문에 치유가 일어났고 하나님의 영광을 나타내었습니다.

중풍 병자를 사랑으로 섬겼던 사람들의 믿음이란 어떤 믿음입니까? 그것은 중풍 병자를 예수님께 데려오면 반드시 고침을 받을 수 있다는 흔들리지 않는 믿음이었습니다. 그리고 중풍 병자를 들것에 태워 데려오는 희생적인 사랑을 실천하는 믿음이었습니다. 또한, 수많은 사람이 장벽을 이루고 있었지만 낙심하며 돌아가지 않았던 믿음이었고 또한 지붕 위로 올라가서 상을 달아 내리는 모험적인 믿음이었습니다. 무엇보다도 예수님 마음을 감동하게 한 믿음이었습니다. 주위의 사람들은 지붕을 뚫고 상을 내렸던 것을 불손한 행위로 보았지만 예수님은 그들의 행위를 훌륭한 믿음으로 보셨습니다. 예수님의 마음을 감동하게 한 네 사람의 믿음이 장애인을 치유하고 하나님께 영광을 드러내는 방편이 되었습니다. 아울러 아무것도 할 수 없었던 중풍 병자가 하나님의 영광을 드러내는 거룩한 도구로써 사용된 것은 정말 놀라운 일이었습니다.

창조주 하나님의 영광을 선포하고 드러내는 것은 모든 피조물이 해야 할 마땅한 일입니다. 예수님은 장애가 하나님의 하시는 일을 드러내는 거룩한 도구라고 말씀하셨습니다. 보이는 신체장애는 보이지 않는 영적 장애를 고발하고 직시하게 하는 예언적 기능이 있습니다. 따라서 우리는 신체장애를 통하여 자신의 영적 장애를 발견하고 치유와 회복을 경험할 수 있어야 합니다. 믿음이 아니면 결코 치유와 회복은 일어나지 않습니다. 따라서 믿음의 눈으로 장애를 바라보고 치유를 통하여 하나님의 영광을 드러낼 수 있어야 합니다. 그러므로 장애인은 하나님이 특별한 뜻을 가지고 우리 가운데 보내주신 아름다운 선물입니다.

# 02 | 장애인과 가르침
축복의 통로인 장애인

■ 장애인이 축복의 통로라고요?

부모가 전혀 생각하지도 않았던 장애 자녀를 낳으면 마음으로 받아들이기란 절대 쉽지 않습니다. 부모는 아이가 어릴 때 자신과 눈을 맞추지 못하고 말을 못해도 그저 '아이의 발달이 조금 늦어서 그런 것일 거야'라며 스스로 위로를 합니다. 그러나 시간이 지나면서 염려가 되어서 의사를 만나고 장애진단 통보를 받아도 반신반의하게 되며 자녀의 장애를 선뜻 받아들이지 못합니다. 그리고 부모는 혹시나 하는 마음 때문에 그리고 정확한 진단을 위하여 여러 병원과 복지기관 등을 찾아가게 됩니다. 그 과정에서 "왜 내게 이런 일이 생겼는가?"라며 장애를 부정하게 됩니다. 그리고 부모는 장애에 대한 반발과 거부의 단계를 거치면서 점점 실의에 빠져들게 됩니다. 결국에는 장애의 현실을 인정하고 받아들이는 수용단계에 접어들게 됩니다. 그럼에도 부모는 '장애를 어떻게 하면 고칠 수 있을까?'를 생각하면서 이리저리로 찾아다니게 됩니다. 예수님은 장애를 통하여 '하나님의 하시는 일'[41]을 나타내고자 하심이라고 말씀하셨습니다. 이것은 장애가 하나님의 뜻으로 말미암으며 축복의 통로가 될 수 있음을 말씀하신 것입니다.

■ 하나님이 이렇게 말씀하셨습니다.

"내 아들아 여호와의 징계를 경히 여기지 말라 그 꾸지람을 싫어하지 말라 대저 여호와께서 그 사랑하시는 자를 징계하시기를 마치 아비가 그 기뻐하는 아들을 징계함 같이 하시느니라 지혜를 얻은 자와 명철을 얻은 자는 복이 있나니 이는 지혜를 얻는 것이 은을 얻는 것보다 낫고 그 이익이 정금보다 나음이니라 지혜는 진주보다 귀하니 네가 사모하는 모

든 것으로도 이에 비교할 수 없도다" (잠언 3장 11~13절)

　하나님은 그 사랑하는 자를 마치 아버지가 기뻐하는 아들을 징계하는 것과 같이한다고 말씀하셨습니다. 그리고 그 징계를 통하여 깨달음을 얻는다면 그것은 금과 은을 얻는 것보다 더 나은 지혜와 명철을 얻는 것이라고 말씀하셨습니다. 하나님이 말씀하신 '징계'란 히브리어 '무싸르 מוסר'로서 '교훈'이라는 뜻입니다. 즉, 고통을 통하여 '훈련'하신다는 뜻입니다. '징계'를 영어로 살펴보면 'the discipline'(훈련, 교정, 단련)이라는 말인데 해석을 하자면 고통을 통하여 훈련을 시키시는데 그 목적은 바른 생각과 성숙한 인격을 갖도록 하기 위함이라는 것입니다. 바른 생각과 성숙한 인격이란 무엇일까요? 그것은 내 중심이 아닌 하나님 중심의 생각과 하나님을 닮는 인격을 갖는 것입니다.
　C.S.루이스는 "어떤 사람들은 고통스러운 일이 생기기 전에는 하나님께 귀를 기울이지 않는 습성이 있다. 그러므로 고통이란 청각장애인에게 알아듣게 하는 하나님의 확성기이다."라고 말했습니다.[42] 이 말의 의미는 하나님이 자신에게 귀를 기울이지 않고 있는 사람에게 고통을 통하여 하나님께 귀를 기울이게 하신다는 것입니다. 즉, 하나님은 사랑하는 자녀를 부르시고, 올바른 길로 이끄시며, 성숙한 인격을 갖도록 하시기 위하여 고통을 통해서 훈련하신다는 것입니다. 그러므로 자신에게 장애 때문인 고통이 찾아왔다면 그 고통을 피하려고 하면 안 됩니다. 오히려 그 고통을 직면하고 그 원인과 이유가 무엇인지 살펴야 합니다. 왜냐하면, 장애의 고통에는 하나님의 뜻이 있기 때문입니다. 의미 없는 고통이 없듯이 장애는 특별한 의미를 담고 있습니다. 그러므로 장애의 고통이 찾아온다면 생사화복을 주관하시는 창조자의 뜻 안에서 고통의 이유와 목적을 살필 수 있어야 합니다. 만일 고통을 피하려고만 한다면 고통의 의미를 모른 채 고통당해야 하며 몸부림치다가 결국 더 큰 어려움에 빠져들게 됩니다.
　하나님은 고통의 언저리에서 우리를 기다리십니다. 따라서 스스로 극복할 수 없는 고통의 한계상황이 찾아온다면 모든 것을 포기하고 체념할 것이 아니라 한계를 두고 다스리시는 하나님을 믿음으로 바라보고 만나야 합니다. 이렇게 할 때 지혜와 명철을 얻게 되고 장애 때문인 고통과 슬픔이 평안과 기쁨으로 바뀌게 됩니다.

■ 장애가 축복의 통로가 되는 이유는 무엇일까요?

장애는 병이 아니며 평생을 씨름해야 할 만성적 슬픔입니다. 장애 때문에 겪어야 하는 세상의 차가운 편견과 차별은 감당하기 어려운 또 다른 아픔입니다. 그리고 장애 자녀도 사람들과의 관계 속에서 살아야 하는데 관계 형성이 어려워 외로운 삶을 살아야 하고 또한 과잉행동이나 문제행동에 따른 따가운 시선과 소외도 큰 아픔으로 다가옵니다. 한편 장애자녀는 학령기를 지나 성인기에 접어들면서 여가생활과 사회생활에 어려움을 겪습니다. 그리고 부모가 장애 자녀를 돌볼 수 없는 위기상황에서 장애 자녀가 독립적이고 자립적인 생활을 해야 할 때에 부모는 대안을 찾기 어려워서 크게 염려하게 됩니다. 따라서 장애는 저주받은 것으로 생각할 수 있습니다. 그런데 어떻게 장애가 축복의 통로가 될 수 있겠습니까?

장애가 축복의 통로가 된다는 사실은 먼저 믿음의 관점에서 생각해 보아야 합니다. 왜냐하면, 하나님이 장애인을 만드셨다고 말씀하셨기 때문이며,[43] 영적 장애를 깨닫게 하는 도구로 사용하시기 때문입니다.[44] 무엇보다도 하나님이 장애인을 돌보시며 아름다운 공동체를 만드는 데 중요한 매개체로 사용하시기 때문입니다.[45] 이러한 사실은 하나님이 주신 믿음 안에서 깨닫게 되는 지혜입니다. 이러한 믿음의 지혜를 갖게 된다면 그것은 곧 하나님의 은혜이며, 연약함의 신비에 눈을 뜨고 영적 장애를 벗게 된 사람입니다. 이렇게 된 분은 오히려 장애자녀가 감사로 받아들여지며 축복의 통로임을 고백하게 됩니다.

하나님이 훈련하실 때에는 매우 힘들고 고통스럽습니다. 그러나 시간이 지나면 감사한 마음과 평안한 마음을 갖게 됩니다. 따라서 하나님의 훈련이 파멸이 아니라 회복이며 하나님의 깊은 사랑의 표현인 것을 깨닫게 됩니다. 장애 때문에 비록 고통을 겪지만, 그것 때문에 영적인 눈을 갖게 되고 성숙한 인격으로 변해 간다면 그것은 큰 축복입니다. 하나님은 언제나 사랑하는 자녀들을 고난의 수레에 태워 하늘의 빛나는 별이 되게 하십니다. 하나님은 고통의 한계를 두고 우리를 다스리시며 복된 길로 인도하십니다. 그리고 하나님의 약속은 얼마든지 그리스도 안에서 YES가 됩니다. 그런즉 고통의 훈련을 믿음으로 받아들일 때 그 훈련을 통하여 하나님께 영광을 돌리게 됩니다.[46]

| 장애인과 가르침

참사랑을 깨닫게 하는 장애인

■ 장애인이 참사랑을 깨닫게 한다고요?

　많은 사람들이 서로 사랑을 하면서도 미워하는 마음을 갖는 이유가 무엇일까요? 그것은 참사랑을 서로 나누지 못해서입니다. 예수님은 우리에게 참사랑을 주셨습니다. 그 사랑은 영광스러운 보좌를 포기하시고 인간의 모습으로 낮아지셨으며 고난의 종으로 섬겨주시다가 죄인들을 대신하여 십자가에서 돌아가신 사랑입니다. 이처럼 참사랑은 자기 권리를 포기하는 것이 전제되어야 하고 낮아지는 겸손과 섬김과 희생 그리고 끝없는 인내를 요구합니다. 무엇보다도 참사랑은 예수님의 모범에서 알 수 있듯이 고통당한 자와 함께 울고, 함께 즐거워하는 것입니다. 예수님의 참사랑은 고통당한 사람들의 삶에 들어가시고 함께 하심으로 나타났습니다. 이처럼 참사랑은 고통의 심연에 들어가고 나눔으로서 전해지는 것입니다.

　세상에는 무지개처럼 다양한 고난의 스펙트럼이 있습니다. 그 가운데 장애를 안고 살아가는 고난은 합리적이거나 논리적으로 이해하고 받아들이기 어렵습니다. 왜냐하면, 장애를 자신이 선택한 것이 아니기 때문입니다. 그리고 하나님이 장애를 주신 정확한 이유를 알기 어렵기 때문입니다.

■ 하나님이 이렇게 말씀하셨습니다.

"내가 사람의 방언과 천사의 말을 할지라도 사랑이 없으면 소리 나는 구리와 울리는 꽹과리가 되고 내가 예언하는 능력이 있어 모든 비밀과 모든 지식을 알고 또 산을 옮길 만한 모든 믿음이 있을지라도 사랑이 없으면 내가 아무것도 아니요 내가 내게 있는 모든 것으로 구제하고 또 내 몸을 불사르게 내줄지라도 사랑이 없으면 내게 아무 유익이 없느니라 사랑은 오래 참고 사랑은 온유하며 시기하지 아니하며 사랑은 자랑하지 아니하며 교만하지 아니하며 무례히 행하지 아니하며 자기의 유익을 구하지 아니하며 성내지 아니하며 악한 것을 생각하지 아니하며 불의를 기뻐하지 아니하며 진리와 함께 기뻐하고 모든 것을 참으며 모든 것을 믿으며 모든 것을 바라며 모든 것을 견디느니라 사랑은 언제까지나 떨어지지 아니하되 예언도 폐하고 방언도 그치고 지식도 폐하리라 그런즉 믿음 소망 사랑 이 세 가지는 항상 있을 것인데 그 중의 제일은 사랑이라" (고린도전서 13:1~8절,13절)

01 동일한 마음으로 바라보는 장애인

바울 사도는 우리에게 참사랑이 오래 참고, 온유하며, 시기하지 않고, 자랑하지 않고, 교만하지 않고, 무례하지 않고, 자기의 유익을 구하지 않고, 성내지 않고, 악한 것을 생각하지 않고, 불의를 기뻐하지 않고 진리와 함께 기뻐하고, 모든 것을 참고 모든 것을 믿으며 모든 것을 바라며 모든 것을 견디는 것이라고 말씀하셨습니다. 바울 사도의 말씀을 들으면 참사랑을 실천하기가 결코 쉽지 않다는 것을 깨닫게 됩니다. 더군다나 참사랑을 실천하지 않으면 유익한 은사나 모든 열심도 아무런 쓸모와 유익이 없으며 하나님 앞에서 인정받지 못한다고 말씀하고 있습니다. 그리고 참사랑이 구원받는 믿음과 천국 소망보다도 더 가치 있는 것으로 말씀해 주고 있습니다. 그 이유는 하나님의 참사랑은 영원하기 때문이라는 것입니다.

부분적인 것의 완성체인 것이 하나님의 사랑입니다. 미숙한 것의 성숙체인 것이 하나님의 사랑입니다. 거룩한 자녀의 현재 삶과 영원한 삶의 기반이 하나님의 사랑입니다. 하나님의 참사랑은 모든 것을 온전하게 만드는 데 꼭 필요한 요소입니다. 하나님의 참사랑을 깨닫게 해주는 중요한 존재가 있습니다. 그것은 바로 장애입니다. 장애는 하나님의 참사랑을 나타내는 거룩한 도구입니다. 장애를 통하여 하나님의 참사랑을 깨닫게 되려면 오직 믿음의 눈으로 보고 믿음의 마음으로 생각해야 합니다. 즉, 하나님의 말씀이라는 성경의 렌즈를 끼고 장애를 이해해야 한다는 것입니다. 장애인은 세공하지 않은 원석과 같습니다. 본문에서 언급한 바와 같이 참사랑의 다양한 방편으로 장애인을 돌볼 때 그들은 영롱한 빛을 내는 아름다운 보석이 됩니다. 장애는 하나님의 참사랑을 깨닫게 하는 특별한 선물입니다.

■ 참사랑을 어떻게 깨닫게 될까요?

하나님의 참사랑은 그냥 깨달아지는 것이 아닙니다. 믿음의 마음을 갖고 참사랑을 실천할 때 고통 속에서 깨닫고 얻어지는 덕목입니다. 다시 말하자면 참사랑의 스펙트럼을 실천하면서 깨닫고 얻을 수 있는 것입니다. 무엇보다도 고통의 집약체인 장애인의 삶 속에 들어가서 함께 울고 함께 즐거워할 때 하나님의 참사랑을 깨닫고 얻게 됩니다.

01. 장애는 질병이 아니어서 오래 참고 인내할 때 하나님의 참사랑을 깨닫고 얻게 됩니다.
02. 장애는 평생의 아픔이기 때문에 끝없는 사랑과 온유한 마음을 가질 때 하나님의 참사랑을 깨닫고 얻게 됩니다.
03. 장애는 낮아진 마음을 갖도록 하므로 시기하는 마음을 버릴 때 하나님의 참사랑을 깨닫고 얻게 됩니다.
04. 장애는 의존하는 연약한 마음을 갖게 하므로 자랑하는 마음을 버릴 때 하나님의 참사랑을 깨닫고 얻게 됩니다.
05. 장애는 하나님의 특별한 은혜이기 때문에 교만한 마음을 갖지 않을 때 하나님의 참사랑을 깨닫고 얻게 됩니다.
06. 장애는 받는 겸손을 알게 하므로 자기 방식대로 사랑하는 무례한 태도를 버릴 때 하나님의 참사랑을 깨닫고 얻게 됩니다.
07. 장애는 자기중심적인 성향을 가지고 있기 때문에 자기 유익을 구하지 않을 때 하나님의 참사랑을 깨닫고 얻게 됩니다.
08. 장애는 공격적 성향이 매우 낮아서 성내고 싸우지 말아야 한

다는 것을 배울 때 하나님의 참사랑을 깨닫고 얻게 됩니다.
09. 장애는 하나님의 거룩한 도구라는 것을 알고 **그들을 통해 배울때** 하나님의 참사랑을 깨닫고 얻게 됩니다.
10. 장애는 순수하므로 불의를 **기뻐하지 않고 진리와 함께 기뻐하는 것을 배울 때** 하나님의 참사랑을 깨닫고 얻게 됩니다.
11. 장애는 열린 마음을 가졌기 때문에 모든 것을 참고, 믿으며, 바라고, **모든 것에 견디는 것을 배울 때** 하나님의 참사랑을 깨닫고 얻게 됩니다.

장애는 우연히 생긴 것도 아니고 자신의 잘못과 부모의 죄로 말미암아 나타난 것도 아닙니다. 장애는 하나님의 특별한 계획과 섭리에 따라 허락된 것으로서 유익한 것입니다. 하나님은 고통스러운 광야생활에서 그의 자녀를 훈련시키고 기적을 베푸심으로 돌보신 것처럼 장애라는 현실적이고 한계적인 고통의 상황으로 우리를 이끄시며 영적 교훈을 깨닫게 하시고 성숙하게 하십니다. 그러므로 하나님의 자녀는 믿음으로 고난을 바라보고 적극 받아들임으로써 하나님의 거룩한 보좌 앞으로 나아갈 수 있어야 합니다.

장애인은 결코 부정한 존재가 아닙니다. 또한, 함부로 무시하거나 차별해야 할 그런 존재도 아닙니다. 하나님의 은혜와 특별한 계획에 따라 우리 가운데 반면교사로 보내진 의미 있는 존재입니다. 그러므로 하나님의 참사랑을 깨닫고 그 사랑을 얻기 위해서는 장애인과 함께 울며 함께 즐거워하는 삶을 살아야 합니다. 하나님은 그들의 신체적인 연약함을 통하여 우리의 영적 장애를 깨닫게 하기를 원하십니다. 연약한 장애인은 하나님이 우리 가운데 보내주신 축복의 통로입니다.

| 장애인과 가르침

참 능력을 깨닫게 하는 장애인

■ 장애인이 참 능력을 깨닫게 한다고요?

장애인을 영어로 표현할 때 'disabled person' 혹은 'the disabled'로 사용합니다. 형용사로 쓰이는 disabled는 '능력이 부족한' 혹은 '~를 할 수 없는'이라는 부정적인 뜻이 내포되어 있습니다. 신체장애를 의미하는 명사 disability도 dis + ability의 합성어로서 '무능력'을 의미합니다. 이것은 장애인을 표현하는 용어로서 잘못된 것입니다. 왜냐하면, 장애인은 무능력자가 아니기 때문입니다. 따라서 평창 패럴림픽 조직위원회에서는 장애인 선수들을 묘사할 때 disability(무능) 대신 impairment(손상)를 쓸 것을 권고했습니다. 장애가 있다고 해서 모두가 무능력한 존재는 아닙니다. 송명희 시인은 보잘것없는 약한 몸을 가졌지만, 마음과 영혼을 깨우는 시(詩)로 탁월한 능력을 드러내었습니다. 이외에도 깨어진 질그릇처럼 연약한 몸으로 수많은 사람을 부끄럽게 만든 훌륭한 장애인들이 우리 곁에 수없이 많이 있습니다.

■ 하나님이 이렇게 말씀하셨습니다.

"누가 약하면 내가 약하지 아니하며 누가 실족하게 되면 내가 애타지 아니하더냐 내가 부득불 자랑할진대 내가 약한 것을 자랑하리라" (고린도후서 11장 29~30절)

하나님은 언제나 연약한 사람을 사용해서 강한 사람을 부끄럽게 하십니다. 이것은 하나님의 독특한 방법입니다. 하나님이 이렇게 하시는 이유는 누구든지 하나님 앞에서 그 능력을 자랑하는 것을 좋아하지 않으시기 때문입니다. 다시 말하자면 하나님은 자신의 힘을 자랑하는 교만한 사람을 싫어하기 때문입니다.[47] 실제로 어떤 피조물이라도 창조주 앞에서 자신의 힘을 자랑하는 것은 어리석은 일이 아닐 수 없습니다. 겸손한 마음이란 모든 것이 창조주 하나님으로 말미암는다는 사실을 믿는 것입니다. 즉, 하나님을 삶의 근원으로 생각하는 사람이 겸손한 사람입니다.[48]

하나님이 연약한 장애인을 사용하시는 이유는 하나님이 참 능력의 근원이 됨을 깨닫게 해 주시려는 것입니다. 하나님은 누구에게라도 소명을 주셔서 아름답게 사용하실 수 있습니다. 그러나 하나님은 유독 연약한 장애인을 즐겨 사용하십니다. 하나님은 시각장애인이었던 밀턴을 사용하셔서 실낙원을 쓰게 하셨습니다. 그리고 하나님은 시각장애와 청각장애를 갖고 있었던 헬렌 켈러를 불러서 자신의 영광을 드러내는 위대한 도구로 사용하셨습니다.

하나님은 미디안 광야에서 목동으로 살았던 모세를 불러 유대 백성을 가나안 땅으로 이끄는 위대한 소명을 주시려고 했습니다. 그러자 모세는 '나는 입이 둔한 자입니다. 그러니 바로왕이 어찌 나의 말을 듣겠습니까?'라며 하나님께 반문했습니다. 출애굽의 역사를 결과론적으로 살펴보면 모든 일을 하나님이 앞장서서 하셨습니다. 따라서 출애굽의 주역은 모세가 아니라 하나님입니다. 모세는 오직 하나님께 순종함으로써 출애굽의 소명을 잘 감당했을 뿐입니다. 이처럼 하나님은 말을 잘하지 못하는 조건만으로 거룩한 소명을 회피할만한 정당한 사유가 될 수 없음을 상기시키고 있습니다. 오히려 언어장애가 있다고 할지라도 훌륭한 도구가 될 수 있음을 깨닫게 해 주고 있습니다. 그렇습니다. 하나님이 필요하시다면 언어 장애인이나 청각 장애인 그리고 시각 장애인과 자폐성 장애인과 지적 장애인도 거룩한 도구로 사용하실 수 있습니다. 하나님은 인간의 모든 약점을 다 알고 있습니다. 그리고 하나님의 필요에 따라 부를 자를 부르시고 특별한 능력을 주어서 아름답게 사용하십니다. 그 이유는 여호와 하나님이 능력의 근원이시며 그 영광과 뜻을 드러내시기 위함입니다.

■ 참 능력이란 무엇일까요?

이스라엘 왕 다윗은 자신이 가진 힘 곧 백성의 수를 믿고 의지했다가 하나님으로부터 무서운 징계를 받았습니다.[49] 다윗은 수많은 전쟁과 이에 따른 죽음의 위험과 절망을 경험하면서 위기를 벗어나는 참 능력이 여호와 하나님이심을 깨달았습니다. 그래서 다윗은 '나의 힘이신 여호와여 내가 주를 사랑하나이다. 여호와는 나의 반석이시요, 나의 요새시요, 나를 건지시는 이시요, 나의 하나님이시요, 내가 그 안에 피할 나의 바위시요, 나의 방패시요, 나의 구원의 뿔이시요, 나의 산성이시로다'[50]라고 고백했습니다. 다윗은 하나님을 전적으로 의지하는 연약한 상태가 되었을 때 오히려 하나님으로부터 도움을 받는다는 사실을 깨달았습니다.

하나님이 연약한 장애인을 도구로 사용하시는 이유가 무엇일까요? 그것은 참 능력이 하나님이라는 사실을 깨닫게 하기 위해서입니다. 많은 사람은 세상의 힘을 상대적 가치가 아닌 절대적 가치로 생각합니다. 쉽게 표현하자면 세상의 힘이라고 할 수 있는 돈, 권력, 지식, 정보 등을 최고로 생각하며 그것들을 추구합니다. 그리고 세상의 힘을 자랑하며 그것을 의지합니다. 세상의 힘을 의지하면 할수록 하나님과 점점 멀어지게 됩니다. 하나님은 선하신 분입니다. 따라서 우리가 하나님을 가까이하지 못하면 사람의 마음은 부패해집니다. 그 증거는 눈과 귀가 어두워지고 올바른 생각을 하지 못하며 자신을 의지하게 됩니다. 하나님은 이런 사람을 두고 말씀하시기를 교만한 사람이라고 하셨습니다. 그리고 '교만은 패망의 선봉이요 거만한 마음은 넘어짐의 앞잡이니라'고 또한 말씀하셨습니다.

예수님은 앞을 보지 못하는 거지 바디매오가 소리 지르며 도움을 요청하자 그를 부르시고 '네게 무엇을 주기 원하느냐?'라고 말씀하셨습니다. 예수님은 바디매오가 원하는 대로 눈을 뜨게 해 주셨을 때 그는 즉시 예수님을 따라갔습니다.[51] 바디매오가 눈을 떠서 새로운 세상을 행복하게 살 수 있음에도 예수님을 따라간 것은 능력의 근원인 메시아라는 사실을 알았기 때문이었습니다. 장애인에게는 부족한 면이 있어서 의존적 삶을 삽니다. 따라서 의존적 삶이 약점으로 인식되기도 하지만 하나님은 오히려 그것을 강점이 되게 하십니다. 바디매오는 눈을 뜨는 기적의 은혜를 체험하고 나서 자신이 누구를 의존하며 살아가야 하는지 분명하게 알게 되었습니다. 따라서 바디매오는 즉시 예수님을 따라갔습니다.[52]

하나님은 언제나 연약한 자를 주목하시고 사랑하시며 은혜 베푸시기를 기뻐하십니다. 그리고 하나님은 연약함을 통하여 우리와 관계를 맺으시고 우리의 하나님이 되십니다. 그러므로 연약할 때 하나님을 바라보고 의지해야 합니다. 하나님 안에서의 연약함은 오히려 기적을 경험하게 되고 풍성한 은혜를 받으며 강함이 됩니다.

장애인은 결함 때문에 의존적인 삶을 살지만, 결코 무능한 존재가 아닙니다. 오히려 연약함의 신비를 간직한 존재입니다. 그러므로 우리는 장애인을 돕는다는 마음으로 다가가서는 안 됩니다. 오히려 장애 속에 감추어진 연약함의 신비를 발견하기 위하여 겸손한 마음과 동일시하는 태도를 갖고 고통의 심연으로 들어가야 합니다. 왜냐하면, 양자의 무력함 '양자의 무력함'[53]이 만나는 그곳이 긍휼의 자리이며 능력의 하나님이 베푸시는 은혜를 경험할 수 있기 때문입니다.

나의 힘이 되신 여호와여 내가 주를 사랑하나이다
여호와는 나의 반석이시요 나의 요새시요 나를 건지시는 이시요 나의 하나님이시요
내가 그 안에 피할 나의 바위시요 나의 방패시요 나의 구원의 뿔이시요 나의 산성이시로다
- 시편 18편 1, 2절

| 장애인과 가르침

참 자유를 깨닫게 하는 장애인

■ 장애인이 자유를 깨닫게 한다고요?

　발달장애인들은 대체로 남의 눈치를 보지 않고 무엇에 얽매이지 않으며 자기 마음대로 행동하는 성향이 있습니다. 따라서 그들이 주위 사람들로부터 눈총을 받기도 하지만 사실은 은총을 받은 사람입니다. 자유의 사전적 의미가 '남에게 구속받거나 무엇에 얽매이지 않고 자기 마음대로 행동하는 것'으로 생각해 볼 때 발달장애인들은 비장애인보다 자유를 많이 누리며 사는 특성이 있는 존재라고 말할 수 있습니다. 헨리 나우웬은 "자유로운 사람은 아무것도 기대하지 않고 다만 우리 자신의 내면에 다가가도록 초청하기만 할 뿐이며, 우리는 바로 그곳에서 우리 자신의 자유를 발견하게 된다."[54]라고 말합니다. 발달장애인은 무엇을 기대하거나 얽매여서 살지 않습니다. 오직 하루하루의 삶을 즐거워하고 작은 것에도 만족하며 자신의 내면에 집중할 뿐입니다. 이런 의미에서 볼 때 발달장애인은 자유로운 삶을 깨닫게 해 줍니다.

■ 하나님이 이렇게 말씀하셨습니다.

"그리스도께서 우리로 자유케 하려고 자유를 주셨으니 그러므로 굳게 서서 다시는 종의 멍에를 메지 말라" (갈라디아서 5장 1절) "진리를 알지니 진리가 너희를 자유롭게 하리라" (요한복음 8장 32절)

　인간의 의지력으로 참 자유를 누리는 것은 불가능합니다. 왜냐하면, 인간이 거부할 수 없는 세상의 유혹이 있기 때문입니다. 그리고 극복하기 어려운 여러 가지 시험이 따라오기 때문입니다. 불교에서는 고행(苦行)이나, 명상(冥想)이나 금욕(禁慾)으로 참 자유를 누리는 것이 가능하다고 말합니다. 세상에 존재하는 108가지의 번뇌를 해탈을 함으로써 참 자유를 누린다는 것입니다. 그래서 불교도들은 고행을 통하여 참 자유를 얻으려고 합니다. 중세의 기독교에서도 비슷한 양상이 있었습니다. 교회가 세속화되자 영적으로 갈급한 신앙인들이 스스로 경건 생활을 통하여 하나님과 교제하려고 했습니다. 따라서 조용한 곳에 수도원이 많이 생겨났습니다. 독일에서 종교개혁의 깃발을 높이 들었던 마르틴 루터도 영적으로 갈급했던 사람이었습니다. 그는 수도원에서 모범적인 수행을 통하여 죄의 멍에로부터 참 자유를 누리려고 했는데 그러면 그럴수록 더 심각한 고민에 빠졌습니다. 그러던 어느 날, 루터는 하나님의 말씀을 묵상하는 중에 깨닫게 되었습니다. 자신의 노력으로는 참 자유를 누리는 것이 불가능하며 오직 예수님과 그 은혜로 말미암아야 가능하다는 사실을 깨닫게 되었습니다.

　루터는 자신의 의지력으로 죄의 멍에를 꺾어 의로워져 보려고 무척 고민하고 노력했지만, 하나님의 의와 그로 말미암는 자유가 오직 예수 그리스도를 통해서만 가능하다는 사실을 말씀 속에서 깨닫고 무릎을 "탁"치고 일어났습니다. 요한복음 8장 32절에는 '진리를 알지니 진리가 너희를 자유케 하리라'고 기록되어 있습니다. 예수님은 자신이 '길이요 진리요 생명'이라고 말씀하셨습니다.[55] 루터는 오직 예수님과 가르쳐주신 복음으로 의로워지며 참 자유를 누릴 수 있다는 사실을 깨달았습니다.

　바울 사도는 "그리스도께서 우리를 자유롭게 하려고 자유를 주셨으니 그러므로 굳건하게 서서 다시는 종의 멍에를 메지 말라"고 말씀하셨습니다.[56] 그리스도께서 우리를 자유롭게 하려고 자유를 주셨다는 의미를 살펴볼 때 그리스도인들이 누리는 참 자유는 자신의 의지와 노력으로 만들어낼 수 있는 자유가 아닙니다. 참 자유란, 그리스도이신 예수님이 하나님의 요구에 순종하여 십자가에 달리신 것과 극심한 고통을 참으시고 영적 싸움에서 승리함으로써 성취한 자유입니다. 따라서 바울 사도는 이것을 '그리스도 안'에 있는 자유라고 말씀하였습니다.

■ **참 자유를 어떻게 얻을 수 있을까요?**

　사람들의 의지는 나약하기 짝이 없습니다. 자신의 의지력으로 참 자유를 누릴 수 있는 사람은 아무도 없습니다. 사단은 우리를 평생을 쫓아다니며 세상의 여러 가지 것으로 집요하게 시험합니다. 참 자유를 얻기 위해서는 '나' 자신의 의지가 성령과 연합되어야 합니다. 성령의 은혜로 말미암는 제3의 의지가 있어야 합니다. 그것은 마음이 변화된 거룩한 순종입니다. 하나님 말씀에 순종하기 위해서는 나 자신과 세상의 것을 내려놓아야 하는 약간의 고통이 따릅니다. 순종이 뒤따르지 않는 믿음은 헛것이며 죽은 믿음입니다. 그러나 바른 순종의 삶은 참 자유와 생명을 누리게 합니다. 하나님은 우리에게 발달장애인을 통하여 참 자유를 얻을 수 있는 깨달음을 주셨습니다.[57]

　발달장애인은 장애라는 고통을 받아들이고 부모에게 의지하고 순종하는 삶을 통하여 자유를 추구하며 살아갑니다. 발달장애인은 인지 능력이 부족하여서 장애에 따른 고통을 적극 거부하거나 효과적으로 해결하지 못합니다. 오히려 장애를 자연스럽게 수용함으로써 자유를 누립니다. 그리고 발달장애인은 대체로 신체적, 인지적, 기능적 능력이 약하기 때문에 세상의 유혹과 시험거리에서 비교적 벗어납니다. 또한, 부모에게 모든 것을 의존하는 삶을 살기 때문에 스트레스도 적게 받습니다. 하나님은 발달장애인들의 특성과 삶의 방편을 통하여 우리에게 참 자유를 누리는 방법을 깨닫게 해 주십니다. 그것은 믿음 안에서 고통을 받아들이고 하나님을 전적으로 의지하며 제3의 의지인 순종하는 삶을 사는 것입니다. 참 자유는 오직 하나님 안에서 그리고 예수 그리스도와 복음을 통해서만 누릴 수 있습니다.

　세상에는 사람들의 마음을 어지럽게 하고 빼앗아버리는 탐욕스러운 것들과 거짓으로 가득합니다. 그럼에도 사람들은 세상 안에서 참 자유를 찾고자 몸부림칩니다. 그 누구도 세상에 속하여 있으면서 참 자유를 누릴 수 없습니다. 참 자유는 세상이 아닌 하나님 안에서 진리를 깨닫고 순종함으로써 누릴 수 있습니다. 왜냐하면, 사람은 영혼을 가진 존재이며 영혼이 깨어있고 하나님과 교제함으로써 자유를 누릴 수 있기 때문입니다. 참 자유는 오직 하나님 안에서 누릴 수 있습니다. 이런 깨달음을 부모에게 전적으로 의지하며 살아가는 연약한 발달장애인들이 우리에게 주고 있습니다.

06 | 장애인과 가르침
장애 자녀의 부모가 되는 것이란?

■ 나는 장애 아이를 원하지 않았어요!

하나님은 부모에게 주시는 자녀를 일컬어 하나님의 기업이며 상급이라고 말씀하셨습니다.[58] 이 말씀은 자녀가 하나님의 선물이며 복이라는 의미입니다. 그런데 장애 자녀가 그 부모에게 하나님의 선물이자 복이라고 생각이 될까요? 부모 대부분은 장애 자녀를 선물이자 복이라고 생각하지 않습니다. 오히려 고통이며 저주라고 생각합니다. 따라서 '왜 내게 이런 일이?'라며 절대 원하지 않은 일이 일어난 것처럼 괴로워합니다. 따라서 장애 자녀를 받은 부모는 일정 기간 장애 자녀를 적극 수용하는 자세를 갖지 못합니다. 그 이유는 장애 자녀를 양육할 마음의 준비가 되어 있지 않기 때문입니다. 그렇다면 부모가 원하지 않은 장애자녀를 어떻게 받아들일 수 있을까요? 그것은 창조주 하나님의 특별하신 뜻을 이해함으로써 장애 자녀를 적극 수용할 수 있습니다.

■ 하나님이 이렇게 말씀하셨습니다.

"혹 네가 내게 말하기를 그러면 하나님이 어찌하여 허물하시느냐 누가 그 뜻을 대적하느냐 하리니 이 사람아 네가 누구이기에 감히 하나님께 반문하느냐 지음을 받은 물건이 지은 자에게 어찌 나를 이같이 만들었느냐 말하겠느냐 토기장이가 진흙 한 덩이로 하나는 귀히 쓸 그릇을 하나는 천히 쓸 그릇을 만들 권한이 없느냐" (로마서 9장 19~21절)

"인생수업", "상실수업"의 저자 엘리자베스 퀴블러 로스(Elisabeth Kübler-Ross)는[59] 장애 자녀를 출산한 부모는 대체로 부정(denial)

– 분노(anger) – 타협(bargaining) – 우울(depression) – 수용(acceptance)의 단계를 거친다고 말했습니다. 그렇습니다. 부모가 장애자녀를 낳게 되면 가장 먼저 마음에 충격을 받고 정서적으로 비탄한 상태에 빠지게 됩니다. 부모가 장애로 말미암은 충격에서 어느 정도 헤어 나오게 되면 그다음으로 왜 내게 이런 일이?'라며 부정하고 분노하게 됩니다. 기독교 신앙을 가진 부모라면 하나님께 항거도 하지만 결국에는 타협하는 과정을 갖게 됩니다. 예를 들자면 '장애 아이를 정상으로 만들어 주시면 신앙생활을 잘하겠습니다.'라고 타협을 하게 된다는 것입니다. 그러나 부모 중에는 하나님과 타협을 하는 중에 우울한 감정에 사로잡히게 되고 고난의 삶을 사는 과정에서 자녀의 장애를 조금씩 이해하고 받아들이게 됩니다. 그러나 부모는 자녀의 장애가 정상으로 돌아갈 수 없다는 사실을 깨닫고 한계를 인정하면서 자녀의 장애를 받아들이며 새로운 목표를 세우며 나아가게 됩니다. 부모가 자녀의 장애를 쉽게 받아들이지 못하는 이유 중 하나는 장애가 하나님의 섭리로 말미암는다는 사실을 깨닫지 못했기 때문입니다.

본문에서 하나님은 자신을 토기장이로 비유하시면서 다양한 모양의 그릇을 만드신다고 말씀하셨습니다. 다시 말하자면 깨어지기 쉬운 질그릇 같은 연약한 장애인도 하나님이 만드신다는 것입니다. 그렇습니다. 장애인은 하나님의 섭리 속에서 우리 가운데 보내진 특별한 뜻을 지닌 존재입니다. 그러므로 부모는 장애 자녀를 받은 것을 섭리적인 만남으로 이해해야 합니다. 부모가 장애 자녀를 섭리적인 만남으로 이해할 때 장애는 하나님의 선하시고 온전하신 뜻을 이루는 도구이며 축복의 통로가 된다는 사실을 점차로 깨닫게 됩니다. 이렇게 될 때 부모는 장애 자녀를 아름답게 양육할 수 있게 됩니다.

■ **장애 자녀를 양육할 때 유익은 무엇일까요?**

부모가 장애 자녀를 양육할 때 고난이 뒤따라온다는 사실을 예상합니다. 그러나 장애 자녀를 낳은 것이 하나님의 뜻이라면 그로 말미암은 고난은 하나님의 멋진 계획 속에 있다고 생각해야 합니다. 하나님의 멋진 계획이란 고난을 통하여 하나님의 자녀로 부르시며 구원을 선물로 주시기 위함입니다. 그리고 고난을 통하여 잘못 정해진 인생의 목적과 삶의 가치와 살아가는 방법을 깨닫게 해 주십니다. 그럼에도 장애자녀를 양육하는 일은 정말 힘이 듭니다. 하나님은 그 부모에게 감당할 정도의 고난만 주시지 결코 넘어지게 하시지 않습니다. 따라서 두려워할 필요가 없습니다. 하나님은 고난을 통하여 우리와 관계를 맺으시고 은혜를 베풀어주십니다. 그러므로 고난이 찾아왔을 때는 하나님을 바라보아야 합니다. 왜냐하면, 하나님의 뜻으로 말미암는 고난은 오직 하나님만이 해결하실 수 있기 때문입니다. 그리고 우리가 하나님을 의지할 때 한계를 두고 다스리시는 하나님이 때를 따라 우리를 도우시며 피할 길을 열어주시기 때문입니다.

하나님은 언제나 시련을 통해 거룩한 자녀들을 훈련하고 준비시키십니다. 장애 자녀를 양육하면서 찾아오는 고통스러운 순간에도 멈추지 않는 손길이 있습니다. 그것은 하나님의 손길입니다. 하나님은 장애 자녀를 양육하는 부모에게 시련을 겪게 하시되 고통 속에서 잃어버린 하나님의 형상을 회복시키십니다. 하나님은 그 사랑하시는 자를 징계하시고 받으시는 자녀마다 채찍질하십니다. 징계는 다 받는 것인데 그것이 없으면 사생자요 친자녀가 아니라고 말씀하셨습니다.[60] 그렇습니다. 하나님은 그 자녀를 고통의 수레에 태워 이끄시며 하늘의 빛나는 별이 되게 하십니다. 믿음의 시련은 인내를 만들어내며 그 인내는 성숙한 신앙과 인격을 갖게 합니다.[61] 하나님 안에서의 고난의 훈련은 결코 무의미한 것이 없습니다. 반드시 아름다운 보상이 따릅니다. 하나님은 고난을 통해 우리를 연단하신 후에 하나님 나라를 위하여 거룩한 도구로 사용하십니다. 자신이 하나님의 은혜 가운데 깨닫고 경험한 일들을 고통을 안고 살아가는 또 다른 사람들에게 전하며 가르치는 축복의 통로로 사용하십니다. 따라서 지난날 흘린 눈물과 마음의 슬픔이 웃음과 기쁨이 되게 하십니다. 하나님을 원망했던 입술이 하나님을 찬양하는 입술로 바뀌게 됩니다. 그리고 주저앉았던 자리를 털고 일어나 생명을 치유하고 구원하는 하나님의 선한 도구가 되어 거룩한 사명을 위해 달려가게 됩니다. 따라서 이 모든 은혜가 장애 자녀로 말미암은 것이라고 하나님께 믿음의 고백을 드리며 감사하게 됩니다. 하나님은 오직 믿음으로 장애 자녀를 양육하는 부모에게 이처럼 놀라운 은혜를 부어주십니다.

장애 자녀를 낳고 양육하는 것은 부모의 선택이 아니며 오직 하나님의 뜻으로 말미암는 것입니다. 그것은 우리를 부르시고 성숙하게 하시며 거룩한 도구로 사용하시기 위함입니다. 따라서 장애 자녀를 낳고 양육하는 것은 은혜이자 축복입니다. 육신의 부모도 어린 자녀를 잠시 누구에게 맡기려 할 때 아무에게나 맡기지 않는 것처럼 하나님 역시 아무에게나 귀한 생명을 맡기지 않습니다. 특히 연약한 장애 자녀는 믿을만한 부모에게 맡기십니다. 그 믿을만한 부모가 바로 당신입니다. 그러므로 자신을 믿고 귀한 생명을 맡겨주신 하나님께 감사드려야 합니다.

내 형제들아 너희가 여러 가지 시험을 당하거든 온전히 기쁘게 여기라
이는 너희 믿음의 시련이 인내를 만들어 내는 줄 너희가 앎이라
인내를 온전히 이루라 이는 너희로 온전하고 구비하여 조금도 부족함이 없게 하려 함이라
- 야고보서 1장 2절~4절

| 장애인과 가르침

장애 자녀를 양육하는 지혜

■ 하나님이 장애 자녀를 주셨다고요?

그렇습니다. 하나님이 장애자녀를 주셨습니다.[62] 일반적으로 장애자녀를 낳고 양육하는 부모는 그 자녀를 자신의 책임으로 돌리며 죄책감을 갖기도 합니다. 자녀가 부모를 선택할 수 없듯이 부모 또한 자녀를 원하는 대로 선택할 수 없습니다. 오직 창조주 하나님이 주신 대로 받을 뿐입니다. 따라서 부모는 자녀의 양육에 관한 책임이 있을 뿐 장애 원인에 관하여 책임을 져야 할 문제는 아닙니다. 부모가 장애에 대하여 부정적으로 생각하고 죄책감을 갖는 이유는 자녀의 장애가 자신이 무엇인가 잘못했기 때문이며 책임져야 한다고 생각하기 때문입니다. 예수님은 선천적인 시각장애를 두고 말씀하시기를 '하나님의 하시는 일'[63]을 나타내기 위함이라고 말씀하셨습니다. 즉, 장애는 문제가 아니고 이유이며 하나님의 거룩한 뜻을 드러내는 도구요 매개체라는 것입니다.

■ 하나님이 이렇게 말씀하셨습니다.

"믿음의 주요 또 온전하게 하시는 이인 예수를 바라보자 그는 그 앞에 있는 기쁨을 위하여 십자가를 참으사 부끄러움을 개의치 아니하시더니 하나님 보좌 우편에 앉으셨느니라 너희가 피곤하여 낙심하지 않기 위하여 죄인들이 이같이 자기에게 거역한 일을 참으신 이를 생각하라 너희가 죄와 싸우되 아직 피흘리기까지는 대항하지 아니하고 또 아들들에게 권하는 것 같이 너희에게 권면하신 말씀도 잊었도다 일렀으되 내 아들아 주의 징계하심을 경히 여기지 말며 그에게 꾸지람을 받을 때에 낙심하지 말라 주께서 그 사랑하시는 자를 징계하시고 그가 받아들이시는

아들마다 채찍질하심이라 하였으니 너희가 참음은 징계를 받기 위함이라 하나님이 아들과 같이 너희를 대우하시나니 어찌 아버지가 징계하지 않는 아들이 있으리요 징계는 다 받는 것이거늘 너희에게 없으면 사생자요 친아들이 아니니라"(히브리서 12장 2~8절)

하나님은 세상에 있는 사람들의 죄를 해결해 주시기 위하여 독생자 예수 그리스도를 십자가에서 돌아가시게 하셨습니다. 예수님의 대속 죽음은 하나님과 죄인이 화목할 수 있는 계기가 되었습니다. 따라서 예수님의 대속 죽음은 구원받은 사람들에게는 은혜 중의 은혜입니다. 예수님의 고통과 죽음은 죄를 용서받은 사람들에게는 평안과 생명이 되었습니다. 이것은 오직 하나님이 주신 믿음으로만 이해할 수 있는 신비입니다. 장애 또한 신비로운 고통입니다. 장애가 믿음의 눈으로 바라보고 이해할 수 있다면 장애로 말미암은 고통이 축복이 된다는 것입니다.

장애로 말미암은 고통은 그 무엇과도 비교하기 어렵습니다. 부모뿐만이 아니라 가족 전체에 미치는 만성적인 슬픔이며 한계를 경험하게 하는 고난입니다. 하나님이 장애자녀를 주실 때에는 분명한 이유가 있습니다. 그것은 복을 주시기 위해서입니다. 그러나 장애자녀를 받은 부모는 복이 아니라 저주라고 생각합니다. 왜냐하면, 장애는 질병이 아니라 고치기도 어렵고 평생을 힘들게 하기 때문입니다. 그러나 하나님은 장애가 변장된 축복임을 알려주시고 있습니다. 왜냐하면, 장애 때문에 고통을 받지만 많은 유익이 따르기 때문입니다. 하나님은 장애로 고통을 겪는 것을 징계라고 말씀하십니다. 징계란 의미는 훈련(discipline, training)이라는 뜻입니다. 즉, 거룩한 자녀로 만들기 위해서 고통 속에서 연단하신다는 의미입니다. 따라서 하나님은 다음과 같이 위로하십니다. "내 아들아 주의 징계하심을 경히 여기지 말며 그에게 꾸지람을 받을 때에 낙심하지 말라. 주께서 그 사랑하시는 자를 징계하시고 그가 받아들이시는 아들마다 채찍질하심이라 하였으니 너희가 참음은 징계를 받기 위함이라. 하나님이 아들과 같이 너희를 대우하시나니 어찌 아버지가 징계하지 않는 아들이 있으리요. 징계는 다 받는 것이거늘 너희에게 없으면 사생자요 친아들이 아니니라."[64]

그렇습니다. 하나님은 언제나 고통의 현장에 계십니다. 따라서 영적인 눈을 뜨고 보면 하나님을 만날 수 있습니다. 그리고 믿음을 갖고 고통의 깊은 곳으로 들어가면 하나님을 체험 할 수 있게 됩니다. 고난을 통하여 모난 인격이 깎이고 다듬어지며 아름다운 모습으로 변화됩니다. 결국 장애라는 고난을 통하여 거룩하신 하나님의 형상을 회복하게 되는 것입니다. 따라서 가시밭길을 걸어가면서도 '나의 가는 길을 오직 그가 아시나니 그가 나를 단련하신 후에는 내가 정금같이 나오리라' 생각하며 '고난이 내게 유익이라'고 고백하게 됩니다. 이것이 장애의 고통 속에 감추어둔 신비입니다.

■ 장애 자녀를 양육하는 지혜는 무엇일까요?

하나님의 뜻으로 말미암는 고난이라면 무엇보다 먼저 하나님께 주목해야 합니다. 왜냐하면, 하나님이 고통의 한계점을 설정해 놓고 우리를 훈련하시기 때문입니다. 하나님은 고난을 벗어날 때를 정하시고 우리를 적절한 방법으로 연단하십니다. 그러므로 고난 속에서 인내하고 기도하며 평안의 때를 기다려야 합니다.[65] 고난의 의미를 깨닫고 고난을 이기는 참 지혜는 하나님에게서 나옵니다. 그러므로 첫째, 하나님을 반드시 만나야 합니다. 하나님을 만나면 장애에 대한 이유와 의미를 깨닫게 됩니다. 그러면 죄책감, 수치심, 열등감, 분노와 원망, 우울과 낙담 등이 사라지게 되고 평안함이 찾아옵니다. 그러므로 성령 하나님이 자신을 찾아오시도록 기도해야 합니다. 둘째, 현재의 고난을 믿음으로 받아들여야 합니다. 하나님의 자녀에게는 우연이라는 것이 없으며 모든 일이 하나님의 섭리 속에 이루어지는 필연일 뿐입니다. 따라서 나를 향한 하나님의 계획이 무엇인지 성령 하나님의 은혜를 도우심을 얻어 그 뜻을 살펴야 합니다. 그러면 주저앉았던 자리를 털고 일어나게 되며 열정과 힘이 생겨납니다. 셋째, 하나님을 의지해야 합니다. 하나님을 의지하면 때에 따라 우리의 필요를 채워주십니다. 그 누구도 우리를 도울 수 없을 때도 하나님은 좋은 사람을 만나게 하시며, 필요한 물질도 공급해 주십니다. 장애 자녀를 양육하는 일은 매우 힘이 듭니다. 따라서 지혜가 필요합니다. 그 지혜는 바로 하나님입니다.

C.S. 루이스는 '고통은 변장된 축복'이라고 말하였습니다. 이 말의 의미는 고통 속에 복이 들어있다는 의미입니다. 장애가 바로 변장된 축복입니다. 장애를 믿음의 눈으로 바라보면 연약함 속에 감추어진 신비가 있습니다. 그 신비를 발견하면 인생의 깊은 밤중에도 노래를 부르고 춤을 출 수 있습니다. 고통은 백해무익한 것이 아닙니다. 고통은 희망의 재료입니다. 고통은 지혜로운 사람에게는 '성공의 재료'가 됩니다. 그러나 지혜가 없는 사람에게는 '절망의 재료'가 됩니다. 그러므로 장애자녀를 양육하는 부모는 반드시 지혜를 가져야 합니다.

예수께서 대답하시되 이 사람이나 그 부모의 죄로 인한 것이 아니라
그에게서 하나님이 하시는 일을 나타내고자 하심이라
- 요한복음 9장 3절

08 겸손을 가르쳐 주는 장애인

| 장애인과 가르침

■ 장애인이 겸손을 가르쳐 준다고요?

필자가 경험한 발달장애인의 특징 중 하나는 감추지 못하는 솔직함입니다. 왜냐하면, 장애특성인 의사소통과 사회적 상호작용에 어려움이 있기 때문에 유추하여 말하거나 가식적인 행동을 하지 못합니다. 자신을 거짓으로 포장하지 않고 생각하는 대로 내뱉는 솔직한 말투와 거침없는 행동은 마치 가면을 쓰고 있는 현대인들에게 진실하게 사는 것이 무엇인지 도전을 주기도 합니다. 장애가 자기 생각을 아는 만큼 말하고 그 이상을 행동하지 않게 만드는 것이라면 그것은 진실의 탁자 위에 올려놓은 겸손이라고 생각합니다. 지식이 자기가 이만큼 배웠다는 자랑이라면, 지혜는 자기가 이 이상은 모른다는 겸손입니다. 솔직하게 자신의 연약함을 드러내는 것이 바로 겸손입니다.

개그맨 겸 MC였던 김병조 씨는 현재 대학교에서 가르치는 일을 하고 있습니다. 김병조씨는 은퇴 이후 학자의 길을 걷게 된 이유로 13년 전 눈이 안 좋아졌기 때문이라고 밝혔습니다. 그 당시 담당의사가 시력을 되살리려고 노력했지만 불가능했고 시신경을 아예 제거하거나 진통제를 맞고 살아야 한다고 말했습니다. 그는 진통제를 맞으면 강의를 할 수 없다고 판단해서 어쩔 수 없이 실명을 선택했습니다. 그리고 그는 '이걸 강의 소재로 삼기도 합니다. 눈을 잃었지만 나는 지혜를 얻었습니다'라고 말했습니다.[66] 장애는 인생의 결핍을 깨닫게 합니다. 지혜로운 삶이 결핍을 지속해서 깨닫는 것이라면 장애는 교만한 지성보다 겸손한 마음이 더 중요함을 깨닫게 해 주는 지혜로운 반면교사입니다.

■ **하나님이 이렇게 말씀하셨습니다.**
"내가 부득불 자랑할진대 나의 약한 것을 자랑하리라" (고린도후서 11장 30절)

　율법의 사람 바울 사도는 살기가 등등하여 그리스도인을 잡아 예루살렘으로 데려오기 위하여 다메섹 (시리아의 수도 다마스쿠스)으로 가던 중에 부활하신 예수님을 만났습니다. 그때 하늘에서 비추는 빛 때문에 바울의 눈이 잠시 멀어 앞을 보지 못하게 되었습니다. 그러나 예수님은 바울을 이방인의 사도로 사용하시기 위하여 그를 만나주셨을 뿐만 아니라 다메섹에 사는 그리스도인 아나니아를 통하여 그의 눈도 뜨게 해 주셨습니다.[67] 예수님은 바울을 가리켜 '이 사람은 내 이름을 이방인과 임금들과 이스라엘 자손들에게 전하기 위하여 택한 나의 그릇이라'[68]라고 말씀하셨습니다. 바울이 예수님을 만난 후 복음을 전하는 변화된 삶을 살았을 때 그는 자신의 장점이 아닌 단점을 자랑했습니다. 이것이 변화된 사람의 특징입니다. 그는 '나의 약한 것을 자랑하리라'고 말했습니다. 그가 '사탄의 가시'라고 표현했던 것은 아마도 눈이 잘 보이지 않는 장애가 있었기 때문이라고 추측이 됩니다. 그는 하나님이 장애를 허락하신 이유를 이렇게 말했습니다. '내 육체에 가시 곧 사탄의 사자를 주셨으니 이는 나를 쳐서 너무 자만하지 않게 하심이라.'[69]

　아무리 성능이 좋은 자동차라도 제동장치에 이상이 생기면 불행한 참사를 부르게 됩니다. 육체적 가시는 바울의 신앙에서 자동차의 제동장치와 같았습니다. 그래서 그는 장애를 은혜의 도구라고 생각했습니다. 장애는 잘못된 인간의 생각과 행동을 멈추게 하는 영적 제동장치입니다. 하나님은 우리가 생각하는 고통의 문제를 통하여 올바른 방향을 가르쳐줄 뿐만 아니라 잘못된 길을 걸어갈 때 가던 길을 멈추게 하는 은혜의 도구로 사용하십니다.

■ 장애인을 통해 배워야 할 겸손이 무엇일까요?

자기의 생각과 행동을 꾸밈없이 표현하는 솔직함입니다. 앞에서 언급한 바와 같이 대부분의 현대인은 자신의 본래 모습을 감추는 가면(페르소나)[70]을 쓰고 있습니다. 특히 자존심을 떨어뜨리는 고난의 문제가 찾아오면 가면 속에 아픈 마음과 상처받은 마음을 감추어버립니다. 상처로 얼룩진 마음이란 두려워하는 마음, 분노하는 마음, 버림받은 마음, 굶주린 마음, 열등감과 죄의식 등입니다.

발달장애인들은 그들의 솔직함으로 우리에게 가면을 벗어버려야 하는 겸손을 가르쳐주고 있습니다. 마음의 상처를 감추는 것은 솔직하지 못한 것인데, 그 이유는 부끄럽게 생각되기 때문입니다. 마음의 상처는 치료하지 않고 가만히 놔두면 시간이 지날수록 큰 상처가 되고 결국 치료하기 어렵게 됩니다. 그러므로 마음의 상처는 작을 때 고쳐야 합니다. 현대인들에게 있어서 솔직함은 인간관계를 유지하는데 불편을 주며 독이 된다고 생각합니다. 솔직하게 말하고 행동함으로써 누군가가 마음이 다치게 되는 것을 두려워하기도 합니다. 그러나 감정을 해치는 배려 없는 솔직함이 아니라 나쁜 의도를 갖지 않은 채 순수한 마음으로 상대를 배려하는 솔직함은 진리를 추구하는 신앙인들이 가져야 할 태도입니다.

겸손하고 순수한 마음을 가진 솔직함은 그 어떤 것에도 속박당하지 않는 자유로운 삶으로 인도합니다. 그리고 교만한 지성을 깨우며 변화를 추구하는 선한 영향력이며 지혜로움입니다. 우리는 발달장애인들에게 지성을 가르치지만, 그들은 우리에게 장애 속에 감춰진 지혜로 가르칩니다. 겸손은 번뜩이는 지성과 탁월한 논리가 아니라 연약함을 자랑하는 지혜입니다. 발달장애인은 우리에게 겸손을 가르쳐주는 반면교사입니다.

연약함을 자랑했던 바울 사도는 "그런즉 선줄로 생각하는 자는 넘어질까 조심하라"고 말했습니다. 누가 서 있는 자며 누가 넘어진 자입니까? 솔직한 발달장애인입니까? 아니면 가면을 쓰고 있는 영적 장애인입니까? 장애는 인생의 결핍과 고통의 의미를 깨닫게 하는 유익한 요소입니다. 따라서 장애를 진리의 렌즈를 끼고 바르게 볼 수 있어야 합니다. 장애는 무능력하고 무용한 것이 아니라 연약함의 신비를 깨닫게 하는 은혜의 도구입니다.

09 | 장애인과 가르침
예절을 가르쳐 주는 장애인

■ 장애인이 예절을 가르쳐 준다고요?

필자가 장애인교회학교 사역을 하면서 가르쳤던 학생들이 대부분 성인이 되었습니다. 그들 중에 몇몇 장애인들은 오랜 세월이 지났음에도 가르침에 대한 감사의 마음을 갖고 안부를 전하는 분들이 있습니다. 심지어 필자의 생일과 스승의 날을 기억하고 찾아와서 선물을 주기도 하고 음식을 대접하기도 합니다. 순수한 마음은 언제나 감동을 준다는 사실을 새삼 깨닫게 됩니다. 근대 아동교육의 아버지라 불리는 페스탈로치는 '인간은 자질과 능력 등을 이미 가지고 태어났기 때문에 그것을 올바로 꽃피울 수 있도록 도와주는 것'이 교육의 본질이며 교육의 참된 힘은 '인간 내부에 주어진 능력을 최대한 끌어내는 것'이라고 말했습니다. 발달장애인들은 나름의 자질과 능력이 있지만, 무엇보다도 순수한 마음이 탁월한 자질과 능력입니다. 왜냐하면, 순수한 마음은 아름다운 인간관계를 만드는 최고의 예절 기술이기 때문입니다.

■ 하나님이 이렇게 말씀하셨습니다.

"예수께서 예루살렘으로 가실 때에 사마리아와 갈릴리 사이로 지나가시다가 한 마을에 들어가시니 나병 환자 열 명이 예수를 만나 멀리 서서 소리를 높여 이르되 예수 선생님이여 우리를 불쌍히 여기소서 하거늘 보시고 이르시되 가서 제사장들에게 너희 몸을 보이라 하셨더니 그들이 가다가 깨끗함을 받은지라 그 중의 한 사람이 자기가 나은 것을 보고 큰 소리로 하나님께 영광을 돌리며 돌아와 예수의 발아래에 엎드리어 감사하니 그는 사마리아 사람이라 예수께서 대답하여 이르시되 열 사람이 다 깨끗함을 받지 아니하였느냐 그 아홉은 어디 있느냐 이 이방인 외에는 하나님께 영광을 돌리러 돌아온 자가 없느냐 하시고 그에게 이르시되 일어나 가라 네 믿음이 너를 구원하였느니라 하시더라" (누가복음 17장 11~19절)

나병 환자[71] 열 명이 예루살렘으로 가시는 예수님을 보고 큰 소리를 외치며 도움을 청했습니다. 예수님은 그들의 몸에 손을 대시고 '깨끗함을 받으라!'고 축복하시는 말씀도 하지 않고 다만 제사장들을 찾아가서 나병을 앓고 있는 몸을 보이라고 말씀하셨습니다. 이것은 그들에게 말씀에 복종하는 신앙을 요구하는 명령일뿐만 아니라 믿음에 대한 일종의 시험이었습니다. 예수님은 나병 환자들의 요구를 거절하지 않고 기꺼이 들어주셨습니다. 열 명의 나병 환자는 예수님의 말씀에 묵묵히 순종했습니다. 그들은 길을 가는 도중에 나병이 고침 받았다는 사실을 알았습니다. 불가능하다고 생각되었던 나병의 치유가 믿음으로 순종함으로써 일어났습니다. 이것은 치유의 기적이 외부가 아닌 내부에서 일어나는 것임을 깨닫게 해 줍니다. 그런데 믿음으로 순종하여 고침을 받은 열 명의 나병 환자 중에 오직 사마리아인[72]만이 예수님을 다시 찾아와서 하나님께 영광을 돌리며 감사의 인사를 드렸습니다. 이것은 배은망덕이 인간의 마음속 깊이 자리 잡고 있는 보편적인 악덕 중 하나임을 깨닫게 해 줍니다.

그리스도인은 기본적인 예절을 지키는 사람입니다. 하나님이 그 자녀에게 선물로 주신 믿음은 예수님의 인격을 닮아가며 기본적인 예절을 지키는 능력입니다. 그럼에도 그리스도인들이 기본적인 예절을 지키지 못한다면 예수님을 다시 찾아와서 하나님께 영광을 돌리며 감사의 인사를 드린 사마리아인의 예절을 배워야 합니다.

그 당시 유대인들은 사마리아인들을 무시하고 차별했습니다. 그러나 예수님은 사마리아인을 차별하지 않고 사랑으로 대해주셨습니다. 따라서 장애인에 대한 차별 없는 사랑의 실천이 예수님의 예절을 본받는 것임을 알게 해 줍니다. 예절을 갖추는 것은 사람을 얻는 방편일 뿐만 아니라 모든 인간관계를 향상하는 방법입니다. 따라서 그리스도인은 바른 예절을 가져야 합니다.

■ **우리는 장애인에게 어떤 예절을 가져야 할까요?**

첫째, 순수한 마음으로 대해야 합니다. 일반적으로 비장애인들이 장애인을 대할 때 동정의 마음을 갖고 다가갑니다. 이것이 나쁜 행동이라고 말할 수는 없지만, 상대에게 돌이킬 수 없는 상처를 줄 수도 있습니다. 왜냐하면, 부한 마음은 가난한 마음을 들춰내기 때문입니다. 장애인을 진정한 친구로 생각하며 다가가고 싶다면 그들에게 순수한 마음으로 다가가는 것이 좋습니다. 왜냐하면, 순수한 마음은 무거운 마음의 빗장까지도 열 수 있기 때문입니다. 둘째, 배우는 마음으로 대해야 합니다. 장애인은 하나님이 '하시는 일'[73]을 위하여 특별히 만드신 걸작품입니다. 다르게 표현하자면 하나님이 장애라는 연약함 속에 신비를 감추어 두셨다는 말입니다. 연약함 속에 감추어두신 하나님의 신비는 결코 인간의 이성으로 찾아낼 수 없습니다. 진리의 영이신 성령 하나님의 도움이 있어야 가능합니다. 그러므로 믿음을 갖고 배우는 마음으로 장애인을 대해야 합니다. 셋째, 올바른 마음으로 대해야 합니다. 올바름의 기준은 언제나 세상의 보편적 가치가 아니라 하나님의 절대적인 말씀이 되어야 합니다.

예수님은 장애인에게 복음을 전하고 가르치며 치유하는 것을 당연한 사명으로 생각하셨습니다.[74] 복음을 전하는 목적은 생명을 구원하기 위해서입니다. 다시 말하자면 죄인을 하나님과 화목하게 하기 위함입니다. 따라서 장애인을 섬기는 사역자들은 종의 신분과 자세를 갖고 섬김의 예절을 실천해야 합니다. 사역자들이 바른 마음과 자세를 갖고 장애인을 대할 때 하나님의 영광을 드러낼 수 있지만 그렇지 않으면 하나님의 영광을 가리게 됩니다. 그러므로 장애인에게는 동정의 마음이 아닌 긍휼의 마음을 갖고 다가가야 합니다.

하나님은 연약한 장애인을 통하여 강한 사람들을 부끄럽게 하려 하신다고 말씀하셨습니다. 이 말씀을 비추어보면 장애인이 하나님의 거룩한 도구가 될 수 있다는 뜻입니다. 그래서 우리는 장애인을 특별하고 의미 있는 존재로 생각해야 합니다. 그리고 의존하는 삶을 사는 발달장애인들을 통하여 의존적 믿음에 대한 영적 교훈을 깨달아야 합니다. 하나님을 절대적으로 의존하는 그리스도인의 자세는 가장 아름다운 신앙예절입니다.

예수께서 온 갈릴리에 두루 다니사 그들의 회당에서 가르치시며 천국 복음을 전파하시며
백성 중의 모든 병과 모든 약한 것을 고치시니 그의 소문이 온 수리아에 퍼진지라
사람들이 모든 앓는 자 곧 각종 병에 걸려서 고통 당하는 자 귀신 들린 자 간질하는 자
중풍병자들을 데려오니 그들을 고치시더라
- 마태복음 4장 23, 24절

01 | 장애인과 공동체
하나님이 사랑하시는 장애인

■ 하나님이 장애인을 사랑하신다고요?

하나님은 선민 이스라엘 백성에게 율법을 주시면서 장애인들을 보호할 것을 명령하셨습니다.[75] 유대 사회 속에서 장애인들이 율법으로 보호받는다는 의미는 공적인 체계의 보호만이 아니라 평생 돌봄을 의미합니다. 이것은 연약한 자를 사랑하시는 하나님의 속성임을 알 수 있습니다. 하나님의 장애인 사랑은 신약시대에 들어서도 매우 명확하게 나타났습니다. 예수님은 메시아 취임 선언[76]과 복음 사역[77]을 통해서 장애인들이 우선적 선교의 대상이 될 뿐만 아니라 전인적 평생 돌봄의 대상임을 보여주셨습니다. 이것은 예수님의 사역이 참사랑에 근거한다는 사실을 알 수 있습니다. 그리고 하나님 나라는 사랑으로 충만하며 연약한 자들이 중심이 된다는 것을 깨닫게 해 줍니다.

■ 하나님이 이렇게 말씀하셨습니다.

"예수께서 온 갈릴리에 두루 다니사 그들의 회당에서 가르치시며 천국 복음을 전파하시며 백성 중의 모든 병과 모든 약한 것을 고치시니 그의 소문이 온 수리아에 퍼진지라 사람들이 모든 앓는 자 곧 각종 병에 걸려서 고통당하는 자, 귀신 들린 자, 간질하는 자, 중풍병자들을 데려오니 그들을 고치시더라 갈릴리와 데가볼리와 예루살렘과 유대와 요단 강 건너편에서 수많은 무리가 따르니라" (마태복음 4장 2절~25절)

하나님의 실체이신 예수님의 사역을 간결하게 요약하자면 회당에서 주로 가르치셨고, 천국 복음을 전파하셨으며, 사람들의 모든 병과 모든 장애를 고치시는 치료하는 사역이었습니다. 예수님의 가르침은 율법 선생들이 가르치는 것과 달랐습니다. 그리고 전파하신 천국 복음도 실의에 빠진 사람들의 마음을 기쁨과 소망으로 가득 채워주신 놀라운 말씀이었습니다. 예수님을 찾아온 온갖 종류의 병자들과 장애인들은 대부분 고침을 받았습니다. 상한 마음과 몸의 치유를 경험한 사람들은 예수님을 따라다녔고 그 인원은 오천 명이나 되는 큰 무리였습니다.[78] 수많은 사람이 예수님을 따랐던 이유는 기적을 베푸신 예수님이 메시아로서 누구와도 비교할 수 없는 긍휼의 마음을 가지신 것을 알았기 때문입니다. 긍휼의 마음을 가지신 예수님은 누구도 차별하지 않으신 것뿐만 아니라 특별히 연약한 자들을 사랑하시며 그들의 필요를 채워주셨습니다. 예수님의 긍휼은 모든 고통당한 자들의 눈물을 보시고 필요를 채워주시는 참사랑에 기초한 것이었습니다.

예수님은 특별히 장애인들을 사랑하셨습니다. 유대 사회에서 배척했던 한센인과 중풍 병자와 귀신들린 자와 각종 질병을 앓고 있는 자들을 깨끗하게 고쳐주셨습니다. 이것은 사람들의 연약한 것을 친히 담당하시고자 했던 예수님의 놀라운 사랑이었습니다.[79] 예수님은 안식일에도 손 마른 사람과 38년 된 베데스다 연못가의 중증장애인을 고쳐주셨습니다.[80] 안식일에 장애를 고치시는 것은 유대인들에게 고소를 당하고 박해를 받는 위험한 일이었습니다. 그러나 예수님은 연약한 사람들에게 베푸시는 사랑의 수고를 멈추지 않았습니다. 예수님의 장애인 사랑은 하나님이 원하시는 일이라고 말씀하셨습니다.[81]

■ 장애인을 어떻게 사랑할 수 있을까요?

예수님은 장애인을 사랑하는 것은 그리스도인이 마땅히 해야 할 일임을 말씀하셨습니다.[82] 그리고 예수님은 장애인을 사랑하는 방법을 우리에게 가르쳐 주셨습니다. 그것은 첫째, 긍휼의 마음을 가져야 합니다.[83] 둘째, 거절하지 말아야 합니다.[84] 셋째, 복음을 전해야 합니다.[85] 넷째, 찾아가야 합니다.[86] 다섯째, 낙심하지 말아야 합니다.[87] 여섯째, 장애인의 필요를 알아야 합니다.[88] 일곱째, 능력을 갖춰야 합니다.[89] 여덟째, 성령을 힘입어야 합니다.[90] 아홉째, 마음이 온유하고 겸손해야 합니다.[91] 마지막으로는 희생이 전제된 사랑을 실천해야 합니다.

20세기 독일의 신학자이자 목회자인 본회퍼 (Dietrich Bonhoeffer, 1906-1945)는 '예수님은 장애인 목회를 하신 분'이었다고 말하였습니다. 사복음서 저자들은 공통으로 예수님의 장애인 사역을 집중적으로 다루고 있습니다. 그리고 마가복음은 1장부터 10장까지 각각의 장마다 예수님이 행하신 기적을 다루는데 특별히 장애인을 고치시는 기적을 다루고 있습니다. 이것은 예수님이 장애인을 많이 사랑하신다는 것을 보여주는 객관적 증거입니다. 예수님의 장애인 사랑은 생명의 복음과 하나님의 사랑을 전하는 메시아적 행위였습니다. 예수님의 가르침과 모범을 따르는 그리스도인들은 장애인을 사랑함으로써 그 증거를 보여야 합니다. 왜냐하면, 이로써 그리스도인들이 예수님의 참 제자인 것을 세상 사람들이 알기 때문입니다.

| 장애인과 공동체

도움을 요청하는 장애인

■ 장애인이 도움을 요청한다고요?

　장애란 신체적 혹은 정신적 손상으로 생활하는 데 필요한 기능이나 능력에 제한을 받는 것을 의미합니다. 따라서 장애가 외부의 도움이 필요하다는 사실을 암시하고 있는 뜻이기도 합니다. 그러나 장애인을 동정의 시선으로만 바라보고 대한다면 바른 태도라고 볼 수 없습니다. 장애는 하나님의 관점에서 보면 특별한 의미와 가치를 지니고 있습니다. 따라서 공동체 안에서 장애가 주는 깨달음과 유익이 있기 때문에 서로 돌아보아야 합니다.[92] 그 이유를 좁게 살펴보면 장애인도 함께 삶을 나누고, 서로 돌아보며, 격려해야 하는 공동체 구성원이기 때문입니다. 그리고 넓게 보면 장애인이 아름다운 공동체를 만드는 중요한 매개체이기 때문입니다.

■ 하나님이 이렇게 말씀하셨습니다.

"그들이 여리고에 이르렀더니 예수께서 제자들과 허다한 무리와 함께 여리고에서 나가실 때에 디매오의 아들인 맹인 거지 바디매오가 길가에 앉았다가 나사렛 예수시란 말을 듣고 소리 질러 이르되 다윗의 자손 예수여 나를 불쌍히 여기소서 하거늘 많은 사람이 꾸짖어 잠잠하라 하되 그가 더욱 크게 소리 질러 이르되 다윗의 자손이여 나를 불쌍히 여기소서 하는지라 예수께서 머물러 서서 그를 부르라 하시니 그들이 그 맹인을 부르며 이르되 안심하고 일어나라 그가 너를 부르신다 하매 맹인이 겉옷을 내버리고 뛰어 일어나 예수께 나아오거늘 예수께서 말씀하여 이르시되 네게 무엇을 하여 주기를 원하느냐 맹인이 이르되 선생님이여 보기를 원하나이다 예수께서 이르시되 가라 네 믿음이 너를 구원하였느

니라 하시니 그가 곧 보게 되어 예수를 길에서 따르니라" (마가복음 10장 46~52절)

    종려나무가 많은 아름다운 도시인 여리고 성문 옆에서 시각장애인 거지 바디매오가 구걸하고 있었습니다. 마침 예수님과 제자들이 그곳을 지나간다는 말을 듣고 바디매오는 "다윗의 자손 예수여, 나를 불쌍히 여기소서!"라며 계속 소리를 질렀습니다. 아마도 누군가가 바디매오에게 예수님이 지나가신다는 것을 알려주지 않았나 생각됩니다. 바디매오는 앞을 보지 못하는 시각장애인이었습니다. 많은 사람들이 조용히 하라고 바디매오를 꾸짖었으나 그는 더욱 큰 소리로 예수님께 도움을 요청했습니다. 예수님이 바디매오를 부르시자 그는 겉옷을 내던지고 뛰어왔습니다. 예수님은 무엇을 해 주길 원하느냐고 물으시자 선뜻 "앞을 보기를 원한다."고 대답했습니다. 그러자 예수님은 "네 믿음이 너를 구원하였다."고 말씀하시며 눈을 떠서 보게 하셨습니다. 바디매오는 주위 사람들의 도움으로 메시아이신 예수님이 자신이 있는 곳을 지나간다는 사실을 알고 확신에 찬 믿음으로 도움을 요청한 것입니다.

    예수님을 향한 바디매오의 부르짖음은 간절했습니다. 그러나 주위에 있던 여러 사람을 불편하게 만들었습니다. 그러나 바디매오의 간절한 부르짖음은 결코 양보할 수 없는 구원을 위한 믿음의 투쟁이었습니다. 그래서 두 번 다시 찾아올 수 없는 좋은 기회를 놓칠 수 없었습니다. 예수님은 바디매오의 간절한 부르짖음을 믿음의 행위로 보셨습니다. 따라서 그가 온 힘을 다해 부르짖으며 도움을 청한 결과로 눈을 뜨게 되었습니다. 바디매오는 장애와 가난 때문에 구걸하는 삶을 살았습니다. 따라서 하루하루가 행복하지 못했습니다. 장애와 가난이라는 조건이 행복의 문을 닫게 하였습니다. 그러나 그가 예수님을 만났을 때 그는 행복이라는 문의 빗장을 풀고 새로운 세상을 만나게 되었습니다. 바디매오는 자신의 처지를 이해하며 작은 도움을 주었던 사람 때문에 눈을 뜰 수 있었습니다. 이처럼 장애인의 구원사역에는 배타적 환경 속에서도 호혜적 사랑을 베푸는 따뜻한 마음을 가진 사람들이 있는 것이 중요합니다.

행복은 모든 사람이 추구하는 가치입니다. 그러나 행복을 추구하는 방식은 각기 다릅니다. 자기 생각에 맞는 행복의 조건을 찾는다면 자신은 행복해질 수 있습니다. 그러나 행복한 환경을 만들면 모두가 행복해집니다. 따라서 서로 돌아보는 따뜻한 마음과 연약한 자를 돕는 긍휼의 마음을 가진 사람들이 모여 행복한 공동체를 이루어야 합니다. 행복한 공동체가 되기 위해서는 서로가 가진 경험과 관계를 소중하게 여기고 나누는 삶을 살아야 합니다. 따라서 바울 사도는 "서로 친절하고, 서로 불쌍히 여기며, 서로 용서하기를 하나님이 그리스도 안에서 너희를 용서하는 것같이 하라."[93]고 말씀하셨습니다. 이것은 우리 모두의 행복을 위한 가르침입니다.

■ 장애인에게 필요한 도움이 무엇일까요?

발달장애인은 특성상 다양한 문제행동을 보이기도 합니다. 예를 들자면 가만히 있지 못하고 다른 사람에게 방해되는 산만한 행동을 하고, 의미 없이 반복하는 상동 행동을 하기도 합니다. 그리고 스스로 자해 행동을 하거나 다른 사람을 공격하는 행동을 하기도 합니다. 그런데 이러한 문제행동을 하는 이유가 무엇일까요? 발달장애인들은 대부분 대화로 원활한 의사소통을 할 수 없어서 행동으로 자신의 의사를 표현합니다. 그런데 그 행동이 적절하게 표현되지 못하기 때문에 부적응 행동 혹은 문제행동이라고 생각합니다.

발달장애인들의 적절하지 못한 행동은 다양한 의미를 지니고 있습니다. 예를 들자면 가까운 사람의 관심을 끌기 위한 행동일 수 있고 또한 싫은 것을 회피하기 위한 행동일 수 있습니다. 그리고 자신이 필요한 것을 요청하는 표현일 수도 있습니다. 이러한 문제행동들은 근원적으로 살펴볼 때 뇌 신경계통의 문제 혹은 의사소통을 하는 기술이 부족하여 나타나는 것일 수도 있습니다. 따라서 그들의 장애 특성을 이해하고 대화하는 방법과 관계하는 기술을 익히고 사랑으로 품는 것이 필요합니다. 발달장애인들을 아름답게 양육하고 구원의 은혜가 임하도록 하기 위해서는 바디매오의 간절한 부르짖음을 이해하고 그를 도왔던 따뜻한 마음을 가진 사람들이 있어야 합니다. 호혜적인 마음과 사랑의 손길이 그들에게 닿을 때 하나님의 임재는 물론 치유와 회복의 기적을 경험할 수 있습니다.

그리스도인은 '서로 돌아보고 선행을 격려하는 삶'을 살아야 합니다. 그리고 '즐거워하는 자들과 함께 즐거워하며 우는 자들과 함께 우는 삶'을 살아야 합니다. 왜냐하면, 이것이 예수님께서 부탁하신 사랑의 실천이며 생명을 살리는 방편이기 때문입니다. 도움을 요청하는 사람에게 필요를 공급하는 것은 자신에게 좋은 선물을 주는 것과 같습니다. 왜냐하면, 하나님께서 반드시 갚으시기 때문입니다. 문제 해결을 위한 가장 중요한 도움은 예수님을 만나게 하는 것입니다. 그러기 위해서 따뜻한 마음과 사랑의 손길이 필요합니다.

서로 친절하게 하며 불쌍히 여기며
서로 용서하기를 하나님이 그리스도 안에서 너희를 용서하심과 같이 하라
- 에베소서 4장 32절

03 복음을 전해야 할 장애인

| 장애인과 공동체

■ 장애인에게 복음을 전해야 한다고요?

　복음이란 죄 때문에 죽을 수밖에 없는 사람이 예수 그리스도의 대속적 죽음을 믿음으로써 용서받고 구원받는 기쁜 소식입니다. 비단 죄만이 아니라 죄 때문에 겪어야 할 여러 가지 고난의 삶에서 넉넉히 이길 수 있게 하는 것이 복음입니다. 그러므로 복음은 주위의 편견과 차별 때문에 고통받으며 평생 살아가는 장애인들에게 꼭 전해야 합니다. 예수님은 사람들이 배타적 태도를 보이는 장애인들을 찾아가서 복음을 전하시고 그들의 장애를 고쳐주셨습니다. 이것은 복음이 장애의 한계적 고난을 극복하기 위한 가장 좋은 방편임을 알려주는 것입니다. 진리의 복음은 온갖 고난의 사슬에 묶여있는 사람들을 자유롭게 합니다. 그리고 복음을 전하는 대상에 차별이 없습니다. 따라서 교회는 배타적 자세를 갖고 복음을 전하면 안 됩니다. 세상이 고난으로 가득한 곳이라면 예수님의 복음은 세상 모든 사람에게 꼭 필요합니다.

■ 하나님이 이렇게 말씀하셨습니다.

"열한 제자가 갈릴리에 가서 예수께서 지시하신 산에 이르러 예수를 뵈옵고 경배하나 아직도 의심하는 사람들이 있더라 예수께서 나아와 말씀하여 이르시되 하늘과 땅의 모든 권세를 내게 주셨으니 그러므로 너희는 가서 모든 민족을 제자로 삼아 아버지와 아들과 성령의 이름으로 세례를 베풀고 내가 너희에게 분부한 모든 것을 가르쳐 지키게 하라 볼지어다 내가 세상 끝날까지 너희와 항상 함께 있으리라 하시니라" (마태복음 28장 16~20절)

부활하신 예수님이 하나님 나라로 올라가시기 전에 제자들에게 땅 끝까지 이르러 모든 민족에게 복음을 전할 것을 명령하셨습니다. 구체적으로 표현하자면 '모든 민족을 찾아가서 제자로 삼고', '삼위일체 하나님의 이름으로 세례를 주고', '예수님이 가르치셨던 모든 것을 전하며 지키게 하는 것'이었습니다. 먼저 생각할 것은 '모든 민족'에게 복음을 전해야 한다는 것입니다. 이 말씀의 의미는 선별해서 복음을 전하는 것이 아니라는 것입니다. 복음을 전해야 할 대상에는 차별이 없음을 말씀하신 것입니다. 나라가 다르고 언어, 관습, 성별, 장애 유무와 관계없이 복음을 전해야 한다는 것입니다. 세례도 마찬가지입니다. 장애 혹은 인지능력과 관계없이 누구나 세례를 받게 해야 한다는 것입니다. 무엇보다도 예수님의 세 번째 지상명령은 가르쳐주신 진리의 말씀과 본을 보여주신 사랑의 섬김을 통하여 믿고 세례를 받은 사람을 그리스도인답게 만들어야 한다는 것입니다.

한국교회는 오랫동안 복음을 전함에 있어서 장애인과 비장애인을 구분하였습니다. 예를 들자면 복음은 사람의 상태와 관계없이 어떤 사람에게라도 전해야 함에도 신체적 결함이 있다는 이유로 장애인들을 복음의 일차적 대상으로 생각하지 않았습니다. 이것은 예수님의 명령을 거부한 죄를 지은 것입니다. 거룩한 교회는 누구나 들어올 수 있어야 합니다. 오직 조건이 있다면 '죄'만 있으면 됩니다. 그럼에도 한국교회는 장애인에 대하여 차별하는 자세를 가졌습니다. 장애인들만 모여 있는 장애인교회가 별도로 있다는 것과 발달장애인들을 위한 예배 모범이 없었다는 것이 그 증거입니다. 주님의 몸 된 교회가 누구를 위한 것인지 묻지 않을 수 없습니다. 따라서 지난날 한국교회의 장애인 선교 역사를 조명해 보면 무기력했고 무능력했고 무관심했던 역사였습니다. 아직도 한국교회는 장애인에게 복음을 전하는 선교적 사명을 교회 본연의 사역이 아닌 부수적인 혹은 선택적인 사역으로 생각하고 있습니다. 장애인 선교는 여유가 있을 때 하거나 필요할 때 하는 사역이 결코 아닙니다.

복음이 고난을 겪고 있는 사람들에게 소망이 되고 모든 억압과 차별에서 자유를 누리는 유일한 탈출구가 된다면 장애인들에게 복음을 전하는 것은 당연시되고 우선적이어야 합니다. 주님의 교회가 예수님의 말씀을 기억하고 있다면 장애인에 대한 효용성의 가치나 기능적 여부를 따져서는 안 됩니다. 장애인이 장애를 입은 상태를 의미한다면 사람은 본질을 의미합니다. 복음은 사람이 처해있는 상태와 관계없이 어떤 사람에게라도 전해야 합니다. 복음을 올바로 이해하고 있다면 대상을 차별하거나 배타적 태도를 갖고 전해서는 결코 안 됩니다.

■ 장애인에게 어떻게 복음을 전해야 할까요?

예수님이 우리에게 본을 보여주신 것은 복음 대상자를 '찾아가는' 것입니다. 예수님은 잃어버린 하나님의 자녀를 찾기 위하여 거룩한 보좌를 버리고 세상의 낮은 곳으로 오셨습니다. 이처럼 잃어버린 자를 '찾아가는 것'은 힘을 내려놓고, 겸손하게 낮아지며, 희생으로 섬기는 것입니다. 더 나아가서는 인간의 모습을 하고 이 땅에 오신 예수님처럼 찾아가는 대상자와 동일시해야 합니다.

복음을 전하는 사람은 '높아지려는 교만한 마음'이 아닌 '낮아지려는 겸손한 마음'을 가져야 합니다. 왜냐하면, 복음이 곧 예수님의 성육신과 십자가를 전하는 것이기 때문입니다. 한편으로 복음은 예수님의 모범처럼 고난을 겪는 사람들과 동고동락의 삶을 사는 것을 의미합니다. 예수님은 제자들에게 '내가 너희에게 분부한 모든 것을 가르쳐 지키게 하라'고 말씀하셨습니다. 이것은 예수님으로부터 가르침을 받은 진리를 전하고 섬김을 받은 참사랑을 실천하라는 의미입니다. 야고보 선지자는 참사랑을 실천하지 않는 불순종을 두고 말하기를 '행함이 없는 믿음은 죽은 믿음'이라고 경고했습니다. 장애인 사역은 그들을 위한(for) 사역이 아니라 그들과 더불어(with) 하는 사역입니다. 왜냐하면, 장애인은 일방적으로 도움을 받는 존재가 아니며 도움을 주기도 하는 존재이기 때문입니다. 하나님이 우리 가운데 장애인을 두신 이유는 그들의 장애 속에 감추어 두신 연약함의 신비를 통하여 진리를 깨닫도록 하기 위함입니다. 신체적 장애는 영적 장애를 고발하는 예언적 기능을 하고 있습니다. 따라서 장애인 사역은 서로의 유익을 나누는 사역이 되어야 합니다. 이러한 사실은 거룩한 교회에 속한 다양한 특성이 있는 사람들이 서로 다른 기능과 역할을 하며 서로 도우며 세워가는 데서 알 수 있습니다.

한국교회는 오랫동안 성장을 우선하여 추구하면서 건강한 공동체성을 상실하였습니다. 건강한 공동체란 연약한 자들이 중심을 이루고 그들과 함께 성장을 꿈꾸며 세워져 감으로써 가능합니다. 왜냐하면, 건강한 공동체의 운영원리가 조건 없는 참사랑이기 때문입니다. 장애인만 있는 교회도 건강한 교회라고 할 수 없지만, 장애인이 없는 교회도 결코 건강하다고 말할 수 없습니다. 교회의 성장은 교회의 체질이 건강할 때 자연스럽게 따라오는 열매입니다. 이제 한국교회는 교회의 지도자들부터 장애인에 대한 무지와 무관심에서 벗어나야 합니다. 그리고 장애인을 바르게 인식하고 그들을 받아들일 때 한국교회는 건강한 체질을 회복하게 되고 그 결과로 성장의 축복을 누릴 것입니다.

한국교회의 장애인 선교는 오랫동안 차별과 편견 그리고 무지와 무관심 때문에 활성화되지 못했습니다. 따라서 지난 한국교회의 장애인선교역사는 무기력했으며 무능력했습니다. 이제부터 장애인선교를 비전 있는 역사로 바꾸어야 합니다. 이것은 예수님의 간절한 바람이며 한국교회가 책임 있게 감당해야 할 거룩한 사명입니다. 복음은 결코 배타적이지 않습니다. 따라서 복음을 전하는 교회도 결코 배타성을 갖고 대상을 차별해서는 안 됩니다. 복음을 전하는 사람은 장애라는 겉모습이 아닌 사람이라는 본질을 볼 수 있어야 합니다. 주님의 교회는 예수님처럼 장애인들의 친구가 되어 끊임없이 하향적 삶과 섬김의 삶 그리고 희생적인 삶을 실천함으로써 복음의 열매를 맺어야 합니다.

| 장애인과 공동체

하나님 나라에 초대되어야 할 장애인

■ 장애인에게 복음을 전해야 한다고요?

예수님이 교회에 위임해 주신 복음의 명령은 '모든 민족에게 복음을 전하고, 가르치며, 지키게 하라'는 것이었습니다. 그러므로 주님의 교회는 차별 없는 복음을 전해야 합니다. 그러나 한국교회의 선교역사를 뒤돌아볼 때 장애인 선교에 대하여 3가지 중요한 잘못을 범했습니다. 그것은 곧 무관심, 무책임, 무능력했던 것입니다. 이것은 신학교에서 가르치는 교수들과 교회에서 목회하는 지도자들의 무지에서 비롯된 것이며 또한 교회의 편협한 목회에 따른 결과이기도 합니다.

한국교회의 장애인 선교는 장애인들의 필요를 먼저 생각한 것이 아니라 교회의 필요에 따라 선택적으로 해왔습니다. 특히 발달장애인들은 신앙교육의 대상으로조차 받아들여지지 못했습니다. 따라서 그들은 영적 권리를 박탈당한 채 복음의 사각지대에 머물러 있어야 했습니다. 그러나 이제부터라도 예수님의 명령을 따르는 교회는 하나님의 뜻을 이루기 위하여 반성과 겸손의 목회를 해야 합니다. 발달장애인들을 복음으로 초청하여 하나님 나라에 대한 소망을 갖게 하고 하나님의 은혜로 만성적 슬픔인 장애를 극복할 수 있게 해야 합니다.

■ 하나님이 이렇게 말씀하셨습니다.

"보라 나는 그들을 북쪽 땅에서 인도하며 땅끝에서부터 모으리라 그들 중에는 맹인과 다리 저는 사람과 잉태한 여인과 해산하는 여인이 함께 있으며 큰 무리를 이루어 이곳으로 돌아오리라" (예레미야 31장 8절)

"그 작은 자가 천 명을 이루겠고 그 약한 자가 강국을 이룰 것이라 때가 되면 나 여호와가 속히 이루리라" (이사야 60장 22절)

복음의 진정성 있는 초대는 그 누구도 제외하지 않는 것입니다. 이 것이 예수님이 기뻐하시는 올바른 초대입니다. 하나님은 언제나 고통 받으며 살아가는 연약한 자들에게 우선적인 관심을 두고 있습니다. 따라서 고통이 집약적으로 나타나는 장애인은 교회가 주목하고 초대해야 할 대상입니다. 이사야 선지자는 하나님 나라가 작은 자와 약한 자의 나라라고 소개하고 있습니다. 그리고 그들이 하나님 나라의 중심을 이루는 구성원이라고 말씀합니다. 그 이유는 하나님은 사랑이시며 그 나라는 긍휼과 사랑의 원리로 움직이기 때문입니다. 한편으로 예수님은 "심령이 가난한 자가 복이 있나니 하나님 나라가 그들의 것"이라고 말씀하셨습니다.[94] 이 말씀의 의미는 악한 세상에 소망을 둘 수 없어서 오직 하나님만 바라보는 의존적 자세를 가진 사람들이 하나님 나라에 초대받을 수 있음을 깨닫게 해 줍니다.

교회가 장애인 선교를 직접 하려고 할 때 전문 목회자와 교사들뿐만 아니라 사역의 대상과 형식을 어떻게 정해야 할지 그리고 예배장소, 교육환경, 교육자료, 연간 프로그램 등을 어떻게 해야 할지 생각하고 준비해야 할 것이 많이 있습니다. 그러나 요즘 들어 점점 늘어나고 있는 장애인교회학교를 개설, 운영하고자 할 때 한국장애인사역연구소[95]를 통하여 필요한 자료들과 다양한 교육을 받을 수 있기 때문에 큰 어려움은 없습니다. 또한, 전국 장애인교회학교 협회에 장애인교회학교를 모범적으로 운영하는 지역별 지회장교회가 있기 때문에 현장을 탐방하여 살펴보거나 도움을 받을 수 있습니다. 또한, 개 교회가 장애인 사역의 대상을 달리하거나 간접사역을 하려고 할 때 장애인선교를 하는 기관과 협력하거나 지원하는 방식으로 사역할 수 있습니다. 중요한 사실은 개 교회가 장애인 사역을 해야 하는가에 대한 근본적인 질문에 선뜻 대답할 수 있어야 한다는 것입니다. 주일은 있는데 막상 예배드려야 할 교회가 없다면 교회의 머리 되신 예수님은 물론 장애인과 그 가족들도 고통스러운 일입니다. 장애인 사역은 결코 여유가 있을 때 하는 부수적 사역이 되어서는 안 됩니다. 개 교회는 장애인과 그 가족들이 장애인사역을 요구함으로써 어쩔 수 없이 사역하는 것이 아니라 장애인 목회에 대한 비전을 갖고 전체 성도들과 함께 헌신을 작정하고 구체적인 계획을 세우고 시작할 수 있어야 합니다.

■ **장애인을 초청할 때 그 유익이 무엇일까요?**

하나님은 장애인 사역에 대한 비전을 갖고 준비하는 교회에 필요한 것들을 예비하시는 은혜를 베풀어 주십니다. 합당한 사역자를 보내주실 뿐만 아니라 합당한 환경과 여건을 마련해 주십니다. 왜냐하면, 장애인은 하나님이 교회로 초청하고 싶은 우선적인 대상이기 때문입니다. 교회가 장애인을 초청할 때 하나님은 매우 기뻐하십니다. 그리고 특별한 복을 주십니다. 바울 사도는 로마교회에 보내는 편지를 통하여 "즐거워하는 자들과 함께 즐거워하고 우는 자들과 함께 울라"고 말씀했습니다.[96] 이것은 그리스도인이 가져야 할 기본적인 자세임을 알려주신 것입니다. 그리고 차별과 편견의 마음이 있는 곳에는 하나님의 축복이 머물 수 없음을 깨닫게 한 것입니다. 고통당한 자와 함께 울고 웃는 것은 거룩한 공동체를 하나가 되게 할 뿐만 아니라 건강한 체질이 되게 합니다. 교회는 건강한 체질을 가질 때 역동적인 힘을 나타내면서 외적으로 성장하게 됩니다. 이에 대한 성경적 모델이 초대 예루살렘 교회입니다.[97]

과거의 한국교회는 장애인 선교를 특수선교라고 부르며 특별한 사명을 가진 목회자가 해야 할 사역으로 돌리고 무관심했습니다. 예수님은 장애인에게 복음을 전하고 치유하는 일을 '우리가 모두 해야 한다'고 말씀하셨습니다.[98] 그러므로 교회는 장애인 선교사역을 외면해서는 안 됩니다. 오히려 무관심했고 잊혀진 장애인 선교사역을 비전 있는 사역으로 만들어가야 합니다. 교회는 주님의 말씀을 따라 장애인을 초청하고 그들의 당연한 영적 권리를 누릴 수 있게 해야 합니다. 십자가에 달리신 예수님은 우리에게 '연약함의 능력'이 무엇인지 깨닫게 해 주셨습니다.

마찬가지로 연약한 장애인들 역시 그들의 연약함으로 우리의 영혼을 깨우며 은혜를 공급하는 축복의 통로가 됩니다. 그러므로 교회는 하나님의 뜻을 이루기 위하여 그리고 차별 없는 복음의 정신을 실천하기 위하여 하나님이 사랑하시는 장애인들을 적극 초청해야 합니다.

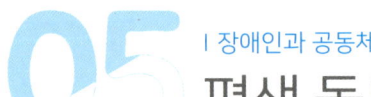

| 장애인과 공동체

평생 돌봄의 대상인 장애인

■ 장애인이 돌봄의 대상이라고요?

　교회의 머리 되신 예수님은 연약한 자를 돌보는 것이 메시아의 사역이며 교회가 해야 할 일임을 말씀하셨습니다. 또한 연약한 자들을 돌보는 것이 곧 예수님 자신에게 한 것이며 상급을 잃지 않을 것을 말씀해 주셨습니다.[99] 장애인은 연약함의 대명사로 인식되는 존재입니다. 특히 발달장애인은 누군가의 도움이 없이는 스스로 독립생활을 하기 어려운 존재입니다. 따라서 누군가의 돌봄이 필요합니다. 발달장애가 고쳐질 수 있는 질병이 아니므로 그들은 평생 돌봐주어야 할 대상임을 깨닫게 됩니다. 바울 사도는 모든 그리스도인들에게 "우는 자와 함께 울고 즐거워하는 자와 함께 즐거워하라"[100]고 말했습니다. 그리고 '각각 자기 일을 돌볼뿐더러 또한 각각 다른 사람들의 일을 돌보아 나의 기쁨을 충만하게 하라'[101]라고 권면하였습니다. 따라서 발달장애인을 돌보는 것은 교회 본질의 사역으로 생각해야 합니다.

■ 하나님이 이렇게 말씀하셨습니다.

"여호와는 나의 목자시니 내가 부족함이 없으리로다 그가 나를 푸른 풀밭에 누이시며 쉴 만한 물 가로 인도하시는도다 내 영혼을 소생시키시고 자기 이름을 위하여 의의 길로 인도하시는도다 내가 사망의 음침한 골짜기로 다닐지라도 해를 두려워하지 않을 것은 주께서 나와 함께 하심이라 주의 지팡이와 막대기가 나를 안위하시는 도다 주께서 내 원수의 목전에서 내게 상을 차려 주시고 기름을 내 머리에 부으셨으니 내 잔이 넘치나이다 내 평생에 선하심과 인자하심이 반드시 나를 따르리니 내가 여호와의 집에 영원히 살리로다" (시편 23편 1~6절)

다윗은 시편 23편을 통하여 "여호와는 나의 목자이시며 여호와의 선하심과 인자하심이 평생 자신을 돌보신다."고 말했습니다. 다윗이 하나님의 평생 돌보심에 대한 확신과 자신감을 갖게 된 이유는 어디서 비롯된 것일까요? 그것은 하나님의 성품과 약속에 근거하기 때문입니다. 하나님의 성품인 '선하심'이란, 항상 좋은 것으로 그 자녀에게 주시며 '의로운 길'로 인도하시는 은총을 의미합니다. 그리고 '인자하심'의 의미는 택한 자녀를 절대 버리지 않겠다는 약속에 근거해 평생을 끝없는 사랑으로 돌보신다는 의미입니다. 따라서 다윗은 하나님께 감사해야 하며 찬양을 드려야 한다고 말하고 있습니다.

다윗은 믿음의 사람이었습니다. 따라서 하나님은 다윗을 '마음에 합한 사람'이라고 말했습니다.[102] 그러나 다윗은 하나님께 불순종했으며 극악무도한 죄를 짓기도 했습니다. 대표적인 죄를 살펴보면 충신 우리야를 죽이고 그 아내 밧세바를 빼앗은 일입니다.[103] 하나님의 마음에 합한 다윗뿐만 아니라 믿음의 조상 아브라함과 출애굽의 주역인 모세도 불순종과 죄를 지었지만, 하나님께서 평생 그들을 돌보셨습니다. 그 이유는 하나님의 선하심과 그 인자하신 성품 때문이었습니다. 그리고 하나님의 신실하신 약속 때문입니다. 하나님이 그 자녀에게 해 주신 약속은 비록 거룩한 자녀가 불순종과 악행을 행한다 할지라도 절대 그 은혜를 취소하시지 않습니다. 왜냐하면, 하나님은 자신의 선하시고 인자하신 성품으로 그 자녀를 돌보시겠다고 취소할 수 없는 은혜로운 약속을 해 주셨기 때문입니다. 따라서 바울 사도는 그 누구도 하나님의 사랑에서 그 자녀들을 끊을 수 없다고 말했습니다.[104]

■ **장애인의 평생 돌봄을 어떻게 할까요?**

장애인을 돌보는 사역(care ministry)은 교회 본질의 긍휼 사역입니다. 따라서 교회가 장애인을 돌볼 때 먼저 예수님의 마음과 자세를 가져야 합니다. 그리고 사역에 필요한 인적 자원과 전문지식과 기술 그리고 적절한 환경과 재정 등이 있어야 합니다. 무엇보다도 장애인을 돌보려고 하는 교회는 목회적 차원에서 접근해야 합니다. 목회적 차원이란 마치 부모가 자녀를 돌보는 마음과 자세를 가져야 한다는 뜻입니다. 따라서 영혼구원을 위한 복음적 지원만 아니라 육신의 구원을 위한 복지적 지원도 해야 합니다. 즉, 전인적 구원을 위한 돌봄이 이루어져야 합니다. 장애인을 평생 돌보기 위해서는 각자에게 주어진 상황과 조건 그리고 역할과 기능을 생각해야 합니다. 장애인의 평생 돌봄을 각 가정이나 개 교회에서 실천하기란 절대 쉽지 않습니다. 따라서 사회의 여러 전문기관과 협력하는 것이 바람직합니다. 다시 말하자면 사회의 다양한 생명 안전망(life security net)과 연계하는 것이 좋은 방법입니다.

하나님은 발달장애인들의 돌봄을 위하여 다양한 생명 안전망들이 있게 하셨습니다. 예컨대 하나님은 가정을 만드시고 장애자녀를 우선하여 돌보게 하셨습니다. 그리고 국가는 모든 국민의 생명과 재산을 보호하도록 하셨습니다. 이 외에도 장애인의 교육지원을 위하여 학교를 두셨고 의료지원을 하기 위해서 병원을 만드셨습니다. 그리고 복지지원을 위하여 다양한 사회복지기관들을 만드셨습니다. 즉, 하나님은 장애인들의 전인적 돌봄을 효과적으로 하기 위하여 다양한 생명 안전망을 만들어 두신 것입니다. 그렇다면 교회는 어떤 역할을 해야 할까요?

교회는 영혼구원을 위하여 복음을 전할 뿐만 아니라 가정과 국가와 사회에서 장애인들의 생명을 돌보기 어려운 상황이 되었을 때 여러 기관과 협력하거나 지원함으로서 마지막 생명 안전망의 역할을 할 수 있어야 합니다. 예를 들자면 국가의 재정이 부족하거나 제도가 마련되지 못한 상태에서 장애인에 대한 돌봄이 요구되었을 때 교회는 국가의 부족한 점에 대하여 협력적, 보완적, 보조적 차원에서 돌봄을 실천해야 합니다. 그뿐만 아니라 국가와 사회의 위기의 상황에 구조적 및 구호적 봉사의 기능까지도 감당해야 합니다. 이것이 마지막 생명 안전망으로서 역할을 해야 할 교회의 사명입니다. 교회에서의 장애인 돌봄은 필요에 따라 방법과 규모와 시기를 적절하게 정할 수 있어야 하지만 근본적으로는 평생 돌봄이 이루어져야 합니다. 왜냐하면, 하나님의 사랑은 변함없는 사랑이며 끝이 없는 사랑이기 때문입니다.

　장애는 질병이 아닙니다. 따라서 고칠 수 없다는 절망감을 극복해야 하는 고통입니다. 또한, 장애는 정상이 아니라는 이유로 차별과 편견의 아픔을 이겨내야 하는 고통이기도 합니다. 장애로 말미암은 고통은 당사자뿐만 아니라 그 가족들이 평생 함께 겪는 것이기 때문에 만성적인 슬픔이기도 합니다. 교회는 장애인 당사자와 그 가족들에게 평생 무거운 짐을 지고 가도록 해서는 안 됩니다. 우리가 모두 함께 고민하고 해결해야 할 공동체의 사명으로 생각해야 합니다. 따라서 주님은 '우리가 모두 해야 할 일'이라고 말씀하신 것입니다.

너희를 박해하는 자를 축복하라 축복하고 저주하지 말라
즐거워하는 자들과 함께 즐거워하고 우는 자들과 함께 울라
- 로마서 12장 14, 15절

| 장애인과 공동체

공동체를 건강하게 만드는 장애인

■ 장애인이 공동체를 건강하게 만든다고요?

대다수의 사람은 장애인에 대하여 몇 가지 편견을 갖고 있습니다. 첫째, 불쌍하기 때문에 동정해야 한다는 것입니다. 둘째, 무섭기도 하고 이상하다고 느끼는 거부의 마음을 갖고 있습니다. 셋째, 장애인은 늘 도와주어야 하는 존재라고 인식하고 있습니다. 이와 같은 편견이 틀린 것은 아니지만 맞는 것도 아닙니다. 왜냐하면, 사람은 누구든지 있는 모습 그대로 존중해 주는 것이 옳기 때문입니다. 그리고 나와 다른 모습이나 특징을 가지고 있고 기능과 역할을 잘할 수 없어서 거부한다는 것은 옳지 않기 때문입니다.

우리가 살아가는 세상은 힘을 가져야 하고 능력이 탁월한 사람이 존중받는 경쟁 사회임을 부인할 수는 없습니다. 그러나 힘이 없고 능력이 부족한 사람이라고 무시하고 존중하지 않는다면 건강하지 못한 사회라고 생각됩니다.

연약한 존재로 인식되는 장애인은 우리 사회에서 어떤 역할을 할까요? 차별받는 장애인들이 차별의 고통을 통해서 우리 사회가 건강하지 못하고 병든 사회라는 것을 고발하는 유익한 분들이 아닌가를 생각해 보아야 합니다. 차별을 넘어서서 서로의 차이를 인정하고 서로의 필요에 따라 도우며 협력하는 것이 건강한 공동체입니다. 개인이 가진 능력으로 사람을 존중하는 평가 기준으로 삼는 사회는 결코 건강하다고 할 수 없습니다. 장애인들은 연약함 때문에 무시와 차별을 당하고 경쟁력이 부족한 상태에서 도움을 받고 살아가야 하지만 그런 삶이 오히려 따뜻한 공동체를 만드는 요인이 되지 않는가를 생각해 보아야 합니다.

■ **하나님이 이렇게 말씀하셨습니다.**

"그러나 이제 하나님이 그 원하시는 대로 지체를 각각 몸에 두셨으니 만일 다 한 지체뿐이면 몸은 어디냐 이제 지체는 많으나 몸은 하나라 눈이 손더러 내가 너를 쓸 데가 없다 하거나 또한 머리가 발더러 내가 너를 쓸 데가 없다 하지 못하리라 그뿐 아니라 더 약하게 보이는 몸의 지체가 도리어 요긴하고 우리가 몸의 덜 귀히 여기는 그것들을 더욱 귀한 것들로 입혀 주며 우리의 아름답지 못한 지체는 더욱 아름다운 것을 얻느니라 그런즉 우리의 아름다운 지체는 그럴 필요가 없느니라 오직 하나님이 몸을 고르게 하여 부족한 지체에게 귀중함을 더하사 몸 가운데서 분쟁이 없고 오직 여러 지체가 서로 같이 돌보게 하셨느니라 만일 한 지체가 고통을 받으면 모든 지체가 함께 고통을 받고 한 지체가 영광을 얻으면 모든 지체가 함께 즐거워하느니라 너희는 그리스도의 몸이요 지체의 각 부분이라" (고린도전서 12장 18~27절)

바울 사도는 거룩한 교회를 사람의 몸으로 비유했습니다. 그리고 건강한 교회란 몸의 여러 지체처럼 다양한 역할과 기능을 하는 사람들이 모여서 서로 존중하고 돌아보며 협력하는 것이라고 말했습니다. 특히 교회 안에는 연약하고 부족한 지체도 있는데 오히려 그 지체들이 더 요긴하다고 말했습니다. 이것은 교회가 사랑의 원리로 운영되는 거룩한 공동체이며 연약한 지체들이 공동체 구성원들에게 참사랑을 깨닫게 해 주는 영적 도구로 사용되기 때문이라고 생각이 듭니다. 바울 사도는 몸의 어느 한 곳이 고통을 받으면 몸 전체가 아프듯이 공동체 안에서 고통받는 지체가 있다면 구성원들이 함께 고통을 받고 영광도 받아야 한다고 말했습니다. 그 이유는 모든 지체가 유기적 관계로 연결된 한몸이기 때문이라고 설명을 했습니다. – "너희는 그리스도의 몸이요 지체의 각 부분이라."[105]

■ **어떻게 하면 공동체를 건강하게 만들 수 있을까요?**

바울 사도는 교회의 본질이 땅이나 건물과 같은 외적인 조건이 아니며 공동체를 구성하는 사람이라고 말했습니다. 그렇습니다. 하나님의 공동체는 세상에서 부르심을 받은 자들의 모임(고전1:2)이며 그리스도의 몸[106]입니다. 교회 공동체 안에는 구성원들이 서로 다른 생각과 특징을 갖고 있기 때문에 다양한 문제가 나타납니다. 따라서 공동체가 건강하고 행복하려면 문제를 이해하고 다루는 기술과 능력을 갖추는 것이 중요합니다.

거룩한 공동체는 운영체제(operating system)보다도 공동체를 구성하는 사람과 운영하는 정신(spirit)이 더 중요합니다. 라르쉬 공동체[107]의 설립자인 장 바니에는 공동체를 꿈꾼다는 것이 '인간을 이해하며 인간의 성장을 꿈꾸는 것'이라고 했습니다. 결국, 하나님 안에서 구성원들이 더 깊은 영성을 꿈꾸며 함께 성장하는 것이 중요하다고 말하고 있습니다.

공동체란 어떤 곳입니까? 나와 타인이 사랑 안에서 함께 성장해 가는 자리입니다. 공동체는 단지 '함께 있는 곳'이 아닙니다. 같은 지붕 밑에서 함께 산다고 해서 공동체는 아닙니다. 진정한 공동체는 함께 있는 존재들 간에 공유되는 공동 목표가 있어야 합니다. 또 공동체는 '자기를 위해 다른 사람들과 협력하는 곳'이 아닙니다. 예를 들어 야구장이나 영화관에 있는 관객들에게는 공동 목표가 있지만 서로를 위한 협력과 섬김이 없습니다. 단지 자신의 유익을 위해 다른 사람들과 잠깐 협력했을 뿐이기 때문입니다. 그들은 단지 각자의 자기중심적인 목표를 비교적 쉽게 해결하기 위해서 한때 모인 사람들에 불과합니다. 진정한 공동체는 '자기와 남을 위해 서로 협력하며 성숙하는 곳'입니다. 그러므로 거룩한 공동체는 구성원들이 자신과 타인의 성장과 성숙을 위해 기꺼이 희생하고자 모인 사람들을 의미하는 것입니다. 따라서 건강한 공동체를 만들기 위해서는 모든 구성원이 '자기중심'이라는 그늘에서 빠져나와 '참된 사랑의 빛'으로 들어가야 합니다. 거룩한 공동체는 참사랑으로 서로 섬기고 나누어야 하는 곳이어야 합니다. 왜냐하면, 거룩한 공동체의 운영원리가 참사랑이기 때문입니다.

하나님은 거룩한 공동체 안에 장애인을 두시고 그들을 돕게 하시면서 구성원들이 가진 영적 장애를 살펴보게 하시고 하나님의 참사랑을 깨닫게 하십니다. 모든 사람에게는 3가지의 '내'가 존재합니다. 예를 들자면 '하나님이 보시는 나' '자신이 보는 나' '다른 사람이 보는 나'입니다. 이렇게 세 가지의 '나' 중에서 진짜 '나'는 바로 하나님이 보시는 나입니다. 하나님의 관점에서 장애인을 볼 수 있다면 그들이 거룩한 공동체를 건강하고 행복하게 만드는 중요한 존재임을 알 수 있습니다.

거룩한 공동체는 디아코니아(διακονία)[108] 공동체입니다. 즉, 섬김과 나눔을 실천하는 것으로 '나를 비우고 너를 채우는 곳' 입니다. 예수님은 섬기는 자로 우리 가운데 오셨으며 거룩한 공동체 구성원인 우리에게 섬기는 자가 될 것을 말씀하셨습니다. 또한, 예수님은 제자들에게 새 계명을 주시며 '서로 사랑하라'고 하셨습니다. 서로 사랑할 때 비로소 예수님의 제자라고 말씀하셨습니다. 그렇습니다. 참사랑으로 섬기는 것은 주님을 사랑하는 것이며 거룩한 사역을 실천하는 것입니다.

내게 주신 은혜로 말미암아 너희 각 사람에게 말하노니
마땅히 생각할 그 이상의 생각을 품지 말고 오직 하나님께서
각 사람에게 나누어 주신 믿음의 분량대로 지혜롭게 생각하라
혹 섬기는 일이면 섬기는 일로 혹 가르치는 자면 가르치는 일로
혹 위로하는 자면 위로하는 일로 구제하는 자는 성실함으로
다스리는 자는 부지런함으로 긍휼을 베푸는 자는 즐거움으로 할 것이니라
- 로마서 12장 3, 7, 8절

07 | 장애인과 공동체
아름다운 가족으로 만드는 장애인

■ 장애인이 아름다운 가족을 만든다고요?

가족이란 무엇과도 비교할 수 없는 정신적 안정감을 주기 때문에 소중한 관계라고 말할 수 있습니다. 그리고 아름다운 가족이란 이해타산을 하지 않고 순수한 사랑을 서로 나누며 똘똘 뭉쳐있는 가족입니다. 예를 들자면 가족 중 하나가 병이나 장애로 고통을 겪는다면 그 지체의 고통을 온 가족의 아픔으로 받아들이는 것입니다. 그러므로 아름다운 가족을 만드는 원동력이란 참사랑이라고 말할 수 있습니다.

장애인은 연약함이라는 특성을 지니고 있으며 그것 때문에 사람들의 마음을 열게 하고 순수한 사랑을 깨닫게 합니다. 마치 캄캄한 밤에 개똥벌레가 반딧불을 밝히며 많은 사람의 시선을 모으는 것과 같습니다. 개똥벌레는 사랑을 찾을 때 아름다운 반딧불을 밝힙니다. 이처럼 장애인들도 사랑이 필요할 때 특유의 몸짓을 하며 우리를 고통의 자리로 초청합니다. 장애인과 함께 하는 것은 고통이며 희생이기는 하지만 그것은 하나님의 아름다운 가족으로 행복한 삶을 살게 하는 것입니다.

■ 하나님이 이렇게 말씀하셨습니다.

"몸은 하나인데 많은 지체가 있고 몸의 지체가 많으나 한 몸임과 같이 그리스도도 그러하니라 우리가 유대인이나 헬라인이나 종이나 자유인이나 다 한 성령으로 세례를 받아 한 몸이 되었고 또 다 한 성령을 마시게 하셨느니라 이제 지체는 많으나 몸은 하나라 눈이 손더러 내가 너를 쓸 데가 없다 하거나 또한 머리가 발더러 내가 너를 쓸 데가 없다 하지 못하리라 그뿐 아니라 더 약하게 보이는 몸의 지체가 도리어 요긴하고 우리가 몸의 덜 귀히 여기는 그것들을 더욱 귀한 것들로 입혀 주며 우리의 아름답지 못한 지체는 더욱 아름다운 것을 얻느니라 그런즉 우리의 아름다운 지체는 그럴 필요가 없느니라 오직 하나님이 몸을 고르게 하여 부족한 지체에게 귀중함을 더하사 몸 가운데서 분쟁이 없고 오직 여러 지체가 서로 같이 돌보게 하셨느니라 만일 한 지체가 고통을 받으면 모든 지체가 함께 고통을 받고 한 지체가 영광을 얻으면 모든 지체가 함께 즐거워하느니라 너희는 그리스도의 몸이요 지체의 각 부분이라"(고린도전서 12장 12, 13, 20~27절)

아름다운 하나님의 가족이 되는 방법은 이해타산이 없는 순수한 사랑을 서로 나누며 하나가 되는 유대관계를 만드는 것입니다. 거룩한 공동체 안에는 다양한 지체들이 있습니다. 얼굴 모양과 성격이 서로 다르고 지식과 지혜와 믿음의 분량이 각각 다릅니다. 그리고 서로 생각하는 것과 일하는 방식이 다를 수 있습니다. 지체들이 서로가 다르므로 이것을 이해하지 못하거나 받아들이지 못하면 갈등과 싸움이 일어날 수 있습니다. 따라서 바울 사도는 서로 돌아봐야 한다고 말하고 있습니다. 그리고 모든 지체가 함께 즐거워해야 할 이유는 성령 안에서 그리스도의 몸이 되었기 때문이라고 설명하고 있습니다. 따라서 몸의 지체들이 다 중요하듯이 공동체의 지체들도 다 중요하게 생각해야 합니다. 그런데 바울 사도는 특별히 "더 약하게 보이는 몸의 지체가 도리어 요긴하고, 우리가 몸의 덜 귀히 여기는 그것들을 더욱 귀한 것들로 입혀 주며, 우리의 아름답지 못한 지체는 더욱 아름다운 것을 얻는다."[109]고 말했습니다.

"더 약하게 보이는 몸의 지체가 도리어 요긴하다."는 의미가 무엇일까요? 그것은 거룩한 공동체의 운영원리가 참사랑이기 때문이며 연약한 지체들이 사람들을 섬김과 희생의 자리로 초청할 뿐만 아니라 하나님의 사랑을 깨닫게 하는 유익한 존재로 사용되기 때문입니다. 그리고 연약한 지체들이 사랑 안에서 공동체 구성원들을 서로 결속시키고 하나로 만들어 주는 요긴한 존재이기 때문입니다.

■ 아름다운 가족을 어떻게 만들 수 있을까요?

바울 사도는 성령으로 거룩한 가족이 될 수 있다고 말합니다. 따라서 하나님의 아름다운 가족이 되는 방법은 성령의 요구에 순종하면 되는 것입니다. 그것은 "사랑·희락·화평·오래 참음·자비·양선·충성·온유·절제"110)라는 열매를 맺도록 노력하는 것입니다.

거룩한 하나님 나라는 이사야 선지자가 말한 바와 같이 "작은 자가 천을 이루고 약한 자가 강국을 이루는 나라"입니다.111) 이 말씀의 의미는 앞에서 언급한 바와 같이 연약한 자들이 거룩한 공동체의 중심이 되어야 한다는 뜻입니다. 따라서 공동체가 작은 자 하나를 귀중하게 여기며 그리스도의 사랑으로 잘 섬길 때 아름다운 가족이 된다는 것입니다.

사람의 의지를 성령보다 앞세우고 순수하지 못한 섬김과 이기적인 사랑을 실천하면 아름다운 가족은 절대 만들어지지 않습니다. 오히려 공동체를 병들게 할 뿐입니다. 공동체 구성원들이 연약한 지체들을 섬기고 사랑하며 연약함의 신비를 깨닫게 될 때 아름다운 가족이 탄생하게 됩니다. 왜냐하면, 아름다운 가족이란 순수함을 간직하며 연약함을 자랑할 수 있는 공동체이기 때문입니다. 다르게 표현하자면 하나님의 능력인 십자가의 도를 자랑하는 곳이기 때문입니다.

아름다운 가족이란 이기적인 사랑이 아닌 이해타산이 없는 순수한 사랑으로 맺어진 구성원들입니다. 순수한 사랑으로 엮어진 아름다운 가족은 함께 울고 함께 즐거워하는 삶을 삽니다. 그리고 연약한 자가 중심이 되며 그들을 귀하게 여깁니다. 왜냐하면, 아름다운 가족의 운영원리가 참사랑이며 조건 없는 섬김과 희생이 아름다운 가족의 정신이기 때문입니다. 따라서 아름다운 가족에게는 연약한 지체가 중요합니다. 연약한 지체는 공동체를 순수한 사랑으로 하나 되게 만들며 어떤 어려움이 닥쳐와도 넉넉히 극복하게 하는 힘을 갖게 합니다. 이것이 성령의 은혜와 믿음으로만 깨닫게 되는 연약함의 신비입니다.

08 | 장애인과 공동체
교회를 건강하게 하는 장애인

■ 장애인이 교회를 건강하게 한다고요?

발달장애인들은 지적장애를 갖고 있기 때문에 경쟁하는 사회에서 독립생활과 자립 생활이 어렵습니다. 교회 안에서 신앙생활을 할 때에도 도움을 받아야 합니다. 그러나 발달장애인들은 도움만 받는 분들이 아닙니다. 하나님의 은혜를 깨닫게 하고 전달하는 축복의 매개체 역할도 합니다. 교회는 하나님의 은혜가 있어야 하며 사랑의 원리로 운영되어야 합니다. 또한, 예수님이 모범을 보여주신 것처럼 연약한 지체들을 섬김으로써 교회의 정체성을 나타내어야 합니다. 장애인은 디아코니아(diakonia/섬김, 봉사)의 삶을 실천할 수 있도록 하는 은혜의 방편입니다. 만일 교회 안에 연약한 지체들이 없다면 하나님의 은혜와 사랑이 무엇인지 깨닫지 못합니다. 따라서 장애인은 섬김의 대상이기도 하지만 하나님의 참사랑을 깨닫게 하고 교회를 건강하게 만드는 구성원입니다.

■ 하나님이 이렇게 말씀하셨습니다.

"그가 어떤 사람은 사도로 어떤 사람은 선지자로 어떤 사람은 복음 전하는 자로 어떤 사람은 목사와 교사로 삼으셨으니 이는 성도를 온전하게 하여 봉사의 일을 하게 하며 그리스도의 몸을 세우려 하심이라 오직 사랑 안에서 참된 것을 하여 범사에 그에게까지 자랄지라 그는 머리니 곧 그리스도라 그에게서 온몸이 각 마디를 통하여 도움을 받음으로 연결되고 결합되어 각 지체의 분량대로 역사하여 그 몸을 자라게 하며 사랑 안에서 스스로 세우느니라" (에베소서 4장 11, 12, 15~16절)

'교회를 세운다.'라는 말은 헬라어 오이코도모스(οἰκοδόμος/건축자)에서 유래되었는데 본래의 의미는 집을 '짓다', '건축하다'라는 뜻입니다. 예수님은 '반석 위에 집을 지은 자'가 지혜로운 자라고 말씀하셨습니다. 그 말씀의 의미는 하나님의 말씀을 따라 순종하는 사람이라는 뜻입니다. 교회란 '세상에서 부름을 받아 하나님의 말씀에 순종하며 사는 성도들'입니다.

　바울 사도는 거룩한 자녀로 부름을 받은 사람은 예수 그리스도의 형상을 닮아가야 한다고 말했습니다. 그 방법이 하나님 말씀에 순종하여 사랑을 실천하는 봉사의 일을 하는 것입니다. 그리스도인의 믿음과 인격은 하나님 말씀을 듣고 순종할 때 자랍니다. 바울 사도는 공동체 안에 있는 약하게 보이는 지체가 오히려 더 중요하게 영향을 미친다고 말했습니다.[112] 이 말씀의 의미는 섬김을 받는 사람이 연약한 특성으로 말미암아 섬기는 사람에게 좋은 영향을 미친다는 뜻입니다. 예를 들자면 연약함의 대명사로 불리는 발달장애인들의 특성을 살펴보면 부모를 절대적으로 의존하는 삶과 순수한 생각 그리고 정직한 말과 태도를 보이고 있습니다. 이것을 섬기는 사람이 믿음의 눈으로 바라본다면 영적 유익을 얻게 된다는 뜻입니다. 그리고 연약한 지체는 섬기는 사람으로 하여금 긍휼의 마음을 갖게 하고 사랑을 실천하게 합니다. 따라서 사람들을 긍휼의 자리에 초청함으로써 예수님의 형상을 닮게 합니다. 이런 의미에서 장애인은 교회를 건강하게 만드는 요소입니다.

　교회는 질적으로나 양적으로 성장해야 합니다. 한국교회와 관련해서 한 가지 문제를 언급하자면 건강한 토양을 만들지 못한 채 성장했다는 점입니다. 다시 말하자면 좋은 토양을 기초로 자연적인 성장을 한 것이 아니라는 것입니다. 토양이 좋은 환경을 만들어 주면 나무는 건강하게 쑥쑥 자랍니다. 이와 마찬가지로 교회도 토양이 좋으면 건강하게 쑥쑥 자라게 됩니다. 그러나 지난날 한국교회는 장애인 선교를 개 교회의 필요에 따른 선택적 혹은 차별적 사역으로 생각했습니다. 따라서 발달장애인을 복음의 대상으로 생각하지 않고 받아들이지 않았기 때문에 그들을 섬기는 기회를 놓쳐버리고 말았습니다. 그러므로 하나님의 은혜를 공급받고 참사랑을 배울 기회를 잃어버리고 말았습니다. 교회에 연약한 지체들을 통해 공급되는 하나님의 은혜와 참사랑이 없다면 건강하지 못한 체질을 갖게 되고 결국은 도태되는 결과를 초래하게 될 것입니다. 바울 사도는 약한 지체들을 서로 돌아봄으로써 교회가 건강할 수 있고 성장한다는 사실을 말해 주고 있습니다.

■ 교회는 장애인들을 어떻게 대해야 할까요?

'교회가 장애인을 어떻게 대해야 하는가?'라는 것은 '누구의 문제'로 인식하는가에 따라 다른 양상으로 나타납니다. 예를 든다면 '나와 우리 교회와는 상관없다'라고 생각한다면 장애인을 복음의 대상임을 부정하고 목회의 대상으로 생각하지 않는다는 뜻입니다. 장애인을 예수님의 관심이며 복음의 대상으로 생각해야 하는 것은 신앙 본질의 문제입니다. 따라서 장애인 선교를 교회의 여건과 상황에 따라 선택적이거나 부수적으로 하는 사역으로 생각한다면 잘못된 생각입니다. 잘못된 생각은 바른 태도를 보이지 못하게 합니다.

교회는 장애인을 복음과 목회의 대상으로 생각하고 예수님의 교훈과 모범을 따라야 합니다. 교회는 장애인에 대하여 동정심만 갖고 대해서는 안 됩니다. 왜냐하면, 장애인들은 조건 없는 배려와 수혜의 대상이 아니기 때문입니다. 장애인도 비장애인과 비교해서 생각해 볼 때 특별하지도 않지만, 질적으로 다른 존재도 아닙니다. 따라서 비장애인과 같이 생각하고 제한적이고 필요에 따른 지원을 하는 것이 바람직합니다. 한편으로 장애인을 무능력한 존재라는 부정적인 생각을 하고 대하는 것과 도움을 받아야 하는 존재이기 때문에 낮추어 대하는 태도를 보여서는 안 됩니다. 그리고 신앙생활과 사회생활이 불가능할 것이라는 차별된 선입견을 품고 대해서도 안 됩니다. 왜냐하면, 성령 하나님의 능력을 누구도 제한할 수 없기 때문입니다. 하나님은 연약한 장애인이라 할지라도 생각과 삶을 변화시키시며 거룩한 존재로서 선한 영향을 주는 삶을 살게 하십니다. 그러므로 교회는 장애인을 교회의 유익한 영향을 주는 구성원으로 생각하고 인격적으로 받아들여야 합니다. 몸의 지체들이 각기 다른 기능이 있듯이 장애인도 마찬가지입니다. 그들은 성령이 깨닫게 하시는 예언적 기능이 있을 뿐만 아니라 공동체를 유익하게 하는 구성원입니다.

장애는 부정한 것이 아니라 불편한 것입니다. 그리고 장애는 틀린 것이 아니라 다를 뿐입니다. 장애는 눈총받아야 할 대상이 아니라 은총의 통로입니다. 장애인은 개발되지 않은 광산과 같습니다. 하나님이 장애 속에 다양하고 귀한 것들을 감추어 놓았습니다. 장애를 믿음의 눈으로 바라보고 참사랑과 섬김으로 장애라는 광산을 캔다면 유익한 자원들을 얻을 수 있습니다. 장애는 연약하지만, 점액질처럼 서로 결속시키는 아교 역할을 합니다. 다시 말하자면 각기 다른 공동체 구성원들을 사랑 안에서 하나로 묶어주는 유익한 역할을 합니다. 이런 의미에서 장애인은 교회를 건강하게 만드는 유익한 존재입니다.

01 동일한 마음으로 바라보는 장애인

눈이 손더러 내가 너를 쓸 데가 없다 하거나 또한 머리가 발더러 내가 너를 쓸 데가 없다 하지 못하리라 그뿐 아니라 더 약하게 보이는 몸의 지체가 도리어 요긴하고
- 고린도전서 12장 21, 22절

09 | 장애인과 공동체
교회의 운영원리를 깨닫게 하는 장애인

▀▌ 장애인이 교회의 운영원리를 깨닫게 한다고요?

교회란 헬라어로 '에클레시아'라고 하는데 이는 '세상에서 부름을 받은 사람들의 모임'이라는 뜻입니다. 교회의 특징 중 하나는 배타성을 갖지 않고 누구든지 초청하며 환영하는 데 있습니다. 즉, 교회는 개개인이 갖고 있는 특성과 능력을 차별이 아닌 차이로 받아들여야 한다는 것입니다. 교회는 죄를 가진 사람들이 용서받고 하나님의 은혜를 경험하며 사랑의 교제를 나누는 곳입니다. 따라서 누구나 교회 구성원이 될 수 있으며 성도는 겸손과 온유한 마음을 갖고 인내와 사랑과 서로 용납하는 삶을 살아야 합니다.[113] 요한 사도는 하나님의 고유한 성품이 사랑이라고 가르치며 하나님의 자녀들은 서로 사랑해야 한다고 말했습니다.[114] 장애인은 연약한 면모를 갖고 있기 때문에 더욱 사랑해야 합니다. 왜냐하면, 교회의 운영원리와 교회를 교회답게 만드는 힘이 무엇인지 깨닫게 해 주기 때문입니다.

■ 하나님이 이렇게 말씀하셨습니다.

"즐거워하는 자들과 함께 즐거워하고 우는 자들과 함께 울라 서로 마음을 같이하며 높은 데 마음을 두지 말고 도리어 낮은 데 처하며 스스로 지혜 있는 체 하지 말라 아무에게도 악을 악으로 갚지 말고 모든 사람 앞에서 선한 일을 도모하라" (로마서 12장 15~17절)

바울 사도는 그리스도인의 삶을 일컬어 즐거움과 슬픔을 함께 나누는 것이라고 말했습니다. 공동체성을 갖고 사는 것이 그리스도인의 올바른 삶이라는 것입니다. 성령이 임하시면 그리스도 안에서 모든 사람이 하나가 되게 하십니다. 즉, 하나님의 가족으로 만들어 주십니다. 따라서 마음을 같이 할 뿐만 아니라 삶을 서로 나누는 것이 변화된 그리스도인의 삶입니다. 하나님의 사랑은 연약한 자에게 긍휼을 베푸는 삶으로 나타나야 합니다. 그리고 하나님의 정의도 연약한 자의 편에 서서 그들을 돕는 삶으로 나타나야 합니다. 이런 의미에서 연약함은 하나님의 사랑과 정의를 드러내는 도구로 사용될 수 있음을 깨닫게 해줍니다.

발달장애인은 연약한 존재이지만 우리의 좋은 이웃입니다. 그리스도인에게는 '누가 내 이웃인가?' 보다는 '내가 누구의 이웃이 되는가?'라는 것이 우선적이고 중요한 점으로 생각해야 합니다. 또한 '내 가족이 누구인가?' 보다는 '누가 내 가족이 될 수 있는가?'를 먼저 생각해야 합니다. 왜냐하면, 구원의 은혜를 받은 그리스도인은 하나님의 가족으로 부름을 받았고 또한 하나님 나라를 위하여 세상으로 보냄을 받았기 때문입니다. 다시 언급하자면 그리스도 안에서 연약한 지체들과 함께 즐거워하며 고통을 나누는 삶을 사는 것은 고상하고 숭고한 삶입니다. 이러한 삶은 예수님의 가르침을 따르는 것일 뿐만 아니라 하나님 나라를 회복하는 거룩한 사역입니다. 왜냐하면, 참사랑을 실천하는 삶은 지체들이 치유와 회복을 경험하는 것이며 그것은 곧 그리스도의 몸을 온전하게 만드는 것이기 때문입니다.

강한 사람들만 모여 있는 곳에는 서로가 하나 되는 아름다운 모습을 보기는 어렵습니다. 왜냐하면, 긍휼이 요구되는 연약함이 없기 때문입니다. 연약함은 서로 하나로 결속시켜주는 아교와 같은 역할을 합니다. 이런 의미에서 생각해볼 때 연약한 존재는 거룩한 공동체 안에서 꼭 필요한 존재입니다. 예수님은 그리스도인들이 긍휼히 여김을 받기 위해서는 긍휼을 베푸는 삶을 살아야 한다고 말씀하셨습니다.[115] 긍휼은 '헤세드'라는 뜻으로 '은혜롭게 대한다' 혹은 '불쌍히 여긴다'는 의미입니다. 하나님은 긍휼을 베푸시는 분이십니다.[116] 따라서 그 자녀들은 긍휼히 여기는 삶을 실천하기를 원하십니다. 예수님은 무자비한

종, 양과 염소, 선한 사마리아인, 탕자, 부자와 나사로의 이야기를 통하여 긍휼에 대한 교훈을 주셨습니다. 긍휼을 실천하는 삶은 긍휼을 받는 삶으로 연결됩니다. 그러므로 하나님의 자녀는 긍휼히 여기는 삶을 살아야 합니다. 한편으로 긍휼히 여김을 받아야 할 발달장애인들은 여러 지체들에게 긍휼을 베풀 수 있게 함으로써 교회를 교회답게 만드는 역할을 합니다.

■ 사랑을 실천할 때 유익은 무엇일까요?

예수님은 자신을 따르던 제자들과 헤어질 때를 아시고 그들과 마지막 식사를 하셨습니다. 예수님은 제자들과 식사를 하시던 중에 겉옷을 벗고 수건을 허리에 두르신 후에 대야에 물을 떠서 제자들의 발을 씻겨주셨습니다.[117] 그런 후에 제자들에게 새 계명을 주셨습니다. 그것은 '서로 사랑하라'는 것입니다.[118] 제자들이 서로 사랑할 때 이로써 모든 사람이 예수님의 제자인 것을 알게 된다고 말씀하셨습니다. 이처럼 거짓 없는 사랑을 실천하게 될 때 그리스도인의 정체성을 드러낼 수 있습니다.

예수님은 승천하시면서 열한 제자들에게 "가서 모든 민족으로 제자를 삼으라"고 명령하셨습니다. 이 말씀은 하나님께 예배를 드리는 사람들은 단순한 군중으로 머물러있게 해서는 안 되며 예수님의 제자로 만들어야 한다는 뜻입니다. 예수님의 제자로 만드는 일은 지식을 전하고 가르치는 일로만 되는 것이 아닙니다. 굳게 닫힌 마음을 열고 온갖 상처로 얼룩진 마음이 치료되어야 합니다. 그러기 위해서는 제자들의 발을 씻겨주신 그 사랑이 필요합니다. 예수님의 사랑은 절망과 한숨으로 살아가는 사람을 변화시켜 평안과 소망을 갖고 웃으며 살아가게 합니다. 그뿐만 아니라 자신을 배반하고 등을 진 사람들까지 돌아오게 합니다.

거룩한 공동체인 주님의 교회에서 연약한 사람들을 초대하여 긍휼을 베푸는 것은 교회 본연의 사명입니다. 만일 긍휼을 베푸는 것이 여유 있을 때나 하는 일로 여긴다면 그것은 악한 것입니다. 긍휼히 여김을 받아야 할 장애인은 교회를 교회답게 만들며 여러 지체를 하나로 묶어주는 아교 역할을 합니다. 이런 의미에서 장애인은 교회에 유익을 주는 존재입니다. 장애인을 초대해서 복음과 사랑을 전하는 것은 해도 되고 안 해도 되는 선택적 사항이 아닙니다. 반드시 해야 할 교회 본연의 일입니다. 교회는 주님의 복음과 사랑을 차별 없이 전할 때 교회다움을 드러내게 되고 세상으로부터 정의롭다고 인정을 받게 됩니다.

10 | 장애인과 공동체
안식일의 주인을 나타내는 장애인

■ 장애인이 안식일의 주인을 나타낸다고요?

하나님이 세상을 만드신 후에 일곱째 날을 거룩하게 구별하시고 안식하셨습니다. 하나님은 자기 자녀들에게 "안식일을 기억하여 거룩하게 지켜라"고 말씀하셨습니다.[119] 이 말씀은 안식일의 주인이 창조주 하나님이심을 알려주시는 것입니다. 그러나 하나님이 안식일을 만드신 이유는 사람을 위해서였습니다.[120] 즉, 창조물인 세상과 그 세상을 관리하는 사람들을 보호하시기 위한 방편이었습니다. 왜냐하면, 사람들이 타락한 이후로 하나님을 잊어버린 채 자기 마음대로 살면서 세상의 환경과 질서를 파괴했기 때문입니다. 그리고 인간은 타락의 결과로 고통스러운 삶을 살다가 결국 죽음을 맞이했기 때문입니다. 따라서 하나님은 타락한 사람들을 회복시키기 위하여 예배를 통해 은혜를 베푸시는 자리를 마련하시고 초대하신 것이었습니다. 한편으로 하나님은 독생자 예수 그리스도를 이 땅에 보내시어 모든 것을 새롭게 하시는 재창조의 은혜를 베푸셨습니다. 예수님은 장애인을 고치시고 원래대로 회복시킴으로써 자신이 재창조의 주역이며 안식일의 주인임을 나타내셨습니다.

■ 하나님이 이렇게 말씀하셨습니다.

"예수께서 다시 회당에 들어가시니 한쪽 손 마른 사람이 거기 있는지라 사람들이 예수를 고발하려 하여 안식일에 그 사람을 고치시는가 주시하고 있거늘 예수께서 손 마른 사람에게 이르시되 한가운데에 일어서라 하시고 그들에게 이르시되 안식일에 선을 행하는 것과 악을 행하는 것, 생명을 구하는 것과 죽이는 것, 어느 것이 옳으냐 하시니 그들이 잠잠하

거늘 그들의 마음이 완악함을 탄식하사 노하심으로 그들을 둘러보시고 그 사람에게 이르시되 네 손을 내밀라 하시니 내밀매 그 손이 회복되었더라 바리새인들이 나가서 곧 헤롯당과 함께 어떻게 하여 예수를 죽일까 의논하니라"(마가복음 3장 1~6절)

안식일의 주인이신 하나님은 일곱째 날에 복을 주시고 거룩하게 하시며 안식하셨습니다. 하나님은 일곱째 날을 특별히 구별하셨습니다. 그 이유는 안식일이 창조주 하나님의 날이기 때문입니다. 하나님은 일곱째 날을 두고 자기 백성들에게 '안식일을 기억하여 거룩하게 지키라.'고 말씀하셨습니다. 하나님은 1일부터 6일까지는 하나님이 인간과 그의 모든 피조물을 위해서 일하셨지만 제7일은 인간과 모든 피조물이 하나님께 경배하며 영광을 돌리는 거룩한 날로 정하셨습니다. 따라서 제7일은 하나님과 인간 사이의 언약적 관계에서 이해해야 합니다. 두 번째 이유는 일곱째 날에 특별한 복을 주셨기 때문입니다. 하나님이 주신 특별한 복은 일곱째 날을 기억하고 거룩하게 지키는 사람들에게 해당하는 것입니다. 즉, 하나님께 예배를 드림으로써 죄를 용서받는 것은 물론이거니와 필요한 은혜를 공급받게 하신 것입니다. 세 번째 이유는 안식일은 인간을 위한 것입니다. 다시 말하자면 이날을 거룩하게 지키는 인간에게 하나님의 은혜로 복된 삶을 살게 하신다는 모범과 교훈의 의미입니다. 즉, 일곱째 날의 안식을 통하여 영원한 안식을 바라보고 천국의 소망을 갖게 하려는 것입니다. 따라서 세상의 일을 잠시 멈추라는 것이며 거룩한 재창조 사역과 그 기쁨을 누리라는 것입니다. 그런데도 예수님은 안식일에 손 마른 장애인을 깨끗하게 고쳐주셨습니다.

바리새인들은 장애인을 고치는 것이 노동이라 생각하여 안식일을 범한 죄라고 규정하였지만 예수님의 생각은 달랐습니다. 손 마른 장애인을 고치는 것은 선을 행하는 것이며 하나님의 기쁜 뜻을 이루는 것이라고 여겼습니다. 즉, 인간의 고통을 제거하여 회복시키는 재창조의 거룩한 사역이라고 생각하셨습니다.

예수님은 타락하여 변질된 세상을 깨끗하게 변화시키기 위하여 이 땅에 오셨습니다. 따라서 예수님은 병든 자와 장애인을 고치시며 새롭게 하셨습니다. 죽은 자들을 살리시는 회복의 기적을 베푸셨습니다. 예수님은 재창조의 기적을 베푸시면서 자신이 안식일의 주인이심을 나타내셨는데 거룩한 도구로서 병든 자와 장애인들을 사용하셨습니다.[121]

■ 안식일의 의미는 무엇인가요?

안식일의 목적은 단순히 노동을 멈추고 쉬는 것만이 아닙니다. 인간들에게 세상을 관리하도록 맡겨주신 하나님의 그 은혜를 생각하고 감사하며 영광을 돌리는 것입니다. 그러기에 안식일을 '여호와의 날' 혹은 '주(主)의 날'이라고 부르는 것입니다. 주의 날은 하나님이 선한 뜻으로 창조하신 세상에 복을 주시고 거룩하게 하신 날이기에 '은혜의 날'이기도 합니다. 따라서 안식일의 본질은 창조주 하나님을 기억하고 경배하며 거룩하게 지켜야 합니다. 그리고 만물을 새롭게 하시기 위하여 재창조 사역을 하신 예수님의 모범을 좇아서 타락한 사람들과 황폐된 세상을 치유하고 회복시켜야 합니다. 왜냐하면, 안식일은 인간을 위한 것이기 때문입니다. 이것은 예수님이 보여주신 거룩한 모범이며 안식일의 본질이고 목적이기 때문입니다. 그 일을 위하여 하나님의 사람들은 세상 속에서 부름을 받았습니다.

하나님의 사람들은 '주의 날'이자 '은혜의 날'에 치유와 회복이 필요한 병든 사람들과 몸이 불편한 장애인들을 교회로 초청해야 합니다. 교회의 존재 이유는 단순히 하나님께 예배를 드리는 것만이 아닙니다. 예수 그리스도의 모범에서 알 수 있듯이 세상에 소망을 둘 수 없는 약한 자, 작은 자들을 복음으로 위로하며 천국 소망을 갖게 하는 데 있습니다. 그뿐만 아니라 그들의 고통의 문제를 함께 고민하며 해결해 줄 수 있어야 합니다. 따라서 교회가 병든 자와 장애인을 초청하여 그들에게 복음을 전하고 고통의 문제를 해결 받게 한다면 안식일을 기억하고 거룩하게 지키는 재창조의 사역을 하는 것입니다.

예수님이 이 땅에 오신 목적은 하나님의 뜻을 이루기 위함인데 그것은 타락하여 변질된 세상과 사람들을 새롭게 하시는 재창조의 사역 때문이었습니다. 예수님은 '주의 날'이며 '은혜의 날'인 안식일에 손 마른 장애인을 깨끗하게 고쳐주심으로서 안식일의 주인임을 나타내셨습니다. 안식일은 타락한 인간과 파괴되어가는 세상을 회복시키고 새롭게 함으로써 하나님께 영광을 돌리는 재창조의 사역을 위한 날입니다. 하나님은 이것을 기억하고 거룩하게 지키라고 말씀하셨습니다. 안식일은 주님의 날입니다. 따라서 하나님이 베푸신 은혜에 감사하며 경배를 드릴뿐만 아니라 연약한 자들을 돌보며 새롭게 하시는 거룩한 사역에 동참해야 합니다. 그리고 세상일을 잠시 멈추고 영원한 안식을 생각하며 천국 소망을 누려야 합니다.

또 이르시되 안식일이 사람을 위하여 있는 것이요
사람이 안식일을 위하여 있는 것이 아니니 이러므로 인자는 안식일에도 주인이니라
- 마가복음 2장 27, 28절

이르되 주여 내가 믿나이다 하고 절하는지라
예수께서 이르시되 내가 심판하러 이 세상에 왔으니 보지 못하는 자들은 보게 하고
보는 자들은 맹인이 되게 하려 함이라 하시니 바리새인 중에 예수와 함께 있던 자들이
이 말씀을 듣고 이르되 우리도 맹인인가 예수께서 이르시되 너희가 맹인이 되었더라면
죄가 없으려니와 본다고 하니 너희 죄가 그대로 있느니라
- 요한복음 9장 38 ~ 41절

PART 02

긍휼한 마음으로 바라보는 장애인

부르심과 훈련
꿈을 주시는 하나님

■ 하나님이 꿈을 주신다고요?

우리의 생애를 다른 사람과 구별시킬 수 있는 유일한 길이 있다면 그것은 꿈을 갖는 것입니다. 우리가 꾸는 꿈이란 하나님이 주신 비전입니다. 하나님은 우리가 비전을 품고 달리는 사람이 되길 원하십니다. 아브라함, 모세, 야곱, 요셉 등 구약시대 때 살았던 믿음의 조상들은 하나님의 비전을 가졌습니다. 예수님의 제자들도 복음에 대한 비전을 가졌습니다. 위대한 바울 사도 역시 복음을 위한 비전을 갖고 평생을 살았습니다.[122] 하나님이 주신 비전은 사명을 향해 분발하게 하고, 구체적이며, 예측할 수 있고, 힘을 공급하며, 반드시 열매를 맺게 합니다. 인간의 비전은 결함이 있지만, 하나님의 비전은 완전하고 복된 것이며 위기를 극복하는 힘이 있습니다. 따라서 하나님의 비전을 가진 사람은 반드시 성공적인 인생을 살게 됩니다.

■ 하나님이 이렇게 말씀하셨습니다.

"하나님이 말씀하시기를 말세에 내가 내 영을 모든 육체에 부어 주리니 너희의 자녀들은 예언할 것이요 너희의 젊은이들은 환상을 보고 너희의 늙은이들은 꿈을 꾸리라" (사도행전 2장 17절)

본문은 베드로의 두 번째 설교 내용으로서 요엘 선지자의 예언을 인용하여 말한 것입니다. 말세가 되면 자녀들이 예언하고, 젊은이들이 환상을 보고, 늙은이들이 꿈을 꾼다는 것입니다. 하나님은 모든 사람에게 성령을 주신다고 약속하셨습니다. 성령은 누구나 받아야 할 복중의 복입니다. 누구든지 성령이 임하고 비전을 깨닫게 되면 자신의 일생을 사용하시려는 하나님의 배려에 감사한 마음을 갖고 겸손하게 됩니다. 그리고 그 비전을 이루기 위하여 목숨 걸고 달리며 헌신하게 됩니다. 왜냐하면, 하나님이 주신 비전이 생명보다 귀하다고 여기기 때문입니다. 참된 사역은 비전을 갖는 데서부터 시작됩니다. 따라서 하나님의 일꾼은 비전이 있어도 되고 없어도 되는 것이 아닙니다. 비전은 복음을 가르치고 치료하며 전파하는 하나님의 목적을 이루는 능력이기 때문에 반드시 가져야 합니다.

하나님은 언제나 연약한 자를 선택하시고 비전을 주셔서 거룩한 뜻을 이루어가십니다. 왜냐하면, 하나님의 비전은 열정을 불러일으키고 힘을 공급받기 때문입니다. 하나님의 거룩한 비전을 가진 사람들은 언제나 초월하는 능력을 발휘했고 아름다운 열매가 있었습니다. 몸집이 작은 알바니아 여인 마더 테레사는 젊어서 평범한 사람이었습니다. 그러나 하나님으로부터 '사랑할 수 없는 사람을 사랑하라'는 비전을 품고 달렸을 때 테레사 수녀는 수많은 생명을 구원하며 세상을 놀라게 했습니다. 마틴 루터 킹 목사도 흑인으로서 차별당하며 복음을 전한다는 이유로 구타를 당하고 감금되며 여러 가지 부당한 대우를 받았지만, 하나님이 주신 비전 때문에 수많은 사람을 일으켜 세웠습니다.

■ **하나님이 주신 비전의 유익이 무엇일까요?**

비전이란, "바라는 것들의 실상이며 보이지 않는 것들의 증거"입니다.[123] 다시 말하자면 현재와 미래를 잇는 다리와 같은 것입니다. 사역에 대한 비전은 하나님이 그의 택하신 종에게 보여주시는 것으로 현재보다 나은 미래에 대한 선명한 그림을 마음속에 그리는 것이며 어느 정도 시간이 지나면 분명한 실체로 나타납니다.

사명이 사역의 주된 목적을 정의한 것이라면 비전은 사역에 대한 구체적인 활동과 방향을 의미합니다. 또한 사명이 본질상 원리적이라면 비전은 성격상 전략적입니다. 그러므로 지도자는 비전을 갖고 있어야 합니다. 왜냐하면, 비전이 변화를 만들어내기 때문입니다. 하나님의 비전은 능력이 따르기 때문에 미래를 창조해 냅니다. 하나님의 비전은 사람들에게 의심이나 두려움을 갖게 하지 않습니다. 오히려 사람을 모으고 힘을 내게 하며 헌신하게 만듭니다. 그리고 반드시 열매를 맺게 합니다. 한편으로 인간 스스로 만든 비전은 자주 한계에 부딪힙니다. 그러나 하나님이 주신 비전은 한계를 극복하게 만듭니다. 그뿐만 아니라 하나님이 주신 비전은 다른 어떤 좋은 것도 거절하게 만듭니다. 오직 비전을 위해 목숨 걸고 달려갑니다. 왜냐하면, 비전을 이루는 방법이 하나님께 순종하는 것이며 궁극적인 목적이 하나님께 영광을 돌리는 것이기 때문입니다. 세상이 두려워하는 사람은 하나님의 비전을 가진 사람입니다.

하나님의 비전을 가진 사람은 소유에 집착하지 않습니다. 오직 하나님이 주신 비전에 집착합니다. 그리고 죽음을 두려워하지 않습니다. 죽으면 죽으리라는 각오를 하고 있기 때문에 비전을 위하여 목숨을 걸고 달려갑니다. 그리고 하나님의 비전을 가진 사람은 자기 내면을 살피고 다스리기 때문에 성숙한 인격도 갖게 됩니다. 꿈꾸는 자 요셉이 바로 그런 사람입니다.

많은 신학자들은 요셉이 그리스도를 예표 한다고 말합니다. 요셉은 하나님이 주신 비전을 마음에 품고 성령 하나님과 동행하는 삶을 살았기 때문에 아름다운 인격을 소유할 수 있었습니다. 그리고 하나님의 뜻을 이루는 멋진 인생이 되었습니다. 그렇다면 하나님의 비전을 어떻게 발견할 수 있을까요? 참된 기도를 통해 발견할 수 있습니다. 참된 기도란 성령의 도우심과 인도함을 받는 성령의 기도입니다. 성령과 함께 하는 기도는 생명보다 귀한 비전을 찾게 됩니다.

인생에 있어서 성공하는 것보다 더 중요한 것이 있습니다. 그것은 하나님의 뜻대로 사는 것입니다. 한편으로 실패하는 것보다 더 비참한 것이 있습니다. 그것은 하나님이 원치 않는 방법으로 성공하는 것입니다. 하나님은 우리에게 얼마나 크게 성공했는가를 묻지 않으십니다. 어떻게 성공했느냐를 물으십니다. 인생의 성공은 속도가 아니라 방향입니다. 사역자에게 있어서 올바른 방향이란 하나님이 주신 비전을 품고 초지일관 달리는 것입니다.

하나님의 사람은 반드시 하나님이 주신 비전을 품고 달려야 합니다. 왜냐하면, 거룩한 인생은 하나님의 뜻을 이루는 삶이 되어야 하기 때문입니다. 하나님의 비전을 품고 달리는 사람은 성령의 인도를 받으며 초점 있는 인생을 삽니다. 결코 자신의 욕심을 따라 살지 않습니다. 그러므로 비전을 품은 인생은 속도보다 방향을 중요하게 생각합니다. 또한 형통과 승리의 기초가 되는 믿음과 인내를 갖고 하나님의 뜻을 위하여 달리는 사람이 되어야 합니다.

믿음은 바라는 것들의 실상이요
보이지 않는 것들의 증거니 선진들이 이로써 증거를 얻었느니라
- 히브리서 11장 1, 2절

02 | 부르심과 훈련
때를 두고 다스리시는 하나님

■ 하나님이 때를 두고 다스리신다고요?

지혜자인 솔로몬 왕은 세상의 모든 일에 때가 있다고 말했습니다. 날 때가 있고 죽을 때가 있으며, 심을 때가 있고 심은 것을 거둘 때가 있으며, 죽일 때가 있고 치료할 때가 있으며, 울 때가 있고 웃을 때가 있다고 했습니다. 그리고 모든 때는 하나님이 정하시는데 사람이 그 때를 알 수 없게 하셨다고 말했습니다.[124] 그 이유는 사람들이 하나님을 경외하도록 하기 위해서였다고 설명합니다.[125] 하나님이 만사에 때를 정하시고 아름답게 하신다는 의미는 하나님이 세상을 창조하신 분이며 역사를 주관하신 분임을 깨닫게 하시기 위함입니다. 그러므로 사람이 감당하기 어려운 고통을 당할 때면 인간의 생사화복과 역사를 주관하시는 하나님의 뜻을 살피고 의지해야 합니다. 이것이 자연스러운 일이며 고통을 넉넉히 극복하고 이기는 방법입니다.

■ 하나님이 이렇게 말씀하셨습니다.

"범사에 기한이 있고 천하만사가 다 때가 있나니 날 때가 있고 죽을 때가 있으며 심을 때가 있고 심은 것을 뽑을 때가 있으며 죽일 때가 있고 치료할 때가 있으며 헐 때가 있고 세울 때가 있으며 울 때가 있고 웃을 때가 있으며 슬퍼할 때가 있고 춤출 때가 있으며 돌을 던져 버릴 때가 있고 돌을 거둘 때가 있으며 안을 때가 있고 안는 일을 멀리할 때가 있으며 찾을 때가 있고 잃을 때가 있으며 지킬 때가 있고 버릴 때가 있으며 찢을 때가 있고 꿰맬 때가 있으며 잠잠할 때가 있고 말할 때가 있으며 사랑할 때가 있고 미워할 때가 있으며 전쟁할 때가 있고 평화할 때가 있느니라" (전도서 3장 1~8절)

넓은 바다는 언제나 평온하지 않습니다. 가끔 하얀 거품을 만들고 집채보다 큰 파도를 일으키며 우레와 같은 소리를 냅니다. 반대로 들판에 있는 작은 웅덩이에는 파도가 없습니다. 따라서 언제나 조용합니다. 이처럼 세상을 살다 보면 바다의 파도처럼 고난을 겪는 때가 있고 또한 웅덩이에 고인 물처럼 평온할 때가 있습니다. 하나님은 바다에 풍랑을 일으키시는 것처럼 우리의 삶에도 고난을 허락하시기도 하고 평온을 주시기도 합니다. 바다에 풍랑이 일어야 하는 것처럼 인생에도 고난이 반드시 따라야 합니다. 왜냐하면, 고난이 뒤따르지 않는다면 하나님을 모른 채 살아가게 되며 결국 돌이킬 수 없는 절망적인 인생이 되기 때문입니다.

영국의 유명한 기독교 변증가이자 소설가인 C. S 루이스는 '고난은 귀를 막고 있는 사람들을 부르시는 하나님의 확성기'라고 말했습니다. 이 말의 의미는 고난이 없는 사람은 결코 하나님을 찾지 않는다는 것입니다. 하나님을 모르는 것은 인생에서 가장 큰 실수이자 불행입니다. 반대로 하나님을 알고 그분과 동행하는 사람은 성공하는 인생을 사는 것입니다.

하나님은 고난을 통하여 우리의 인생이 복되게 하십니다. 하나님은 고난을 통하여 인생의 목적을 알려주시고 걸어가는 방향이 잘못된 것을 깨닫게 해 주십니다. 그리고 고난을 통하여 부정적이고 잘못된 인격을 고치고 다듬으며 부족한 인성을 채워주십니다. 그뿐만 아니라 고난을 통하여 하나님을 만나게 하시며 진리와 은혜와 복이 무엇인지 깨닫게 하십니다. 따라서 고난이 유익이 됨을 알게 됩니다.[126]

하나님은 인생을 연단하시기 위하여 고난을 사용하십니다. 그러므로 고난이 없는 인생을 살게 된다면 매우 불행한 것이며 고난이 뒤따른다면 하나님이 우리를 기억하시고 관심을 두고 돌아보신다고 생각하며 감사해야 합니다. 하나님은 고난의 때를 두고 우리를 다스리십니다. 그러므로 인생이 스스로 극복할 수 없는 한계적 고난을 맞이했을 때는 때를 두고 다스리시는 하나님을 바라보고 의지해야 합니다.[127] 사람이 하나님의 때를 분별하고 하나님을 의지하면 무서운 고난도 넉넉히 극복할 수 있고 행복한 삶을 살 수 있습니다. 그러나 하나님의 때를 분별하지도 못하고 하나님을 의지하지 않는다면 고난은 더욱더 깊어지며 결국 절망의 언덕에 서게 됩니다. 그러므로 누구든지 행복하고 성공적인 인생을 살려면 반드시 하나님의 때를 분별할 수 있어야 합니다.

■ **고난의 때에 어떻게 해야 할까요?**

하나님이 모르시는 인생의 고난은 없습니다. 이 말의 의미는 하나님이 허락하시지 않는 고난은 없으며 모든 고난에는 거룩한 뜻이 담겨 있다는 것입니다. 그러므로 고난을 무의미하거나 부정적인 것으로만 생각해서는 안 됩니다. 오히려 고난을 직면하고 고난에 감춰진 하나님의 거룩한 계획을 찾을 수 있어야 합니다. 대부분의 사람은 고난이 찾아왔을 때 의미를 찾고 극복하기보다는 피하려고 합니다. 고난은 인간의 교만을 깨닫게 하고 자기중심적인 자아를 내려놓게 하는 영적 신호입니다. 그러므로 피할 수 없는 고난이라면 오히려 그 고난의 상황을 적극적으로 받아들이는 자세를 취하는 것이 현명한 것입니다.

구약의 사람 요셉은 고난을 적극적으로 받아들임으로써 하나님의 지혜를 얻고 세상이 감당할 수 없는 능력을 갖추게 되었습니다. 그 결과로 애굽의 총리가 되었고 자신은 물론 가족과 민족을 살리는 복된 인생이 되었습니다. 이처럼 하나님은 고난 속에서 자신의 사람을 연단하시고 아름다운 도구로 사용하십니다.[128] 하나님은 삐뚤어지고 부족한 인격을 가진 사람을 즐겨 사용하지 않습니다. 반드시 다듬고 고쳐서 사용하십니다. 그러므로 고난이 찾아왔을 때는 겸손한 마음과 자세를 가져야 합니다. 자신의 자아를 잠시 내려놓고 하나님의 다스림을 받아야 합니다. 그리고 하나님이 깨닫게 하시는 은혜를 민감하게 살펴서 순종해야 합니다. 하나님은 눈물을 흘리고 무릎을 꿇는 사람을 절대 외면하지 않으시고 품어주십니다. 눈물이 찬양되게 하시고 슬픔을 기쁨으로 바꾸어주십니다. 무엇보다도 고난을 통하여 아픔 속에서 성숙한 인격과 지혜와 능력을 갖추도록 하십니다. 그리고 멋진 모습으로 만들어주십니다. 그러므로 고난의 때에는 적극적인 자세를 갖고 하나님을 만나고 의지해야 합니다.

발에 밟히는 작은 티끌도 캄캄한 동굴에서 햇빛을 받으면 보석처럼 빛납니다. 이처럼 별 볼 일 없는 존재도 하나님의 손에 붙들리고 은혜를 받으면 하늘의 별과 같이 빛을 내게 됩니다. 바닷가의 돌은 세찬 파도에 깎이고 다듬어져서 둥근 모양을 가지고 있습니다. 그리고 햇빛을 받으면 보석처럼 빛이 납니다. 하나님은 고난을 통하여 사랑하는 자녀들의 인격을 다듬으시고 세상의 빛으로 사용하시길 원하십니다. 그러므로 고난의 때에는 하나님을 바라보고 고개를 들며 입을 벌려야 합니다. 그리고 인내하며 감사함으로 훈련받아야 합니다.

그러나 내가 가는 길을 그가 아시나니
그가 나를 단련하신 후에는 내가 순금 같이 되어 나오리라
- 욥기 23장 10절

| 부르심과 훈련

기다림의 훈련을 시키시는 하나님

■ 하나님이 기다림의 훈련을 하신다고요?

하나님은 때를 두고 세상 만물을 다스리신다고 말씀하셨습니다.[129] 그러나 하나님은 사람이 하나님의 때를 알 수 없게 하셨는데 그 이유는 사람이 하나님을 경외하도록 하기 위해서 입니다. 대부분의 사람은 고난이 찾아올 때면 그 원인을 생각하기보다는 고난을 탈출하려는 것에 집중합니다. 그 이유는 고난이 두렵고 힘들며 삶의 질을 떨어뜨리기 때문이라고 생각합니다. 부모가 장애 자녀를 낳고 양육하면서 갖는 생각과 태도도 마찬가지입니다. 초기에는 부모가 장애로 말미암는 고난을 해결해야 한다는 강박관념에 사로잡히게 됩니다. 따라서 기다림의 시간을 갖고 깊은 생각을 하기보다는 고난을 벗어나기 위해 열심히 움직이는 쪽을 선택하게 됩니다. 그러나 시간이 지나고 한계의 장벽에 부딪히면서 기다림의 시간을 가져야 한다는 사실을 깨닫게 됩니다.

■ 하나님이 이렇게 말씀하셨습니다.

"범사에 기한이 있고 천하만사가 다 때가 있나니 죽일 때가 있고 치료할 때가 있으며 헐 때가 있고 세울 때가 있나니 하나님이 모든 것을 지으시되 때를 따라 아름답게 하셨고 또 사람들에게는 영원을 사모하는 마음을 주셨느니라 그러나 하나님의 하시는 일의 시종을 사람으로 측량할 수 없게 하셨도다" (전도서 3장 1~3, 11절)

일반적으로 사람에게 고난이 찾아오면 고난의 원인을 찾기보다는 해결하는 방법을 먼저 생각하고 행동합니다. 장애 자녀를 낳고 양육할 때도 마찬가지입니다. 부모는 장애의 문제를 해결하려고 이리 뛰고 저리 뛰며 분주하게 움직입니다. 그 이유는 부모 자신이 자녀의 생명의 주관자라고 생각하기 때문입니다. 따라서 강한 책임감을 느끼고 장애의 고난을 해결하려고 열심을 냅니다. 여기서 잠시 생각해야 할 부분이 있습니다. 그것은 부모가 원하는 자식을 선택할 수 없다면 장애 역시 부모의 선택이 아니라는 것입니다.

생명을 주관하시는 분은 창조주 하나님입니다. 다시 말하자면 생명을 주시는 분은 하나님이십니다. 부모는 창조주 하나님이 자녀를 주시는 대로 받고 양육해야 할 책임이 있을 뿐입니다.[130] 처음부터 생명을 주시고 그 생명을 끝까지 돌보시는 분은 하나님이십니다. 그러므로 부모가 장애 자녀를 낳고 키울 때 먼저 생명의 주인이신 하나님께 그 뜻을 여쭈어봐야 합니다. 하나님은 우리가 잘못 생각하거나 잘못된 길을 걸어갈 때 고난을 통하여 깨닫게 하십니다. 그리고 하나님은 고난을 통하여 우리를 훈련하시며 잃어버린 거룩한 형상을 회복시키십니다. 그러므로 우리가 겪는 고난에는 하나님의 거룩한 뜻이 담겨 있는 것입니다.[131]

하나님은 고난의 시간을 통하여 우리에게 무엇을 바라보고 어떻게 살아야 하는지 알려주시기 원하십니다. 따라서 우리가 그동안 살아왔던 삶과 방향이 옳은지 아니면 틀렸는지 살펴볼 수 있어야 합니다. 이것이 고난의 시간 속에 해야 할 일 곧 기다림의 훈련입니다.
하나님은 고난 속에서 우리를 훈련하십니다. 우리가 하나님의 뜻을 찾고 바르게 분별할 수 있도록 우리의 생각과 삶을 다듬어 가십니다.

기다림이란 개인적인 삶에서 그다지 인기가 있는 것은 아닙니다. 어떻게 보면 시간을 낭비한다는 생각이 들 수 있습니다. 또한 장애 자녀를 양육하면서 하나님의 뜻을 분별하고 도움을 기다리는 것은 마치 뜨겁고 메마른 사막에서 나를 도와줄 누군가를 기다리는 것과 같습니다. 따라서 하나님을 기다림은 두려움일 수 있습니다. 그러나 하나님은 때를 두고 우리를 이끄십니다. 앞이 보이지 않는 캄캄한 밤과 같은 고난의 때는 세상에 빛을 주시는 하나님을 바라볼 때이며 의지할 때입니다. 밤이 깊을수록 새벽은 가깝습니다. 하나님은 고난의 깊은 곳에서 우리를 기다리십니다.

■ **기다림의 때에는 어떻게 해야 할까요?**

하나님이 허락하신 고난이라면 특별한 계획이 있다고 생각됩니다. 따라서 그 계획이 무엇인지 찾는 것이 중요합니다. 하나님의 계획을 알 수 없다면 고난의 시간이 연장될 뿐입니다. 하나님의 계획을 찾는 좋은 방법은 약속의 말씀을 살피며 집중하는 기도입니다. 하나님은 말씀을 통해 계획을 알려주시며 기도 응답을 통해 뜻을 드러내십니다. 말씀과 기도를 통해 하나님을 기다리는 시간은 영적으로 성숙하도록 훈련을 받는 시간입니다. 그러므로 하나님이 훈련하는 기다림이란 아무것도 하지 않고 기다리는 것이 아니라 능동적으로 기도하며 거룩한 자리로 나아가는 기다림입니다. 한편으로 하나님의 약속을 믿고 기다리는 것입니다. 이것은 현재와 미래의 삶을 자신이 통제하는 것이 아니라 생명의 주관자이신 하나님께 모든 것을 맡기는 것입니다.

기다림의 본질은 하나님의 약속을 믿고 기다리는 것입니다. 또한 그 약속이 언제 이루어질지 소망 가운데 기다리는 것입니다. 다른 말로 표현하자면 하나님을 의식하고 기다리는 것이 기다림의 본질입니다. 왜냐하면, 모든 것이 하나님의 손에서 나오기 때문입니다. 그리고 기다림의 훈련을 받는 사람은 인내하는 사람입니다. 헨리 나우웬은 '인내'의 의미를 '우리가 알고 싶은 어떤 것이 숨겨져 있는데 그것을 믿음으로 기다리는 것이다'라고 설명합니다. 그렇습니다. 하나님은 장애 속에 연약함의 신비를 숨겨두시고 부모가 그것을 발견하기를 기다리십니다. 부모가 연약함의 신비를 발견하게 된다면 장애로 인한 고난은 슬픔이 아니라 기쁨이 되며 고통이 아니라 평안함이 됩니다. 왜냐하면, 장애는 광맥이 있는 캐지 않은 광산과 같기 때문입니다.

부모가 장애 자녀와 사랑을 나누는 것은 비단 의사소통과 감정교류와 어떤 행동을 통해서만 이루어지는 것이 아닙니다. 진정한 사랑은 순수한 인간성[132]을 공유함으로써 이루어집니다. 아무것도 할 수 없는 장애 자녀라 할지라도 순수한 인간의 모습을 통해서 참으로 사랑을 나눌 수 있습니다. 이것은 영적인 눈이 활짝 열릴 때 가능합니다. 따라서 하나님은 우리의 영적인 눈이 열리도록 고난 속에 훈련하는 것입니다.

하나님은 때를 정하시고 거룩한 뜻과 능력으로 천하 만물을 다스리십니다. 그러므로 고난을 받는 사람은 때를 두고 다스리시는 하나님이 어떤 계획을 갖고 우리를 훈련하시는지 그 뜻을 살펴야 합니다. 하나님이 사랑하는 자녀들을 고난 속으로 이끄시는 이유는 성숙한 인격을 갖게 하고 영적인 눈을 활짝 열어주시기 위해서입니다. 따라서 고난이 찾아왔을 때는 강한 인내심을 갖고 하나님을 만나는 기도를 하며 거룩한 뜻을 찾아야 합니다.

하나님이 모든 것을 지으시되 때를 따라 아름답게 하셨고
또 사람들에게 영원을 사모하는 마음을 주셨느니라 그러나 하나님이 하시는 일의 시종을
사람으로 측량할 수 없게 하셨도다 사람들이 사는 동안에 기뻐하며 선을 행하는 것보다
더 나은 것이 없는 줄을 내가 알았고 사람마다 먹고 마시는 것과 수고함으로
낙을 누리는 그것이 하나님의 선물인 줄도 또한 알았도다
- 전도서 3장 11~13절

광야의 길을 걷게 하시는 하나님

■ 하나님이 광야로 인도하신다고요?

광야는 낮의 뜨거운 햇빛과 밤의 살을 도려내는 듯한 추위 때문에 사람이 살 수 없는 환경입니다. 따라서 흔히 말하기를 고난의 삶이 극심할 때 광야 생활과 같다고 표현합니다. 하나님은 사랑하는 자녀들을 훈련할 때 종종 광야로 이끄십니다. 즉, 고난의 삶을 살게 하신다는 것입니다. 왜냐하면, 고난이 없으면 사람이 교만하게 되고 하나님을 외면하며 철저하게 자기중심적인 삶을 살기 때문입니다. 따라서 하나님이 그 자녀들에게 고난을 주시는 이유는 순종하는 삶을 살게 하시기 위함입니다. 하나님이 부모에게 장애 자녀를 맡기시는 이유도 거룩한 뜻을 이루는 삶을 살도록 하기 위해서입니다. 그러나 장애자녀를 양육하는 삶은 그 무엇과도 비교할 수 없는 극복하기 어려운 고난입니다. 그러나 그 고난은 하나님이 아무에게나 허락하시지 않는 매우 특별한 사랑을 표현하는 방법이며 변장된 축복입니다.

■ 하나님이 이렇게 말씀하셨습니다.

"내가 오늘 명하는 모든 명령을 너희는 지켜 행하라 그리하면 너희가 살고 번성하고 여호와께서 너희의 조상들에게 맹세한 땅에 들어가서 그것을 차지하리라 네 하나님 여호와께서 이 사십 년 동안에 네게 광야 길을 걷게 하신 것을 기억하라 이는 너를 낮추시며 너를 시험하사 네 마음이 어떠한지 그 명령을 지키는지 지키지 않는지 알려 하심이라 너를 낮추시며 너를 주리게 하시며 또 너도 알지 못하며 네 조상들도 알지 못하던 만나를 네게 먹이신 것은 사람이 떡으로만 사는 것이 아니요 여호와의 입에서 나오는 모든 말씀으로 사는 줄을 네가 알게 하려 하심이니라"
(신명기 8장 1~3절)

하나님은 거룩한 백성의 표본으로서 이스라엘 민족을 선택하셨습니다. 하나님은 그들이 애굽에서 종살이하며 극심한 고통을 겪고 살려달라고 소리쳤을 때 구원해 주셨습니다. 그리고 그들을 광야로 이끌어 내시고 아무것도 없는 그곳에서 살게 하셨습니다. 그 이유는 하나님이 그들을 돌보시는 분임을 깨닫게 하시고 순종의 삶을 살도록 훈련하기 위해서였습니다. 따라서 하나님은 그들의 조상들도 알지 못했던 만나와 메추라기를 보내주셔서 배불리 먹도록 하셨습니다. 그리고 낮에는 많은 구름을 드리워서 뜨거운 사막의 열기를 피하도록 하셨고 밤에는 고통스러운 추위를 피하도록 불기둥을 세워주셨습니다. 이외에도 여러 가지 기적을 베푸시며 그들을 돌보았습니다. 그런데도 이스라엘 백성은 하나님께 순종하지 않았습니다. 따라서 하나님은 그들을 광야에서 40년 동안 고된 훈련을 시켰습니다.

세상의 모든 피조물은 창조주이신 하나님을 기억하고 그의 말씀에 순종해야 합니다. 순종하는 사람은 겸손한 사람이며 하나님을 전적으로 의존하는 태도에서 그 모습을 알 수 있습니다. 무엇보다도 자기를 부인하는 모습에서 순종과 겸손한 태도를 알 수 있습니다. 하나님의 자녀가 고난을 겪는다면 겸손과 순종의 훈련을 요구받는 때라고 생각해야 합니다. 따라서 고난을 받게 된 원인과 이유가 무엇인지 살필 수 있어야 합니다. 고난의 원인을 알아보기 위한 가장 좋은 방법은 하나님께 묻는 것입니다. 그리고 그 자세는 겸손한 태도입니다. 고난이 깊고 고통이 클 때는 이성적인 사고를 하기 어렵습니다. 그저 목 놓고 울부짖게 됩니다. 이때 그냥 울고만 있으면 안 됩니다. 하나님께 도움을 요청하며 울어야 합니다. 그러면 하나님은 응답해주시고 고난의 원인을 깨닫게 하시며 피할 길을 보여주십니다.[133] 고난을 빨리 해결하는 방법은 고난을 허락하신 하나님께 도움을 구하는 것입니다. 이것이 고난을 극복하는 지혜입니다.

■ 광야의 삶이 유익한 이유는 무엇일까요?

하나님은 언제나 고난의 현장에 계십니다. 따라서 고난의 상황은 하나님을 만나는 때입니다. 하나님은 고난을 겪는 자의 울음소리에 민감하시며 고난의 문제를 해결해 주시기 원하십니다. 왜냐하면, 하나님은 연약한 자를 사랑하시며 긍휼히 여기시기 때문입니다. 인생을 살다 보면 누구나 고난을 한 번쯤 맞이하게 됩니다. 장애 자녀를 낳고 양육하는 일도 마치 끝이 보이지 않는 사막 길을 걷는 고난의 삶입니다. 그러므로 고난의 때에는 하나님을 찾고 만나야 합니다.

성경에 나타난 수많은 믿음의 사람들이 고난의 광야에서 하나님을 만나서 문제를 해결 받았습니다. 그리고 능력을 얻어 위대한 일꾼으로 사용되었습니다. 이스라엘 백성을 가나안 땅으로 이끌었던 모세가 미디안 광야에서 하나님을 만나고 출애굽의 주역으로 쓰임 받았습니다. 하나님의 마음에 합한 자였던 다윗도 도망자의 신세가 되어 광야에 나가서 하나님을 찾았을 때 문제를 해결 받고 위대한 왕으로 쓰임을 받았습니다. 유명한 자나 무명한 자나 할 것 없이 문제를 해결 받은 모든 사람은 고난의 깊은 밤 때 하나님을 만났기 때문이었습니다. 따라서 하나님을 만나는 것은 절망적인 고난을 벗어나는 첩경입니다.

하나님은 언제나 사랑하는 자녀들을 광야로 이끌며 그곳에서 훈련시키십니다. 그 이유는 앞에서 언급한 바와 같이 겸손과 순종을 가르치기 위함입니다. 또한 우리의 잘못을 깨닫게 하기 위함이며 성숙한 인격과 탁월한 지혜와 능력을 갖추도록 하기 위함입니다. 그러므로 고난의 때에 가져야할 태도는 믿음으로 하나님의 뜻을 살피는 것입니다. 하나님은 반드시 부르짖는 자의 고통의 소리를 들으시고 만나주십니다.[134] 하나님을 만나면 모든 고난의 문제가 해결됩니다. 광야는 결코 절망하는 곳이 아닙니다. 소망이 있는 곳이며 형통을 준비하는 곳이며 비전을 꿈꾸는 곳입니다. 그러므로 광야는 참으로 유익한 곳입니다.

사람은 누구나 고난을 겪게 됩니다. 특별히 장애 자녀를 양육하는 것은 하나님의 계획 속에 있는 고난입니다. 하나님은 고난의 삶을 통하여 겸손과 순종을 가르치십니다. 그리고 인격의 성숙과 탁월한 지혜와 능력을 갖추도록 하십니다. 그러므로 고난을 당할 때 문제가 아니라 의미로 생각하고 고난의 깊은 곳으로 들어가 하나님을 만나야 합니다. 하나님을 만나면 모든 문제가 해결되며 평안과 소망과 형통의 길이 활짝 펼쳐집니다.

| 부르심과 훈련

감당할 시험만 허락하시는 하나님

▇ 하나님이 시험을 허락하신다고요?

　사람은 누구나 세상을 살아가면서 여러 가지 고난과 시험을 당합니다. 인생이 겪는 고난과 시험 중에는 감당할 수 있는 것도 있지만 감당하기 어려운 것도 있습니다. 그럴 때마다 절망감을 느끼고 좌절하게 됩니다. 그러나 고난과 시험을 극복하더라도 또 다른 고난과 시험이 찾아옵니다. 하나님의 자녀로 신앙생활을 잘하고 있더라도 고난과 시험이 면제되지 않습니다. 그리스도인들에게 고난과 시험이 찾아오는 이유는 여러 가지이지만 결과적으로 하나님이 허락하시기 때문에 찾아오는 것입니다. 그렇다면 하나님이 우리에게 고난과 시험을 허락하시는 이유가 무엇일까요? 그 이유는 하나님이 우리를 사랑하시기 때문입니다. 왜냐하면, 하나님은 우리를 거룩하고 흠이 없는 참 자녀로 만들고 싶어 하시기 때문입니다.[135]

▇ 하나님이 이렇게 말씀하셨습니다.

"그런즉 선 줄로 생각하는 자는 넘어질까 조심하라 사람이 감당할 시험 밖에는 너희가 당한 것이 없나니 오직 하나님은 미쁘사 너희가 감당하지 못할 시험 당함을 허락하지 아니하시고 시험 당할 즈음에 또한 피할 길을 내사 너희로 능히 감당하게 하시느니라" (고린도전서 10장 12, 13절)

　하나님은 자신의 강한 자아와 의지를 믿는 사람을 가리켜 '선 줄로 생각하는 사람'이라고 말씀하시며 넘어질까 조심하라고 경고하십니다. 하나님을 의존하지 않고 독립적으로 살아가는 사람은 언제나 고난과 시험을 당할 수 있는 가능성을 가진 사람입니다. 왜냐하면, 이런 사람은 교만한 사람이며 하나님은 교만한 사람을 싫어하시기 때문입니다. 따라서 하나님은 강한 자기중심적 생각과 자기 능력을 의지하는 사람을 고난 속에서 훈련하십니다.

    일반적으로 그리스도인들은 고난을 겪을 때 하나님을 찾습니다. 그렇습니다. 하나님은 믿음의 훈련이 필요한 사람에게 고난의 상황을 도구로 사용하십니다. 예를 들자면 하나님은 그 자녀들을 하나님 중심의 가치관과 아름다운 인격과 바른 삶의 자세를 갖도록 하시기 위해서 고난을 받게 하십니다. 이때 하나님은 사람이 약한 존재인 것을 아시기 때문에 우리가 감당할 시험만 허락하십니다. 그리고 시험을 허락하실 때에는 언제나 뒷문을 열어놓으십니다. 시험당한 자의 피할 길을 마련해 두시는 것입니다.

    장애 자녀를 양육하는 부모에게는 장애 자녀를 양육하는 것이 큰 고난이며 시험입니다. 하나님이 장애 자녀를 그 부모에게 주신 이유는 첫째, 자녀의 신체적 장애를 통하여 부모나 가족 그리고 주변 사람들의 영적 장애를 깨닫게 하기 위함입니다. 둘째, 부모와 가족이 하나님과 교제하며 진리를 깨닫게 하시기 위함입니다. 셋째, 고난과 시험의 연단을 통하여 예수님의 모습을 닮도록 하기 위함입니다. 넷째, 고난과 시험을 통하여 고난을 다루는 기술과 역량을 갖게 함으로써 다른 약한 사람을 돕기 위해서입니다. 다섯째, 우리 자신과 공동체 속에 하나님의 통치와 임재와 은혜 베푸심을 경험하고 세상을 이기도록 하시기 위함입니다. 하나님은 사랑하는 자녀들에게 고난과 시험이 반드시 따른다는 사실을 말씀해 주셨습니다.[136]

■ **시험을 어떻게 이겨야 할까요?**

    고난과 시험이 찾아왔을 때는 첫째, 자신을 살펴야 합니다. 무엇 때문에 고난과 시험이 찾아왔는지 자신을 돌아보아야 합니다. 대체로 고난과 시험은 하나님보다는 자신을 의지하는 교만 때문에 찾아옵니다.

그러므로 자신의 문제를 잘 살피고 돌이킨다면 빠른 시간에 고난과 시험을 극복하게 됩니다. 둘째, 고난과 시험을 기뻐해야 합니다.[137] 왜냐하면, 하나님이 허락하신 고난과 시험이라면 우리를 더욱 강한 예수 그리스도의 군사로 다듬어 사용하시기 위함이기 때문입니다. 히브리서 기자는 '주께서 그 사랑하시는 자를 징계(discipline, 훈련)하시고 그가 받아들이시는 아들마다 채찍질하심이라'고 말씀하였습니다. 그리고 징계는 다 받는 것이라고 말씀하였습니다.[138] 셋째, 인내해야 합니다. 시편 기자는 "고난당한 것이 내게 유익이라 이로 말미암아 내가 주의 율례들을 배우게 되었다"라고 고백합니다.[139] 하나님 안에서 인내하는 것이 고통스러운 것이고 쉬운 일이 아니지만, 그 결과는 예수님의 아름다운 인격과 형상을 닮게 만들기 때문에 인내해야 합니다. 넷째, 기도해야 합니다.[140] 고통을 안고 눈물로 기도할 때 성령 하나님께서 우리를 도와주십니다. 고난과 시험의 이유와 유익을 깨닫게 하시고 성령 하나님의 분명한 약속으로 넉넉한 위로를 받고 믿음으로 확신하게 됩니다. 다섯째, 생명을 얻게 하기 위해서입니다. 예수님은 "좁은 문으로 들어가라 멸망으로 인도하는 문은 크고 그 길이 넓어 그리로 들어가는 자가 많고 생명으로 인도하는 문은 좁고 길이 협착하여 찾는 자가 적음이라"고 말씀하셨습니다.[141] 바울 사도 역시 "우리가 하나님의 나라에 들어가려면 많은 환난을 겪어야 할 것이라"[142] 라고 말하며 그 이유를 "지극히 크고 영원한 영광과 생명의 면류관을 얻게 하려함이라"[143]고 말했습니다.

그리스도인들에게 고난과 시험이 찾아왔다면 문제가 아니라 의미로 받아들여야 합니다. 그것은 잘못된 방향을 바라보고 길을 걸어가고 있음으로 바꾸었으면 좋겠다는 하나님의 신호입니다. 그러므로 교만한 자아를 내려놓고 하나님을 바라보고 의지해야 합니다. 그러면 고난과 시험을 극복하게 됩니다. 하나님은 앞문이 막히면 뒷문을 열어놓고 우리를 기다리십니다.

하나님은 그 자녀들의 연약한 체질을 잘 알고 있습니다. 따라서 그 자녀들이 감당할 분량의 고난과 시험만 허락하십니다. 우리가 받는 고난과 시험이 당시에는 힘들고 어렵게 생각되지만 연단 받고 난 후에는 성숙한 모습으로 변화되며 탁월한 능력을 갖추게 됩니다. 그러므로 고난과 시험이 찾아왔을 때는 원망하지 말고 반드시, 빨리 하나님을 만나야 합니다. 하나님은 우리를 넘어지게 하시는 분이 아니라 치료하고 회복케 하시며 세우시는 분입니다.

시험을 참는 자는 복이 있나니 이는 시련을 견디어 낸 자가
주께서 자기를 사랑하는 자들에게 약속하신 생명의 면류관을 얻을 것이기 때문이라
- 야고보서 1장 12절

06 | 부르심과 훈련
마음이 상한 자를 도우시는 하나님

■ 하나님이 마음이 상한 자를 도우신다고요?

하나님은 '마음이 상한 자를 고치시고 아픈 자를 낫게 하신다'고 말씀하셨습니다.[144] 마음이 상한 자를 고치시고 아픈 자를 낫게 하시는 것은 예수님이 메시아 사역을 시작하시기 전에 선언한 내용이었고[145] 공생애 사역의 핵심이었습니다.[146] 예수님은 복음 사역을 통하여 사람들의 상한 몸과 마음을 치료하는 의사임을 보여 주셨습니다.[147] 많은 사람이 마음에 상처를 갖고 아파하고 있습니다. 그것은 곧 두려워하는 마음, 분노하는 마음, 버림받은 마음, 굶주린 마음, 열등감과 죄의식 등입니다. 성경은 사람들이 아픈 마음을 갖고 살아가는 이유가 하나님을 떠났기 때문이라고 말씀하고 있습니다.[148] 세상의 역사는 세상을 창조하신 하나님의 역사입니다. 하나님은 언제나 자신을 떠난 사람을 찾으러 다니십니다. 그 이유는 마음의 상처를 치료해 주시기 위해서입니다. 그러나 사람들은 언제나 하나님의 눈을 피해 달아납니다.

■ 하나님이 이렇게 말씀하셨습니다.

"여호와는 마음이 상한 자를 가까이하시고 충심으로 통회하는 자를 구원하시는도다 의인은 고난이 많으나 여호와께서 그의 모든 고난에서 건지시는도다" (시편 34편 18~19절)

세상에 있는 모든 사람은 마음의 상처를 경험하면서 살아갑니다. 예를 들자면 거절당하고, 무시당하고, 차별받고, 소외됨으로써 마음에 상처를 갖게 됩니다. 장애를 갖고 살아가는 사람도 마찬가지입니다. 장애 자체가 주는 상처보다는 장애로 인하여 쓸모없고, 무가치하고,

인정받지 못하고 사랑받지 못하고 소외당하는 삶 때문에 상처를 받습니다. 사실, 장애인이 다른 사람들과 공동체에 도움을 주지 못하는 가치 없는 존재가 될 수 있다는 사실은 마음에 큰 상처가 됩니다. 한편으로 동정의 대상이 되거나 권리를 인정받지 못하거나 차별을 경험하게 되면 그 상처는 말로 다 할 수 없을 만큼 큰 고통으로 다가옵니다. 장애의 상처가 다른 상처보다 비교할 수 없을 정도로 크고 오래 가는 이유가 있다면 장애는 고칠 수 있는 질병이 아니라 평생을 안고 가야 하는 고통이기 때문입니다. 그래서인지 몰라도 하나님은 장애인을 특별히 사랑하십니다. 하나님은 "나는 너희를 치료하는 여호와임이니라."[149] "내가 너를 치료하여 네 상처를 낫게 하리라."[150] "보라 내가 이 성을 치료하며 고쳐 낫게 하고 평강과 성실함에 풍성함을 그들에게 나타낼 것이며…"[151]라고 말씀하셨습니다.

    일반적으로 사람들은 마음의 상처가 있을 때 세 가지 양상으로 반응을 나타냅니다. 첫째, 상처를 받으면 실의에 빠지고 자신감을 잃어버리게 됩니다. 둘째, 상처의 책임을 남에게 전가하거나 회피하려고 합니다. 셋째, 믿음이나 의지로 상처를 극복하고 자기발전의 기회로 삼습니다. 우리의 삶은 어떤 생각과 태도를 취하는가에 따라 삶이 변하게 됩니다. 예를 들자면 부정적인 생각은 부정적인 태도를 보이게 되고 결국 나쁜 열매를 맺게 됩니다. 또한 긍정적인 생각은 긍정적인 태도를 갖고 아름다운 열매를 맺게 됩니다. 대체로 마음의 상처는 부정적인 태도를 갖게 만듭니다. 예를 들자면 두려워하는 마음은 거짓말을 하고 감추는 태도를 갖게 만듭니다. 분노하는 마음은 다른 사람을 미워하게 되고 살의를 갖게 만듭니다. 버림받은 마음은 외로움과 열등감과 자기 비하와 두려움을 갖게 만듭니다. 굶주린 마음은 나쁜 의존적 태도와 관심을 요구하는 질투심과 시기심과 경쟁심을 갖게 만듭니다. 특별히 장애로 인한 마음의 상처는 죄의식을 갖게 되는데 그것은 불안감과 두려움과 자기 학대와 불만과 불평을 하는 마음을 갖게 만듭니다. 마음의 상처로 말미암아 고통을 느끼는 것은 치료하는 의사를 만나야 한다는 몸의 신호 입니다. 그리고 마음의 상처로 인한 슬픔은 치료가 필요하다는 환자의 몸부림이기도 합니다.

■ **상한 마음을 치료받기 위해 어떻게 해야 할까요?**

마음의 상처를 치료받기 위해서는 의사를 만나야 합니다. 예수님은 이렇게 말씀하셨습니다. "수고하고 무거운 짐 진 자들아 다 내게로 오라, 내가 너희를 쉬게 하리라."[152] 예수님은 마음의 상처를 치료하실 뿐만 아니라 몸도 깨끗하게 고치시는 탁월한 의사였습니다. 온갖 병을 고치시고 상한 마음과 장애도 깨끗하게 고쳐주셨습니다. 그리고 그 누구도 줄 수 없는 하늘의 평안과 구원의 선물까지 주셨습니다. 예수님은 눈물 흘리는 자를 사랑하시는 분입니다. 그 누구도 거절하지 않고 빈손으로 그냥 돌려보내지 않으며 놀라운 선물을 주시는 분이십니다. 그러나 예수님을 만나기가 쉽지 않습니다. 왜냐하면, 예수님은 우리와 아름다운 만남을 위하여 기다림의 시간을 갖도록 하시기 때문입니다. 따라서 기다림의 시간에는 능동적인 자세를 갖고 기다려야 합니다.

예수님을 기다릴 때 가져야 할 자세는 다음과 같습니다. 첫째, 상한 마음과 몸을 고쳐주시겠다는 약속을 믿고 기다려야 합니다. 이때 중요한 것은 신실하신 예수님과 도와주실 성령 하나님을 알아가는 것입니다. 둘째, 아무것도 하지 않고 때를 기다리는 수동적인 태도가 아니라 축복받을 그릇인 자신의 마음을 살피고 가다듬는 능동적인 기다림이어야 합니다. 셋째, 받을 복을 기대하며 기도하고 기다리는 것입니다.

마음의 상처를 치료받고 참 평안의 복을 받을 사람은 자신과 미래에 대한 삶을 스스로 통제하는 것이 아니라 주님께 자신의 삶을 주관하시도록 맡기는 사람입니다. 예수님이 우리 가운데 보내신 성령 하나님을 만나면 우리의 마음의 상처는 반드시 치료됩니다. 슬픔이 변하여 기쁨이 되고, 눈물이 변하여 하나님을 찬양하게 됩니다. 그리고 젖 뗀 아이의 마음처럼 평안하게 됩니다.

우리 곁에 오신 성령님은 진리의 영이자 변화의 영입니다. 우리의 잘못된 생각을 바꾸어 주시고 상처 난 마음을 치료해 주십니다. 그리고 우리가 잘못된 방향으로 걸어갈 때 문제를 통하여 바른길을 제시해 주시는 분입니다. 따라서 마음의 고통은 잘못된 길을 멈추고 바른길로 가라는 영적 신호로 받아들여야 합니다. 하나님은 마음이 상한 자를 위로하시고 치료하시길 간절하게 원하십니다. 하나님은 부르짖는 자를 꼭 만나주시는 분입니다.[153]

여호와의 말씀이니라 그들이 쫓겨난 자라 하매 시온을 찾는 자가 없은즉
내가 너의 상처로부터 새 살이 돋아나게 하여 너를 고쳐 주리라
- 예레미야 30장 17절

| 부르심과 훈련

마음의 상처를 치유하시는 하나님

■ 하나님이 상처를 치유하신다고요?

　세상에 사는 사람들은 누구나 마음에 크고 작은 상처를 갖고 살아갑니다. 특히 장애자녀를 양육하는 부모는 상실한 마음속에 비교 의식, 열등의식, 강박 의식, 체면 의식, 기대 의식, 피해 의식, 차별 의식, 불안 의식을 갖고 살아갑니다. 이러한 의식은 죄책감, 무력감, 허탈감을 느끼게 하며 결국에는 병을 불러들입니다. 장애는 성경의 렌즈를 끼고 창조주 하나님의 관점에서 원인과 실체를 볼 수 있어야 합니다. 그렇지 않으면 상실한 마음과 상처를 안고 살아가게 됩니다. 하나님은 사랑과 은혜가 충만하신 분입니다.[154] 상처 입은 마음과 몸의 병과 장애를 고쳐주시길 원하십니다. 따라서 상처 입은 치료자로 우리 가운데 오셨고 또한 거룩하신 성령을 우리 가운데 보내주셔서 필요를 채워주십니다.

■ 하나님이 이렇게 말씀하셨습니다.
"너희가 너희 하나님 나 여호와의 말을 들어 순종하고 내가 보기에 의를 행하며 내 계명에 귀를 기울이며 내 모든 규례를 지키면 내가 애굽 사람에게 내린 모든 질병 중 하나도 너희에게 내리지 아니하리니 나는 너희를 치료하는 여호와임이라" (출애굽기 15장 26절)

　현대의학은 오랫동안 질병의 원인을 개인에게서 찾았습니다. 예를 들자면 담배를 자주 피우면 폐암에 걸릴 확률이 높고, 운동하지 않으면 대사증후군에 걸리기 쉽다는 것입니다. 마찬가지로 마음의 상처도

개인적인 문제로 생각하는 경우가 많이 있습니다. 그러나 질병과 마음의 상처가 비단 개인의 문제만은 아닙니다. 사회 역학을 연구하시는 분들은 개인의 질병과 마음의 상처가 사회에서 비롯되는 측면이 있다고 말합니다.[155] 예를 들자면 직장의 환경이 좋지 않아 얻는 질병이 있습니다. 그리고 고용불안과 직장 해고로 인하여 마음에 상처를 가질 수 있습니다. 인간관계와 생활환경과 기후환경 등 조건과 환경이 좋지 않아서 얻는 질병과 마음의 상처도 있습니다. 한편으로 장애 자녀로 인하여 마음에 상처를 갖고 병을 얻기도 합니다.

성경에는 사람이 갖게 되는 몸의 질병과 마음의 상처에 대한 원인을 창조주 하나님을 떠났기 때문이라고 설명하고 있습니다.[156] 한편으로 성경은 하나님 말씀에 불순종하는 것과 하나님을 마음에 두기 싫어해서 관계가 끊어진 것을 죄라고 규정하고 있습니다. 결국 사람들이 몸에 병을 얻고 마음에 상처를 갖게 된 이유는 세상에 가득한 죄 때문이라는 것입니다. 그러므로 몸의 질병과 마음의 상처를 근본적으로 치유하기 위해서는 죄 문제를 해결할 수 있어야 합니다. 우리는 날마다 죄라는 것을 알고 짓기도 하고, 모르고도 짓고, 습관적으로 반복해서 짓는 죄를 어떻게 해결할 수 있을까요? 죄는 사람이 짓지만 스스로 죄를 해결할 수 없습니다. 오직 하나님이 해결할 수 있습니다. 왜냐하면, 죄를 용서하시는 분이 하나님이시기 때문입니다. 그러므로 죄를 해결하기 위해서는 하나님을 만나야 합니다. 하나님을 만나면 죄가 무엇인지 깨닫게 되고 죄로 말미암는 몸의 질병과 마음의 상처에 대한 원인을 알게 됩니다. 그리고 하나님은 자신을 일컬어 '나는 너희를 치료하는 여호와'이며 몸과 마음의 상처를 치료받기 원한다면 순종하라고 말씀하셨습니다.[157]

■ **상처를 치유하려면 어떻게 해야 할까요?**

앞에서 언급한 바와 같이 몸의 질병과 마음의 상처를 치료하기 위해서는 먼저 자신의 죄를 해결할 수 있어야 합니다. 의사를 찾아가면 우리 몸의 질병과 마음의 상처를 어느 정도 해결 받습니다. 그러나 몸의 질병과 마음의 상처에 대한 원인을 알지 못하고 근원을 치료하지 않으면 몸의 병과 마음의 상처는 그대로 있게 됩니다. 상처 입은 마음의 원인을 알기 위해서는 그 증상을 먼저 살펴야 합니다. 상처 입은 마음이란 두려워하는 마음, 분노하는 마음, 버림받은 마음, 굶주린 마음, 열등감과 죄의식에 사로잡혀있는 것을 말합니다.

두려워하는 마음의 증세는 거짓말하거나 감추는 것으로 나타납니다. 분노하는 마음은 미워하거나 복수나 살의로 나타납니다. 그리고 버림받은 마음은 아픔과 외로움, 열등감, 무가치함을 느끼는 것과 두려움이 찾아오는 것으로 나타납니다. 굶주린 마음이란 사랑을 받고 싶은 마음으로 나타납니다. 그래서 누군가를 의지하게 되고 관심받기 위해서 질투도 하게 됩니다. 열등감과 죄의식에 사로잡힌 마음은 불안과 불만, 자기 학대와 불신하는 것으로 나타납니다. 이 모든 마음이 병든 마음입니다. 마음에 상처와 병이 들게 한 것은 결국 죄 때문입니다. 죄는 사람의 몸을 병들게 만들며 마음에 상처를 남깁니다. 하나님은 죄를 싫어하시지만 사람은 사랑하시고 긍휼을 베푸십니다. 따라서 사람들의 죄와 몸의 질병과 마음의 상처를 치료해 주시길 원하십니다. 그러므로 병든 사람과 마음의 상처를 가진 사람은 하나님을 만나야 합니다.

몸의 질병과 마음의 상처를 치료하시는 예수님은 이렇게 말씀 하셨습니다 - "수고하고 무거운 짐 진 자들아 다 내게로 오너라. 내가 너희를 쉬게 하겠다. 나는 마음이 온유하고 겸손하니 내 멍에를 메고 내게 배워라. 그러면 너희는 마음에 쉼을 얻을 것이다." '내 멍에는 편하고 내 짐은 가볍다'[158] '내 멍에를 메고 내게 배우라'는 말씀은 하나님 말쏨에 순종하고 그 말씀에 대하여 가르침을 받으라는 뜻입니다. 그러면 회복의 은혜를 주시겠다는 약속의 말씀입니다. 하나님의 말씀을 신뢰하고 순종하는 것은 생명과 평안을 얻고 기쁜 삶을 사는 방법입니다.

하나님이 우리를 사랑하시는 사랑을 우리가 알고 믿었노니
하나님은 사랑이시라 사랑 안에 거하는 자는 하나님 안에 거하고
하나님도 그의 안에 거하시느니라
- 요한일서 4장 16절

08 | 부르심과 훈련
문 앞에서 기다리시는 하나님

■ 하나님이 문 앞에서 기다리신다고요?

인류의 역사는 사람이 하나님을 떠나는 것으로 시작되었습니다. 그러나 하나님은 언제나 잃어버린 자녀들을 찾기 위하여 시대에 따라 선지자들을 보내셨습니다. 그리고 2천 년 전에는 마지막 선지자인 독생자 예수 그리스도를 이 땅에 보내셨습니다. 그리고 이어서 성령님을 보내어 잃어버린 자녀들을 찾으셨습니다. 성령님은 고난을 겪으며 슬픔에 빠진 자녀들 곁에서 항상 기다리고 있습니다. 그 이유는 자녀들의 고난을 위로해 주시고 평안과 기쁨을 주시기 위해서 입니다. 그리고 자녀들의 죄를 해결해 주시고 자유를 주기 원하시기 때문입니다. 왜냐하면, 그분은 우리를 돕기 위하여 보냄 받은 분이시기 때문입니다.

■ 하나님이 이렇게 말씀하셨습니다.

"볼지어다 내가 문밖에 서서 두드리노니 누구든지 내 음성을 듣고 문을 열면 내가 그에게로 들어가 그로 더불어 먹고 그는 나와 더불어 먹으리라" (요한계시록 3장 20절)

어느 부모가 사랑하는 자식을 잃어버렸다면 부모의 마음은 온통 잃어버린 자식 생각으로 가득할 것입니다. 이처럼 하나님의 마음도 잃어버린 자녀의 생각으로 가득합니다. 잃어버린 자녀를 찾으시는 하나님의 마음은 자기 뜻대로 살고 싶어 집을 떠난 아들을 기다리는 아버지의 마음에서 살펴볼 수 있습니다. 아버지는 날마다 마을 입구에 서서 자식이 돌아오기를 기다렸습니다. 어느 날 아버지는 집을 떠난 자식이 돌아오자 반갑게 맞이하며 손에 가락지를 끼워주고 새 옷을 입혀 잔치를 벌였습니다.[159] 이처럼 하나님은 집을 떠난 자식이 돌아오기만을 간절하게 기다리고 있습니다.

하나님은 잃어버린 자녀를 찾기 위하여 오랫동안 수많은 선지자를 이 땅에 보내셨고 마지막에는 독생자 예수 그리스도를 보내셨습니다. 그리고 예수님이 승천하신 후에는 성령님을 보내셨습니다. 성령님은 우리의 눈을 열어 진리를 깨닫게 하실 뿐만 아니라 몸의 질병과 상한 마음도 고쳐주시는 능력의 영이십니다. 따라서 성령님은 고난을 겪고 있는 하나님의 자녀 곁에 서서 마음 문을 두드리며 열어주기만을 기다리고 계십니다.

사람은 누구나 감당하기 어려운 고난이 닥치면 자신의 마음을 닫아 버리는 속성이 있습니다. 고통스럽고 슬픈 마음을 남에게 보여주기 싫기 때문입니다. 따라서 마음을 열기 위해서는 특별한 용기가 필요합니다. 장애 자녀를 둔 부모의 삶은 한계적 고난을 경험하게 되는 삶입니다. 예를 들자면 다른 사람을 의식함으로써 자존감이 낮아지게 되고 차별과 소외를 당함으로써 슬픈 마음을 갖습니다. 더 나아가서는 죄책감 때문에 스트레스를 받게 되어 결국 우울한 마음을 갖고 살게 됩니다. 성령님은 이처럼 상처 난 마음을 치료해 주시기를 원하십니다.

■ **성령님을 만나려면 어떻게 해야 할까요?**

성령 하나님은 매우 인격적인 분이십니다. 따라서 마음을 열고 들어오시도록 초청한다면 조용히 찾아오십니다. 사람이 극심한 고통을 겪으면 모든 것이 귀찮고 싫어지기 때문에 마음을 열기가 어려워집니다. 그리고 본능적으로 방어 기제가 작동하여 스스로 어려움을 해결하려합니다. 그러다가 결국 해결할 수 없는 상황이 닥치면 낙심하게 되고 포기하게 됩니다. 이것이 한계상황입니다. 사람이 절망할 수밖에 없는 그곳에서 하나님은 우리를 기다리고 있습니다. 하나님은 언제나 한계상황을 두고 우리를 이끄시며 만나주십니다. 따라서 고난의 밤이 깊어졌다면 하나님을 만나는 시간이 되었다는 뜻입니다. 우리가 소망을 가질 수 없는 캄캄한 인생의 밤을 맞이했다면 마음을 두드리는 소리에 귀를 기울여야 합니다. 그리고 마음의 문을 열고 성령 하나님을 맞이해야 합니다. 고난을 겪을 때는 하나님의 음성을 듣고 그분을 만날 때입니다.[160]

성령 하나님을 만나기 위해서 반드시 기억해야 할 것은 그분의 존재를 의심하지 말아야 한다는 것입니다. 의심은 사단이 주는 것으로 성령 하나님을 만나는데 장벽이 됩니다. 오히려 적을 앞에 둔 경계병이 간절한 마음으로 새벽을 기다리듯이 성령님을 기다리면 놀라운 만남을 경험하게 됩니다. 성령 하나님이 찾아오시면 슬픔과 고통이 기쁨과 평안으로 바뀌게 됩니다. 장애 자녀로 인한 마음의 상처가 치료되며 오히려 장애 자녀로 인하여 감사하게 됩니다. 그리고 장애 자녀를 주신 것이 하나님의 계획이며 잃어버린 자녀를 찾기 위한 방편이었음을 깨닫게 됩니다.

인류의 역사는 하나님의 역사입니다. 다른 말로 표현하자면 하나님의 역사는 잃어버린 자녀를 찾는 역사입니다. 따라서 하나님은 시대에 따라 많은 선지자들을 이 땅에 보내셨고 마지막에는 예수님을 보내어 잃어버린 자녀를 찾으셨습니다. 그리고 지금도 예수님이 우리 가운데 보내신 성령님을 통하여 잃어버린 자녀를 찾고 계십니다. 성령님은 절망의 언덕에 서 있는 사람들을 만나서 회복시켜주시길 원하십니다. 절망은 하나님을 만날 수 있는 희망의 재료입니다. 따라서 희망찬 삶을 살기 원하는 사람은 마음 문을 열고 성령님이 들어오시도록 초대해야 합니다. 성령님이 찾아오시면 모든 것이 회복되고 마음에 기쁨과 평안으로 가득차게 됩니다.

01 | 사명과 위로
연약한 자에게 귀를 기울이시는 하나님

■ 하나님이 연약한 자를 사랑하신다고요?

약한 자들을 사랑하기 위하여 이 땅에 오신 예수님은 연약한 모습으로 우리 곁을 찾아오셨습니다.[161] 예수님이 가장 작은 나라 이스라엘의 말구유에서 아기의 모습으로 오신 것은 '순전한 연약함'[162]을 보여주신 것이었습니다. 세상에 구원을 주시기 위한 하나님의 놀라운 선택은 강한 군사가 아니라 연약한 아기의 모습이었습니다. 이처럼 어린아이와 같이 연약하고 순수한 메시아의 모습은 친밀감을 느낄 수 있습니다. 그리고 부모에게 전적으로 의존하는 아기의 모습 속에서 평안을 느낄 수 있듯이 하나님을 전적으로 의존하는 사람에게도 그 무엇과 비교할 수 없는 평안을 누릴 수 있음을 깨닫게 해 줍니다. 예수님이 우리 곁에 오신 이유는 세상에서 누릴 수 없는 평안과 자유를 주시기 위해서였습니다.

■ 하나님이 이렇게 말씀하셨습니다.

"마음이 가난한 자는 복이 있나니 천국이 저희 것임이라" (마태복음 5장 3절)

예수님은 자신에게 모여든 사람들에게 팔복을 가르치면서 '마음이 가난한 사람이 복이 있다'고 말씀하셨습니다. 마음이 가난한 사람이란 세상의 그 어떤 것에도 희망을 품을 수 없어서 오직 주님만 바라보고 의지했던 사람을 의미합니다. 사실 팔복의 가르침에 등장하는 마음이 가난한 자, 마음이 온유한 자, 슬픔이 있는 자, 의에 주리고 목마른 자, 긍휼히 여기는 자, 마음이 청결한 자, 화평케 하는 자, 의를 위하여 박

해를 받는 자는 예수님의 자화상을 암시해 주고 있습니다. 헨리 나우웬은 이를 두고 무력한 하나님의 초상이라고 표현했습니다.[163]

우리가 사는 세상은 언제나 힘의 논리로 움직이고 있습니다. 따라서 사람들은 할 수 있다면 많은 권력이나 돈 혹은 지식과 재능 등의 힘을 가지려고 합니다. 강한 힘을 가지는 것이 나쁜 것은 아니지만 위험이 따릅니다. 왜냐하면, 힘을 가지려고 하는 인간의 강렬한 욕망은 언제나 시험에 들게 하고 그 마음을 부패시키기 때문입니다. 따라서 헨리 나우웬은 하나님이 세상을 바라보시며 울고 계실 것이라고 말했습니다.[164]

예수님은 우리를 섬기러 온 고난의 종으로서 언제나 연약한 모습으로 하나님의 뜻을 이루어가셨습니다. 자신을 희생하며 섬기는 사역을 통하여 사람을 변화시켰고, 고난 받으며 복음을 전하심으로 하나님 나라를 전하셨습니다. 그리고 마지막에는 십자가에서 매달리는 순종을 통하여 하나님의 뜻을 이루셨습니다. 그리고 연약함의 최고봉인 죽음을 통하여 죄인들이 하나님과 화목할 수 있는 길을 활짝 열어주셨습니다. 예수님은 언제나 하나님만 바라보고 의지하셨으며 마음이 가난하심으로서 천국의 안내자가 되셨습니다. 예수님이 보여주신 연약한 삶의 여정은 쓸모없거나 무시될만한 것이 결코 아니었습니다. 예수님은 그 누구도 마음이 가난하지 않으면 하나님 나라에 들어갈 수 없다고 말씀하셨습니다. 그 누구도 하나님을 의지하지 않으면 천국의 삶을 누리기 어렵습니다. 이것이 연약함의 신비입니다.

■ 연약한 사람을 어떻게 해야 할까요?

거룩한 공동체 안에는 언제나 가면을 쓰고 있는 분이 있습니다. 하나님을 믿는 것과 순종하는 삶을 별개로 생각하는 분입니다. 거룩한 공동체 안에는 믿음으로 순종하지 못하는 연약함 때문에 서로 부딪히며 불화를 일으킵니다. 따라서 거룩한 공동체가 환영받고 기쁨과 평안을 누리며 소망을 갖는 곳임에도 불구하고 상처받는 장소가 될 수 있습니다. 따라서 고통을 겪으며 신앙에 대한 회의를 가질 수도 있습니다. 그러나 불화를 일으키는 서로의 연약함을 하나님의 눈으로 바라보고 용서하며 인내할 때 축복의 빛이 용서의 창문을 통해 스며들게 되고 건강한 공동체를 만들 수 있습니다. 왜냐하면, 하나님은 우리의 연약함을 서로가 수용하게 함으로써 공동체를 하나로 묶는 접착제 같은 도구로 사용하시기 때문입니다. 그러므로 사랑의 원리로 움직이는 거룩한 공동체 안에서는 연약한 사람들이 반드시 있어야 하고 수용되어야 합니다. 그러나 연약함의 가치와 인내와 용서의 중요성을 깨닫지 못하고 서로 미워하며 배척한다면 연약함이 주는 반감 때문에 구성원들이 공동체를 떠날 생각을 하게 됩니다.

'연약한 자를 위하여 스스로 연약하게 되신' 예수님의 모범에서 깨닫는 진리란 연약함이 능력이며 자신이 연약해 짐으로서 연약한 자를 사랑할 수 있다는 것입니다. 예수님의 열두 제자들도 모두가 연약한 사람들이었습니다. 예수님이 연약한 제자들을 희생으로 섬기지 않았더라면 그들은 결코 하나가 될 수 없었고 능력 있는 도구로 사용될 수도 없었습니다.

연약한 장애인을 거룩한 공동체로 초청해야 하는 이유도 그들이 연약함이 하나님의 은혜를 공급하는 축복의 통로가 되기 때문입니다. 하나님의 긍휼은 놀라운 변화와 기적을 일으킵니다. 그것은 연약한 자들과 함께하고 동일시하며 그들의 연약함 속으로 들어가는 것입니다. 이렇게 할 때 기적을 경험하게 됩니다. 왜냐하면, 하나님은 언제나 마음이 가난한 자를 사랑하시며 그들과 함께 계시기 때문입니다.

하나님은 연약한 아기 예수님의 모습으로 우리 가운데 찾아오셨습니다. 그 이유는 순전한 연약함으로 우리를 섬기시고 구원을 주시기 위함이었습니다. 예수님은 고난의 종으로 하나님의 자녀들을 섬기셨고 죽기까지 순종하는 희생의 삶으로 하나님의 뜻을 이루셨습니다. 이처럼 하나님 안에서의 연약함은 놀라운 변화와 기적을 일으킵니다. 하나님은 연약함의 대명사인 장애인을 은혜의 도구며 축복의 통로로 사용하십니다. 그들의 연약함을 통하여 신령한 은혜를 공급하시며 놀라운 변화와 기적을 일으키십니다.

> 그가 찔림은 우리의 허물 때문이요 그가 상함은 우리의 죄악 때문이라
> 그가 징계를 받으므로 우리는 평화를 누리고 그가 채찍에 맞으므로 우리는 나음을 받았도다
> — 이사야 53장 5절

| 사명과 위로

사람들을 놀라게 하시는 하나님

■ **하나님이 사람들을 놀라게 하신다고요?**

하나님은 전능하신 분이며 창조주이십니다. 따라서 말씀으로 세상을 창조하시거나 죽은 사람을 다시 살리시며 그의 백성들을 만나와 메추라기로 먹이시는 등의 여러 가지 기적들을 나타내신 것은 전혀 놀라운 일이 아닙니다. 정말 놀라운 일은 하나님이 거룩한 보좌를 버리시고 연약한 인간의 모습으로 이 세상에 찾아오셨다는 것입니다. 더군다나 하나님의 현현인 예수님이 고통 가운데 살아가는 사람들을 참사랑으로 섬겨주신 것입니다. 그리고 죄인들을 구원하시기 위하여 친히 십자가에 달려 화목제물이 되신 것이 정말 놀라운 일입니다.[165] 놀라움의 결정판은 예수님이 죽음에서 부활하시고 승천하시면서 연약한 사람들을 돕기 위하여 성령을 보내주신 것입니다. 성령 하나님은 진리의 영으로서 우리의 죄를 용서하시고 도우시며 영생을 주시는 분입니다.[166]

■ **하나님이 이렇게 말씀하셨습니다.**
"내가 진실로 진실로 너희에게 이르노니 나를 믿는 자는 내가 하는 일을 그도 할 것이요 또한 그보다 큰 일도 하리니 이는 내가 아버지께로 감이라" (요한복음 14장 12절)

대부분 사람은 힘을 가져야 세상에서 하고 싶은 일이나 큰일을 할 것으로 생각합니다. 따라서 권력과 돈 그리고 지식 등을 가지려고 합니다. 사단에게 지배받고 있는 세상은 힘의 논리에 따라 움직이고 있지만 그 힘은 반목과 분열과 파괴를 일으키며 사람들을 변질되게 만듭니다. 반면에 예수님이 우리에게 보여주신 놀라운 힘은 자신을 희생하는 사랑이었으며, 그것은 용서하고 화해를 이루며 변화와 소망을 갖게 하는 것이었습니다. 예수님은 하나님을 전적으로 의존하는 아이와 같은 신앙 자세를 가짐으로써 놀라운 능력을 나타내셨습니다. 연약함의 신비를 깨닫게 하신 것입니다. 연약함의 신비를 드러내는 것은 하나님이 일하시는 방법입니다.

많은 사람은 장애인을 두고 생각하기를 도움만 받고 살아가는 무능력한 존재로 인식합니다. 그러나 장애인 중에는 탁월한 능력을 발휘하는 분들이 많이 있습니다. 시각과 청각의 기능이 상실되었지만 많은 사람에게 도전과 용기를 주었던 헬렌 켈러가 있습니다. 발달장애인 중에서도 탁월한 능력을 갖춘 분들이 셀 수 없을 정도로 많이 있습니다. 캐나다의 라르쉬 공동체인 데이브레이크(Daybreak) 센터에 있었던 아담 아네트(Adam Arnett)를 소개하고 싶습니다. 중증장애인 아담은 스스로 할 수 있는 일이 아무것도 없었습니다. 그러나 그의 연약함은 영성 신학자로 알려진 헨리 나우웬을 감동하게 하였고 그의 삶을 변화시켰습니다. 그는 아담을 만나고 나서 세속적 힘이 사람을 부패시키며 하나님과의 관계를 깨어지게 하는 나쁜 것임을 깨달았습니다. 그리고 연약한 아담이 하나님과 친밀해지는 축복의 통로임을 또한 깨닫게 되었습니다. 하나님이 아무것도 할 수 없었던 중증장애인 아담을 통하여 그의 닫혀있던 마음과 생각을 열어 진리를 깨닫게 하신 것입니다. 성령 하나님은 변화의 영이시며 능력을 주시는 분이십니다.

■ 장애인도 놀라운 일을 할 수 있을까요?

일반적으로 비장애인들은 발달장애인들이 인지능력이 부족하기 때문에 교육도 되지 않고 무엇을 할 수 없으리라고 생각합니다. 하나님은 중증장애인 아담을 통하여 헨리 나우웬을 변화시키신 것처럼 깨지기 쉬운 질그릇 같은 발달장애인도 거룩한 도구로 사용하십니다. 하나님의 자녀가 성령님을 경험하고 그의 베푸시는 은혜와 행하시는 능력을 제한할 수 없음을 깨닫는다면 중증장애인도 변화와 능력의 도구로 사용된다는 사실을 알게 됩니다.

장애인교회학교에 출석하는 장애인 중에는 아스퍼거 증후군(Asperger Syndrome)[167]을 가진 학생들이 있습니다. 그들 중에는 남달리 암기력이 탁월한 학생도 있습니다. 한두 번만 들으면 모든 선생님의 이름과 전화번호는 물론 집 주소와 자동차 번호까지 정확하게 기억하는 학생도 있습니다. 모두를 놀라게 하는 특별한 특성이자 능력입니다. 그러나 이와는 다른 방법으로 연약함의 신비를 드러내는 능력도 있습니다. 하나님은 어떤 기능을 가진 것도 없고 자신의 몸조차 가누지 못하는 중증 장애인이라 할지라도 그들을 사용해서 부모와 교사를 변화시킵니다. 왜냐하면, 하나님은 연약함을 통하여 긍휼과 사랑을 깨닫게 하시기 때문입니다.

성령 하나님은 언제나 연약한 자들과 함께하시기를 기뻐하십니다. 그리고 그들에게 남들이 알지 못하는 특별한 은혜를 베풀어주십니다. 우리가 믿음의 눈과 열린 마음으로 다가갈 때 느끼고 깨달을 수 있는 은혜입니다. 뇌병변 장애인[168]으로 잘 알려진 송명희 시인은 몸이 뒤틀려있어 스스로 숟가락도 들 수 없었지만, 하나님이 공평하신 분이라고 고백했습니다. 그 이유는 하나님이 주시는 특별한 은혜가 있었기 때문입니다. 따라서 송명희 시인은 아름다운 시를 지어 많은 사람에게 큰 감동과 도전과 위로를 주는 거룩한 도구로 사용되었습니다.

> "나 가진 재물 없으나 나 남이 가진 지식 없으나 나 남에게 있는 건강 있지 않으나 나 남이 없는 것 있으니~ 나 남이 못 본 것을 보았고 나 남이 듣지 못한 음성 들었고 나 남이 받지 못한 사랑받았고 나 남이 모르는 것 깨달았네~ 공평하신 하나님이 나 남이 가진 것 나 없지만 공평하신 하나님이 나 남이 없는 것 갖게 하셨네" (송명희 시(詩) - 나)

연약함이 결코 무시되어서는 안 됩니다. 오히려 주목해야 할 놀라운 가치입니다. 왜냐하면, 하나님이 연약함을 거룩한 도구로 사용하시기 때문입니다. 우리가 하나님의 긍휼의 마음을 갖고 연약한 지체들에게 다가간다면 하나님이 베푸시는 그 은혜를 누리고 마음이 변화를 받기 때문입니다. 하나님은 미련한 자를 사용하여 지혜 있는 자를 부끄럽게 하시고 세상의 약한 것들을 택하여 강한 것들을 부끄럽게 하십니다. 그리고 세상의 천한 것들과 멸시받는 것들과 없는 것들을 택하사 있는 것들을 폐하려 하시는데 그 이유는 아무도 하나님 앞에서 자랑하지 못하게 하시기 때문입니다.[169] 하나님은 언제나 연약한 자들을 도구로 사용하여 사람들을 놀라게 하시는 분입니다.

그러나 하나님께서 세상의 미련한 것들을 택하사
지혜 있는 자들을 부끄럽게 하려 하시고 세상의 약한 것들을 택하사
강한 것들을 부끄럽게 하려 하시며 하나님께서 세상의 천한 것들과 멸시 받는 것들과
없는 것들을 택하사 있는 것들을 폐하려 하시나니
이는 아무 육체도 하나님 앞에서 자랑하지 못하게 하려 하심이라
- 고린도전서 1장 27~29절

03 | 사명과 위로
일꾼을 부르시는 하나님

■ 하나님이 일꾼들을 부르신다고요?

하나님은 사람을 삼위 하나님의 형상대로 창조하는 순간부터 함께 일하시기로 작정하셨습니다. 따라서 아담과 하와를 창조하시고 그들에게 복을 주시며 세상 만물을 다스리게 하셨습니다.[170] 하나님이 사람들과 함께 일하시는 방식은 세상이 타락한 후에도 똑같습니다. 하나님은 세상을 회복하시기 위하여 하나님의 사람을 부르시고 준비시키신 후에 권능을 주셔서 거룩한 일을 하게 하셨습니다.[171] 만일 하나님의 자녀가 깊은 고난 중에 있다면 그 고난이 거룩한 도구로 사용되기 위한 훈련의 방편이 아닌지 생각해 보아야 합니다. 헨리 나우웬은 사역자는 고난과 상처를 경험하면서 치유 받은 자가 되어야 한다고 말합니다. 이 말의 의미는 자신의 고통을 잘못 이해하는 사람들에게 상처와 치유의 경험이 도움이 될 수 있다는 뜻입니다. 하나님은 상처 입은 사람을 아름다운 도구로 사용하십니다.

■ 하나님이 이렇게 말씀하셨습니다.

"예수께서 모든 도시와 마을에 두루 다니사 그들의 회당에서 가르치시며 천국 복음을 전파하시며 모든 병과 모든 약한 것을 고치시니라. 무리를 보시고 불쌍히 여기시니 이는 그들이 목자 없는 양과 같이 고생하며 기진함이라. 이에 제자들에게 이르시되 추수할 것은 많되 일꾼이 적으니 그러므로 추수하는 주인에게 청하여 추수할 일꾼들을 보내 주소서 하라 하시니라" (마태복음 9장 38절)

예수님은 여러 도시와 마을을 다니시면서 목자 없는 양처럼 방황하는 사람들을 보시고 불쌍히 여겼습니다. 예수님은 많은 사람이 복음을 거절했지만, 그중에는 복음에 갈급한 사람들이 있음을 아셨습니다. 마치 추수를 기다리는 큰 밭으로 보셨습니다. 추수를 기다리는 밭이란 죄 속에서 고통 받으며 살아가는 사람들입니다. 예수님은 이들에게 복음을 전해 줄 일꾼들이 필요하다고 생각하셨습니다.

수많은 장애인들은 마치 추수를 기다리는 큰 밭과 같습니다. 오랫동안 한국교회는 장애인들에게 복음을 전하고 가르쳐야 하는 선교와 교육의 대상으로 생각하지 않았습니다. 그들에게 무관심하거나 아니면 동정의 대상으로만 바라보았을 뿐입니다. 그러나 예수님은 장애인을 귀하게 여기고 그들을 가르치며 연약한 몸을 고쳐주셨습니다.[172] 연약한 자의 영혼을 불쌍히 여기고 그들의 필요를 채워주는 것은 주님의 모범을 따르는 교회가 마땅히 해야 할 일입니다. 그러므로 교회는 장애에 대한 편견의 벽을 무너뜨리고 그들을 복음의 대상으로 받아들여야 합니다. 주일은 있고 교회는 있는데 장애인들이 예배에 참여할 수 없다면 이는 그들의 영적 권리를 빼앗는 것입니다. 교회는 장애인에 대하여 배타적 태도를 가지면 안 됩니다. 만일 교회가 장애인 초대를 여러 가지 이유로 거부한다면 이것은 악한 일입니다. 따라서 교회는 장애인들에게 복음을 가르쳐야 하고 주님의 사랑으로 품을 수 있어야 합니다.

교회가 장애인들을 잘 돌보려면 관련된 전문기관과 협력해야 합니다. 예를 들자면 전문기관에서는 교회가 장애인사역을 잘할 수 있도록 목회자와 교사들을 훈련시키고 교육방법과 교육자료 및 다양한 정보를 지속해서 지원해야 합니다. 그리고 개 교회에서는 전문기관이 교회에 대한 지원 사역을 잘할 수 있도록 후원해 줌으로서 장애인 선교사역에 사각지대가 없도록 해야 합니다. 그리고 장애인 선교가 활성화되지 못한 상황에서는 굳이 교파와 교단을 따져가며 사역을 하면 안 됩니다. 왜냐하면, 다양한 선교자원이 절대 부족하기 때문입니다. 따라서 교파와 교단의 장벽을 뛰어넘는 협력 사역을 할 수 있어야 합니다.

■ 누가 하나님의 일꾼이 될 수 있을까요?

하나님의 일꾼이 되는 것은 누구든지 가능하지만 아무나 될 수 없습니다. 다시 말하자면 자신을 깨끗하게 준비하는 사람이 하나님의 일꾼이 될 수 있습니다.[173] 자신을 깨끗하게 하는 것이란, 하나님이 기뻐하시는 마음 곧 정직한 마음을 갖는 것입니다. 예수님께 부름을 받은 열두 제자들은 복음 사역의 전문가가 아니었습니다. 따라서 예수님은 3년 동안 제자들과 함께 하시며 아름다운 일꾼으로 만들기 위하여 훈련시키셨습니다. 그렇습니다. 누구든지 훈련받지 않고 하나님의 일꾼이 될 수는 없습니다. 복음을 가르치는 사역자가 되기 위해서는 정직한 마음과 함께 인격적, 지식적, 영적으로 무장되어 있어야 합니다. 왜냐하면, 다른 사람을 변화시키기 위해서는 자신이 먼저 변화되어야 하기 때문입니다. 그리고 상처받은 사람을 상담하고 위로하기 위해서는 지혜와 능력을 갖추고 있어야 하기 때문입니다.

자신에게 가진 것이 없다면 다른 사람에게 나눠 줄 것도 없습니다. 따라서 가르치는 사람은 먼저 배우는 사람이 되어야 합니다. 하나님의 은혜를 전달하는 축복의 통로가 되기 위해서는 먼저 은혜 받고 변화되어야 하며 무엇보다도 마음이 깨끗해야 합니다. 하나님의 일꾼이 된다는 것은 성령의 은혜로 변화를 경험하고, 자신의 가치관과 경험과 습관을 내려놓고 그 능력으로 먼저 채우는 것을 말합니다. 이것을 일컬어 '깨끗한 그릇'이라고 말합니다.

하나님의 일꾼 중에는 능력과 자질이 훌륭한 분들이 있습니다. 반면에 능력과 자질이 부족한 분들도 있을 수 있습니다. 하나님은 능력과 자질이 훌륭한 사람만 사용하는 것이 아니라 능력과 자질이 부족해도 마음이 깨끗하고 정직한 사람을 즐겨 사용하십니다. 왜냐하면, 생명을 치유하고 살리는 능력은 깨끗하고 정직한 그릇에 부어지는 성령 하나님이 베푸시는 은혜이기 때문입니다.

하나님의 일꾼은 성령께서 주시는 그 은혜로 사역하지 않는다면 열매를 얻기 어렵습니다. 왜냐하면, 성령은 진리의 영이며, 변화의 주체이자 열매 맺게 하는 능력의 근원이기 때문입니다. 그러므로 하나님의 일꾼은 반드시 성령의 사람이 되어야 합니다.

성령 하나님은 연약한 자와 작은 자를 사랑하십니다. 따라서 복음을 전하는 하나님의 일꾼은 연약한 자와 작은 자의 대명사로 불리는 장애인을 복음의 대상으로 생각하고 그들을 전도해야 합니다. 하나님의 일꾼은 예수님의 거룩한 마음을 품은 사람입니다. 그 마음은 곧 연약한 자와 작은 자를 사랑하는 마음입니다. 한편으로 하나님의 일꾼은 예수님의 모범을 따르는 사람입니다. 그것은 잃어버린 생명을 찾기 위하여 거룩한 보좌를 버리고 낮은 곳으로 임하신 예수님처럼 하향적 길을 걷는 사람입니다. 자기를 포기하고 겸손하게 낮아지며 약한 자들을 위하여 고난 받음을 즐거워하고 희생의 자리에 기꺼이 앉는 것입니다. 이렇게 순종의 길을 걷는 사람이 하나님의 거룩한 일꾼입니다.

장애인 사역은 누구나 해야 할 일이지만 아무나 하지 못합니다. 왜냐하면, 예수님처럼 겸손하게 낮아져서 연약한 자들의 친구가 되어야 하고 자기를 희생해야 하기 때문입니다. 하나님의 은혜를 입으면 누구나 자신이 연약한 자요, 작은 자임을 깨닫게 됩니다. 따라서 성령 하나님의 임재를 경험하고 그 은혜를 받은 사람이 하나님의 거룩한 일꾼이 될 수 있습니다. 하나님은 오늘도 추수할 밭을 바라보시며 안타까운 마음으로 이런 사람을 찾고 있습니다.

오직 성령이 너희에게 임하시면 너희가 권능을 받고
예루살렘과 온 유대와 사마리아와 땅 끝까지 이르러 내 증인이 되리라 하시니라
- 사도행전 1장 8절

04 | 사명과 위로
잃어버린 자를 찾으시는 하나님

■ 하나님이 잃어버린 사람을 찾으신다고요?

　하나님은 언제나 잃어버린 자녀를 찾으십니다. 하나님은 죄를 지은 아담이 동산 나무 사이에 숨었을 때 돌아오기만을 기다리지 않고 찾아가셨습니다. 살인한 모세가 미디안 광야로 달아났을 때 그곳을 찾아가셨습니다. 그리고 이세벨의 보복이 두려워 수십 리 길을 도망하여 시냇가에 숨었던 엘리야도 찾아가셨습니다. 하나님은 니느웨로 가라는 명령에 불순종하여 반대편인 다시스로 도망갔던 요나도 찾아가셨습니다. 그리고 하나님은 마지막 날에 세상에 있는 자기 백성들을 찾기 위하여 이 땅에 독생자 예수님을 보내셨습니다. 예수님은 잃어버린 하나님의 자녀를 찾기 위하여 가장 먼저 제자들을 부르셨습니다. 고기를 잡는 베드로와 안드레를 찾아가셨습니다. 그리고 절망 중에 있었던 사마리아 여인도 찾아가셨습니다. 이와 같이 하나님은 언제나 잃어버린 사람을 찾아가셨습니다.

■ 하나님이 이렇게 말씀하셨습니다.

"그날 저물 때에 제자들에게 이르시되 우리가 저편으로 건너가자 하시니 그들이 무리를 떠나 예수를 배에 계신 그대로 모시고 가매 다른 배들도 함께 하더니 큰 광풍이 일어나며 물결이 배에 부딪혀 들어와 배에 가득하게 되었더라 예수께서 바다 건너편 거라사인의 지방에 이르러 배에서 나오시매 곧 더러운 귀신 들린 사람이 무덤 사이에서 나와 예수를 만나니라 그 사람은 무덤 사이에 거처하는데 이제는 아무도 그를 쇠사슬로도 맬 수 없게 되었으니 이는 여러 번 고랑과 쇠사슬에 매였어도 쇠사

슬을 끊고 고랑을 깨뜨렸음이러라 그리하여 아무도 그를 제어할 힘이 없는지라… 예수께 이르러 그 귀신 들렸던 자 곧 군대 귀신 지폈던 자가 옷을 입고 정신이 온전하여 앉은 것을 보고 두려워하더라"(마가복음 4장 35~37절; 5장 1~15절)

세상에는 힘이 없는 자가 뇌물을 들고 강한 자를 찾아가지만, 하나님은 선물을 들고 약한 자를 찾아가십니다. 예수님은 동네 사람들이 버렸던 귀신들린 사람을 찾아가셨습니다. 이처럼 기독교의 탁월성은 연약한 자를 찾아가는 데 있습니다. 결론적인 내용이지만 예수님은 힘으로 여기는 수많은 사람들 곧 '무리'를 떠나 큰 광풍이 있는 갈릴리 바다를 목숨 걸고 건너가 버려진 한 영혼을 찾아가셨습니다. 예수님이 잃어버린 자를 찾아가신 것은 한 영혼이 천하보다 귀하다고 생각하셨기 때문입니다. 무엇보다도 하나님의 잃어버린 자녀였기 때문입니다.

하나님은 우리에게 잃어버린 영혼을 찾기 위하여 비움의 영성이 필요함을 깨닫게 해 주시려고 천국보좌를 버리고 이 땅에 오셨습니다. 가장 작은 나라 유대 땅, 가장 작은 도시인 베들레헴, 가장 낮은 말구유에 오심으로서 겸손의 영성이 필요함을 또한 깨닫게 해 주셨습니다. 그리고 연약한 자들을 섬기기 위하여 고난의 종으로 오심으로서 사랑과 희생의 영성이 필요함을 또한 깨닫게 해 주셨습니다. 이처럼 하나님의 현현인 예수님의 성육신 과정은 비하의 여정이었습니다. 이와 같이 잃어버린 사람을 찾는 여정은 언제나 자신의 권리를 포기하고 겸손하게 낮아지며 희생하는 삶이 뒤따른다는 사실을 알려주고 있습니다.

예수님은 연약한 자들을 얻기 위하여 스스로 연약한 자들의 친구가 되셨습니다.[174] 그리고 고통당한 자들과 버림받은 자들을 찾기 위하여 고통의 십자가에 달려 자신의 생명을 대신 속죄 제물로 내어 주셨습니다.[175] 이처럼 하나님은 우리에게 잃어버린 자녀를 찾기 위하여 목숨까지 내어놓는 순종의 삶을 살아야 한다는 사실을 또한 알려주셨습니다.

■ 우리는 누구를 찾아가야 할까요?

하나님은 잃어버린 자녀를 찾았을 때 잔치를 벌일 만큼 크게 기뻐하셨습니다.[176] 하나님의 관점에서 보면 인류 역사는 하나님의 품을 떠난 자녀들을 안타까운 마음으로 찾아다니는 구원역사입니다. 예수님은 구원 역사를 위하여 친히 이 땅에 오신 하나님의 현현입니다. 그래서 공생애 동안 부지런히 잃어버린 사람들을 찾아서 이리저리 다니셨습니다. 그리고 예수님은 잃어버린 사람을 찾기 위하여 제자들에게 선교적 사명을 주시고 보내셨습니다. 그러므로 교회는 선교적 사명을 교회 본연의 사명으로 생각해야 합니다. 그런데 교회는 누구를 찾아가고 있으며 누구를 초대하고 있습니까? 예수님은 고통당한 자와 버림받은 자들을 찾아가셨습니다. 질병과 장애로 힘겨운 삶을 살아가는 자들을 찾아가셨습니다. 그리고 그들의 필요를 채워주셨을 뿐만 아니라 하나님 나라에 대한 소망을 갖고 살아가게 하셨습니다.

예수님이 고통당한 자를 즐겨 찾아가신 것은 하나님의 마음과 사랑을 전하기 위해서였습니다. 하나님의 참사랑은 고통당한 자에게 필요합니다. 교회가 만일 고통당한 자들에게 관심을 갖지 않고 찾아가지 않는다면 유유상종하며 살아가는 세상 사람들과 다를 바 없습니다.

발달장애인은 하나님이 찾으시는 잃어버린 자녀입니다. 죄인이 자신의 영혼을 구원하기 위하여 하나님을 스스로 찾아갈 수 없듯이 발달장애인 역시 스스로 하나님을 찾아갈 수 없습니다. 하나님이 우리에게 찾아가는 영성을 깨닫게 해 주신 이유는 영혼구원을 위한 모범을 보여주신 것이며 따라 행하라고 말씀하시는 것입니다.

교회는 예수님의 영성을 본받아 잃어버린 자들을 찾아가야 합니다. 잃어버린 자들을 찾아가는 사역은 어쩔 수 없이 하거나 혹은 여유가 있을 때 하는 것이 아닙니다. 교회가 해야 할 본연의 사명입니다. 교회가 잃어버린 자녀를 찾으시는 아버지 하나님의 마음을 생각한다면 결코 여유로운 마음을 가질 수 없습니다. 그런데도 교회는 아직도 발달장애인에 대하여 무관심합니다. 발달장애인들이 특수목회의 대상이라는 이유로 애써 외면하고 있습니다.

　예수님은 거지 나사로에게 무관심했던 부자가 지옥에 들어가 고통 받는 내용을 소개해 주시며 엄중한 경고를 해 주시고 있습니다. 교회가 잃어버린 자녀를 찾지 않는다면 거룩한 사명에 대한 직무를 유기하는 것입니다. 잃어버린 영혼을 찾는데 무관심한 교회는 마지막 결산할 때가 되면 원통해 하며 이를 갈고 후회할 것입니다.

　잃어버린 자녀를 찾는 것은 하나님 아버지의 간절한 마음입니다. 예수님은 교회에 명령하시기를 '가난한 자들과 장애인들을 초청하라. 그리하면 저희가 갚을 것이 없는 고로 네게 복이 되리니 이는 의인들의 부활 시에 네가 갚음을 받겠음이니라'고 말씀하셨습니다. 작금의 교회는 예수님의 영성을 소유하고 그 모범을 따라 찾아가는 선교적 사명을 실천하고 있는지 살펴봐야 합니다. 우리 교회는 누구를 초청하고 있습니까?

| 사명과 위로

우리를 위해 장애인을 주신 하나님

■ 우리를 위해 장애인을 주셨다고요?

예수님은 날 때부터 앞을 보지 못하는 사람의 눈을 고쳐주시고 이렇게 말씀하셨습니다. "내가 심판하러 이 세상에 왔으니 보지 못하는 자들은 보게 하고 보는 자들은 맹인이 되게 하려 함이라"[177] 이 말씀은 심판 주이신 예수님이 하나님과 올바른 관계를 맺지 못하고 있는 영적 장애인들에게 무서운 경고를 하신 것입니다. 많은 사람들이 영적 장애의 위험을 깨닫지 못하고 있습니다. 따라서 예수님은 시각 장애인을 통하여 하나님과 올바른 관계를 맺지 못하고 있는 영적 장애인들에게 무서운 경고를 하셨습니다. 신체적 장애는 우리의 영적 장애를 깨닫게 하시기 위하여 하나님이 사용하시는 거룩한 도구입니다. 신체적 장애로 인한 고통은 한 생애 동안이지만 영적 장애로 인한 고통은 영원한 것이기 때문에 심각하게 받아들여야 합니다.

■ 하나님이 이렇게 말씀하셨습니다.

"또 우리 육신의 아버지가 우리를 징계하여도 공경하였거든 하물며 모든 영의 아버지께 더욱 복종하며 살려 하지 않겠느냐. 그들은 잠시 자기의 뜻대로 우리를 징계하였거니와 오직 하나님은 우리의 유익을 위하여 그의 거룩하심에 참여하게 하시느니라. 무릇 징계가 당시에는 즐거워 보이지 않고 슬퍼 보이나 후에 그로 말미암아 연단 받은 자들은 의와 평강의 열매를 맺느니라. 그러므로 피곤한 손과 연약한 무릎을 일으켜 세우고 너희 발을 위하여 곧은 길을 만들어 저는 다리로 하여금 어그러지지 않고 고침을 받게 하라" (히브리서 12장 9~11절)

장애는 현실적으로 복합적인 고통을 겪게 하며 고난의 삶으로 이끕니다. 따라서 장애는 기대와 소망을 슬픔과 절망으로 바꾸어 놓습니다. 그럼에도 불구하고 하나님은 장애가 우리의 유익을 위해서라고 말씀하고 있습니다. 그 유익이 무엇일까요? 첫째는 장애로 말미암는 고통스러운 삶이 하나님을 찾고 만나게 되는 오작교 역할을 합니다. 시편 기자는 이렇게 말했습니다. "환난 날에 나를 부르라 내가 너를 건지겠고 네가 나를 영화롭게 하리로다."[178] 대부분의 사람은 자신이 해결할 수 있는 고통의 문제로 하나님을 찾지 않습니다. 따라서 하나님은 스스로 해결할 수 없는 고통을 통하여 우리를 부르십니다. 왜냐하면, 하나님은 고난의 한계를 두고 우리를 다스리기 때문입니다. 둘째는 우리에게 거룩함과 평안의 선물을 주시기 위해서입니다. 하나님은 이렇게 말씀하셨습니다. "무릇 징계(훈련)가 당시에는 즐거워 보이지 않고 슬퍼 보이나 후에 그로 말미암아 연단 받은 자들은 의와 평강의 열매를 맺느니라."[179]

하나님은 고난이라는 훈련을 통하여 아름다운 모습과 인격으로 바꾸어 주십니다. 그리고 장애의 고통에 대하여 깨닫게 하실 뿐만 아니라 감사한 마음으로 바꾸어 주십니다. 세상에는 참된 정의와 참된 평안을 찾을 수 없습니다. 따라서 세상 사람들은 두려움과 불안 속에서 날마다 살아갑니다. 장애의 고통은 인생의 본질이 무엇인지 그리고 평안한 삶의 방편이 무엇인지 길잡이 역할을 해 줍니다. 창조주 하나님은 종종 고통이라는 매개를 통하며 거룩과 평안의 길로 안내하시며 믿음의 훈련을 통하여 아름다운 모습과 인격을 선물로 주십니다. 셋째는 하나님의 도구로 사용하시기 위함입니다. "너희는 택하신 족속이요 왕 같은 제사장들이요 거룩한 나라요 그의 소유가 된 백성이니 이는 너희를 어두운 데서 불러내어 그의 기이한 빛에 들어가게 하신 이의 아름다운 덕을 선포하게 하려 하심이라."[180]

그 누구도 고난 속에서 훈련받지 않고 하나님의 도구로 사용될 수 없습니다. 믿음의 눈으로 생각해 볼 때 장애로 인한 고난의 삶은 성숙한 인격과 탁월한 능력을 갖게 하고 상처 입은 치유자로 세워지기 위한 거룩한 과정입니다. 예수님도 우리의 위로자요 상담자며 구원자가 되시기 위하여 큰 고난을 받으셨습니다. 장애로 말미암는 고난의 훈련은 거룩한 마음으로 변화시키고 인격을 성숙하게 만들며 구원 사역을 위하여 능력을 갖게 합니다. 하나님은 상처 입은 치유자를 통하여 또 다른 상처 입은 자를 치유하기 원하십니다.

■ 장애를 어떻게 이해해야 할까요?

하나님이 장애의 고난을 주신 이유를 먼저 생각할 수 있어야 합니다. 하나님은 그의 자녀들을 광야로 인도하시는 이유를 "너를 낮추시며 너를 시험하사 마침내 네게 복을 주려함이라."[181]고 말씀하셨습니다. 다시 말하자면 우리의 유익을 위해서라는 것입니다. 따라서 장애를 하나님의 관점 곧 믿음 안에서 생각할 수 있어야 합니다. 누군가 이렇게 말했습니다 – "신이 그의 자녀들을 다 돌볼 수 없어서 부모를 세워주셨다." 필자는 장애 자녀를 두고 이렇게 말하고 싶습니다 – "하나님이 그 부모를 특별히 사랑하시기 때문에 장애 자녀를 선물을 주셨다." 그렇습니다. 하나님이 부모를 특별히 사랑하시기 때문에 귀한 선물인 장애 자녀를 주신 것입니다. 하나님은 귀한 선물을 그 자녀들에게 주실 때 포장지에는 신경을 쓰지 않으시고 내용물에 온통 마음을 쏟으십니다. 장애는 고통으로 표현되는 포장지이지만 그 속에는 연약함의 신비를 드러내는 보물이 숨겨져 있습니다. 다시 말하자면 변장된 축복인 것입니다. 대체로 고통은 사람을 생각하게 만들지만 믿음이 담겨있는 생각은 지혜를 갖게 하며 그 지혜는 삶을 인내하게 합니다. 결국, 믿음의 생각은 인내를 통하여 참 평안과 능력을 불러들이게 됩니다.

하나님은 절대 실수하지 않는 분이십니다. 하나님은 우리가 알지 못하는 특별한 계획을 갖고 장애 자녀를 그 부모에게 맡기십니다. 하나님은 자신의 속성을 사랑이라고 말씀하셨습니다. 위대한 사랑은 고통이 따르는 사랑입니다. 그리고 그 사랑은 가장 좋은 것을 주는 사랑입니다. 하나님은 장애의 고통 속에서 인내하는 부모에게 연약함의 신비를 발견하도록 하십니다. 그리고 영적인 변화와 성장을 이루게 하십니다. 그리고 탁월한 능력을 갖추도록 하여 거룩한 도구로 쓰임을 받게 하십니다. 그러므로 장애인은 하나님이 우리 곁에 특별히 보내주신 반면교사라고 깨닫게 되며 유익한 존재라고 고백하게 됩니다. 만일 장애를 긍정적인 의미로 보지 않고 부정적인 문제로 바라본다면 그리고 믿음이 없는 마음으로 생각하고 받아들인다면 끝없는 고통 때문에 슬픔을 이기지 못하고 절망적인 삶을 살게 됩니다.

하나님이 우리 가운데 장애인을 보내신 것은 우리의 영적 장애를 깨닫게 하기 위함이며 우리의 유익을 위해서입니다. 장애의 고통은 우리를 부르시는 하나님의 손짓과도 같습니다. 믿음의 눈으로 장애를 바라보고 장애의 고통을 내면의 성숙을 위한 훈련으로 받고 인내한다면 반드시 거룩함과 참 평안을 선물로 받습니다. 그리고 하나님의 능력 있는 도구로 사용됩니다. 왜냐하면, 하나님은 상처를 경험하고 치유 받은 사람을 도구로 사용하셔서 상처 입은 사람을 치유하시기 때문입니다. 이런 의미에서 장애는 하나님의 특별한 관심이며 사랑의 표현입니다. 그리고 하나님의 거룩한 계획을 드러내는 아름다운 방편입니다.

예수께서 이르시되 내가 심판하러 이 세상에 왔으니
보지 못하는 자들은 보게 하고 보는 자들은 맹인이 되게 하려 함이라 하시니
- 요한복음 9장 39절

| 사명과 위로
장애인을 낳으신 하나님

■ **하나님이 장애인을 낳았다고요?**

　장애인을 누가 만드셨을까요? 자녀를 낳고 기르는 부모님은 자신이 낳은 자녀이기 때문에 장애 유무와 관계없이 자신이 낳았다고 말합니다. 일반적으로 '낳다'는 뜻은 국어 사전적 의미로는 '몸 밖으로 내놓다'는 의미입니다. 그러나 대부분의 부모는 '낳다'는 의미를 확대해서 생각합니다. 예를 들자면 부모 자신이 몸으로 '낳은 자녀'에 대하여 '자신이 창조한 존재'로 여긴다는 것입니다. 만일 부모가 자녀의 생명을 창조한 주관자라고 생각한다면 부모는 자녀의 신체조건을 원하는 대로 만들 수 있는지 자문해 보아야 합니다. 만일 부모가 자녀의 신체조건을 선택할 수 없다면 자녀의 장애 또한 부모가 선택한 것이 아닙니다. 그렇다면 장애인을 누가 만드셨을까요? 하나님은 자신이 직접 장애인을 만드셨다고 말씀하고 있습니다.

■ **하나님이 이렇게 말씀하셨습니다.**
"모세가 여호와께 아뢰되 오 주여 나는 본래 말을 잘하지 못하는 자니이다 주께서 주의 종에게 명령하신 후에도 역시 그러하니 나는 입이 뻣뻣하고 혀가 둔한 자니이다. 여호와께서 그에게 이르시되 누가 사람의 입을 지었느냐 누가 말 못 하는 자나 못 듣는 자나 눈 밝은 자나 맹인이 되게 하였느냐 나 여호와가 아니냐" (출애굽기 4장 10~11절)

　하나님이 모세에게 능력을 주시고 사명자로 세우시기 위하여 대화하는 장면입니다. 모세는 자신의 약점인 말을 잘못하는 점을 들어 소명을 회피하려고 하는데 하나님은 자신이 창조주요 전능하신 분이심을 모세에게 가르쳐 주시고 있습니다. 특별히 하나님은 언어장애인, 청각장애인, 시각장애인을 자신이 직접 만든 피조물임을 분명하게 말씀하고 있습니다. 즉, 하나님은 모세가 말을 잘못한다고 해도 아무런 문제가 되지 않는다는 점을 깨닫게 해 주시고 있는 것입니다. 그리고 모세가 하나님께 순종하기만 하면 사람이 할 수 없는 일을 하나님은 하실 수 있음을 알게 해 주시는 것입니다. 그렇습니다. 창조주 하나님이 생명을 주시는 분이시며 또한 그 생명을 돌보시는 분임을 말씀하시고 있습니다.

일반적으로 부모는 자신이 자녀를 낳았다고 생각합니다. 이러한 생각은 부모인 자신이 생명의 창조자이며 주관자임을 암시하고 있습니다. 따라서 부모가 자식의 생명과 삶을 전적으로 책임지려고 합니다. 그런데 곰곰이 생각해 보면 이런 생각이 올바른 생각이 아님을 알 수 있습니다. 왜냐하면, 사람은 피조물이지 창조주가 아니기 때문입니다. 그리고 그 어떤 부모도 자식의 생명과 삶을 전적으로 책임질 수 없기 때문입니다. 생명이 있게 하고 그 생명을 전적으로 책임지시는 분은 오직 한 분 하나님 뿐 입니다.

하나님은 모든 부모들에게 자녀의 생명을 맡기시며 돌보라고 말씀하셨습니다. 그러나 자녀의 생명과 삶은 부모만 돌보는 것이 아닙니다. 하나님은 가정뿐만 아니라 국가와 사회 여러 기관들을 통하여 자녀의 생명과 삶을 돌보도록 하셨습니다. 예를 들자면 학교를 통해서 교육하도록 하셨고, 몸이 아플 때는 병원을 통해 치료받도록 하셨습니다. 그리고 직장을 통하여 생계를 이어가며 자신의 꿈을 펼쳐 사회에 유익한 삶이 되도록 하셨습니다. 또한 장애인의 경우 지역사회에 있는 복지기관들을 통하여 자활과 자립생활을 돌보도록 하셨습니다. 그리고 하나님은 거룩한 교회를 두시고 마지막 생명안전망으로서 그들을 끝까지 돌보도록 하셨습니다. 따라서 부모가 장애자녀에 대한 무한한 책임을 갖고 자신이 전적으로 돌보아야 한다는 생각은 잘못된 것입니다. 부모는 하나님의 방법으로 최선을 다하여 책임 있게 돌보면 되는 것입니다.

■ 장애가 하나님의 징벌일까요? 아니면 하나님의 계획일까요?

대부분의 부모는 자녀가 잉태하였을 때 장애를 갖고 태어나는 가능성을 고려하지 않습니다. 그저 건강한 아이가 태어날 것으로 생각합니다. 그러나 요즘 들어 장애아 출현율이 점점 높아지는 상황이라 부모는 출산 전 다양한 방법으로 태아의 장애 유무를 진단하기도 합니다. 문제는 태아가 장애를 가지고 있다고 의사의 진단이 내려지면 부모는 '우리가 어떻게 대처해야 할까?'라며 혼란한 상황에 빠져들게 됩니다. 그리고 '우리가 키울 수 있을까?'라는 물음을 던지기도 합니다. 그리고 한편으로는 '장애아기를 키울 수 없어…'라며 낙태를 떠 올리고 무서운 생각을 할 수도 있습니다. 그러나 막상 장애자녀를 낳고 나면 '내게 왜 이런 일이?' '내가 무엇을 잘못했기에?' 라는 질문을 한 번쯤 하게 됩니다. 이런 생각을 하게 되는 이유는 자녀의 장애가 부모에게 무엇인가 잘못한 일이 있기 때문이라는 인과응보의 사고에서 비롯된 것입니다. 따라서 부모는 장애를 징벌적 혹은 부정적으로 보는 시각을 가지게 됩니다. 그러나 장애를 창조주 하나님의 계획과 섭리적 관점에서 살펴보는 것이 바람직하다고 생각됩니다.

창조주 하나님은 앞에서 언급한 바와 같이 자신이 장애인을 만들었다고 분명하게 말씀하셨습니다. 그렇습니다. 세상에 있는 그 어떤 부모라도 자녀를 자기의 뜻대로 만들 수는 없습니다. 예를 들어 아이의 얼굴 모양과 머리는 아빠를 닮게 하고 눈과 코와 입은 엄마를 닮게 하고 싶다고 그렇게 되는 것은 아니라는 것입니다. 장애도 마찬가지입니다. 부모 스스로 장애 자녀를 선택할 수 없습니다. 자녀의 신체조건은 부모의 유전인자에 의하여 그리고 하나님의 섭리로 말미암습니다. 그러므로 장애 자녀를 둔 부모는 죄책감에서 벗어날 수 있어야 합니다.

창조주 하나님은 특별한 계획을 갖고 장애 자녀를 가장 합당한 부모에게 위탁하십니다. 따라서 하나님으로부터 장애 자녀를 위탁받은 부모는 빨리 하나님의 계획이 무엇인지 살펴보는 것이 죄책감에서 벗어나며 새로운 소망을 갖고 하나님의 뜻을 이루는 삶을 살게 됩니다. 왜냐하면, 하나님은 우리가 문제라고 생각하는 것을 통하여 우리가 가야 할 바른 길을 제시해 주시며 고통의 연단을 통해 성숙한 인격을 갖게 한 후 거룩한 도구로 사용하시기 때문입니다.

모세가 여호와께 아뢰되 오 주여 나는 본래 말을 잘하지 못하는 자니이다
주께서 주의 종에게 명령하신 후에도 역시 그러하니 나는 입이 뻣뻣하고 혀가 둔한 자니이다
여호와께서 그에게 이르시되 누가 사람의 입을 지었느냐 누가 말 못 하는 자나
못 듣는 자나 눈 밝은 자나 맹인이 되게 하였느냐 나 여호와가 아니냐
- 출애굽기 4장 10, 11절

| 사명과 위로

부모의 직분을 맡기신 하나님

■ 하나님이 부모의 직분을 주셨다고요?

하나님은 사랑하는 자녀의 양육을 부모에게 맡기십니다. 그 이유는 부모가 그 누구보다도 자신의 자녀에게 참사랑을 줄 수 있다고 생각하시기 때문입니다. 그렇습니다. 하나님은 자녀를 양육하는 데 꼭 필요한 재료를 사랑이라고 생각하셨습니다. 부모는 자녀의 양육을 위하여 자신의 생명까지도 내어주는 아가페 사랑을 실천합니다. 한편으로 부모라는 직분은 천하보다 귀한 생명을 양육하는 일이기에 거룩한 직분이라고 말할 수 있습니다. 따라서 부모의 직분은 그 어떤 직분보다 귀하고 아름답습니다. 그리고 무거운 책임이 따르기에 중압감이 느껴지기도 합니다. 힘이 들기도 하고 어려움도 많이 따릅니다. 그러나 기쁨도 있고 상급도 기대할 수 있습니다. 무엇보다도 가장 중요한 것은 하나님이 부모에게 자녀를 맡기실 때 신뢰하고 맡기셨다는 점입니다. 그러므로 부모는 자녀를 주신 하나님께 항상 감사할 수 있어야 합니다.

■ 하나님이 이렇게 말씀하셨습니다.

"네 자식을 징계하라 그리하면 그가 너를 평안하게 하겠고 또 네 마음에 기쁨을 주리라" (잠언 29장 17절)

자녀는 부모로부터 하나님의 사랑을 가장 먼저 경험합니다. 그리고 그 사랑을 받으면서 자라납니다. 부모의 사랑이 넉넉할 때 자녀는 건강하게 자라나지만 반대로 부모의 사랑이 부족할 때에는 자녀의 마음에 상처를 갖게 됩니다. 부모의 사랑은 세상이 주는 두려움과 고통으로부터 완충작용을 합니다. 그러므로 부모는 자녀를 사랑으로 돌보는 것이 매우 중요합니다. 하나님은 자신의 자녀들에게 사랑한다는 표현을 '징계'한다고 말씀하십니다. 징계란 단어는 히브리어로 '야쎄르יסר'란 말로서 '벌을 주다', 혹은 '가르치다'란 의미입니다. 다시 말하자면 '징계'란 의미는 '바로 잡는다' 혹은 '바로 세운다'는 뜻을 내포하고 있습니다. 정리하자면 하나님은 사랑하는 자녀를 바로 세우기 위하여 훈련을 하시는 데 그 목적은 평안과 기쁨을 주시기 위해서라는 것입니다. 그렇습니다. 부모가 자식을 가르치지 않고 바로 세우지 못한다면 자녀는 오히려 부모에게 불안과 슬픔을 주는 존재가 될 것입니다.

하나님의 대리자로서 세워진 부모는 자녀를 전인적으로 돌보아야 합니다. 그것은 곧 신체적, 인격적, 영적인 돌봄을 의미합니다. 성경에서 '돌봄'의 단어를 히브리어 '다라쉬'에서 찾을 수 있는데 그 의미는 하나님이 그의 백성들을 잊지 않고 항상 눈동자처럼 지키고 필요한 것을 공급하시면서 보호하는 것을 의미합니다. 이와 같이 부모는 자녀를 전인적으로 돌보아야 합니다. 하나님의 현현인 예수님은 한없는 긍휼과 희생적인 사랑으로 돌봄의 모범을 우리에게 보여주셨습니다. 그 대상을 보면 온갖 병에 걸려 고통당한 사람, 귀신 들린 사람, 간질과 중풍을 앓는 사람, 한센인, 뇌병변 장애인, 발달장애인, 혈루장애인, 시각장애인, 청각장애인, 지체장애인 등이었습니다. 예수님은 장애인들에게 먼저 복음을 가르치신 후에 약한 몸을 깨끗하게 고쳐주셨습니다. 심지어 죄까지 용서해 주시며 그 영혼이 하나님을 찬양하도록 은혜를 베풀어 주셨습니다. 이런 이유로 예수님을 만난 사람들은 세상이 줄 수 없는 마음의 평안과 기쁨을 얻었습니다.

■ 어떻게 부모의 직분을 감당해야 할까요?

장애 자녀를 돌보는 부모는 먼저 하나님의 뜻을 살펴야 합니다. '왜 나에게 이런 일이?'라며 놀랄 것이 아니라 '하나님이 왜 나에게 장애 자녀를 주셨을까?'라며 그 뜻을 헤아리는 것이 중요합니다. 앞에서 언급한 바와 같이 자녀가 부모를 선택할 수 없듯이 부모 또한 자녀를 선택할 수 없습니다. 부모는 그저 하나님이 주신대로 자녀를 받을 뿐입니다. 따라서 하나님이 장애자녀를 주신다고 하더라도 감사함으로 받아야 합니다. 하나님의 입장에서 보면 연약한 장애자녀를 부모에게 주실 때에는 특별한 계획을 갖고 맡기신 것입니다.[182] 따라서 부모는 하나님의 특별한 계획을 빨리 분별할 수 있어야 합니다.

하나님은 아무에게나 연약한 자녀를 맡기시지 않습니다. 만일 어떤 부모가 자신의 장애 자녀를 누군가에게 잠깐 맡겨둔다고 가정했을 때 안전하고 사랑으로 돌봐줄 수 있는 대상을 찾는 것과 같습니다. 그리고 부모는 '나의 자녀를 돌보는 사람을 신뢰할 수 있을까?' 혹은 '장애 자녀를 안전하게 그리고 사랑으로 돌볼 수 있을까?'라고 생각하게 됩니다. 이와 같이 하나님도 부모가 장애 자녀를 사랑으로 돌볼 것이라고 신뢰하셨기 때문에 맡기신 것입니다.

하나님이 자신의 자녀를 부모에게 위탁하신다는 것은 말로 다 표현할 수 없는 영광스러운 일입니다. 한편으로 장애 자녀를 받고 양육하는 부모는 자녀의 장애 때문에 마음에 충격을 받습니다. 그리고 장애가 부모의 잘못 때문이라는 생각으로 죄책감을 갖게 되고 한편으로는 수치스러운 마음도 찾아들게 됩니다. 그리고 주변의 사람들을 많이 의식하게 되면서 마음이 상하게 되고 우울한 마음도 찾아듭니다. 이런 과정에서 분노와 함께 장애를 거부하고자 하는 마음이 또한 일어날 수 있습니다. 한편으로 부모는 자녀의 장애를 고쳐보겠다는 생각으로 이곳저곳을 찾아다니게 됩니다. 이런 가운데 장애 자녀를 지나치게 보호하게 됩니다. 부모는 시간이 흘러가면서 자녀의 장애를 고칠 수 없다는 사실을 깨닫고 비로소 자녀의 있는 모습 그대로 받아들입니다. 그리고 더 나은 모습을 기대하며 다양한 재활을 하며 양육하게 됩니다. 이것이 장애 자녀를 양육하는 부모의 일반적인 모습입니다.

장애 자녀를 양육하는 부모는 모든 것이 하나님의 뜻으로 말미암는다는 믿음의 생각을 하는 것이 가장 중요합니다. 장애 자녀는 부모 자신의 실수 때문이 아니라 토기장이신 하나님이 특별한 의도를 갖고 만드신 걸작품이라는 생각을 해야 합니다. 왜냐하면, 창조주 하나님은 완전하신 분이기 때문입니다.[183] 모든 자녀는 하나님이 그 부모에게 일정 기간 위탁한 의미있는 존재입니다. 그러므로 부모는 하나님으로부터 거룩한 직분을 부여받았다는 고귀한 생각을 갖고 자녀양육에 최선을 다해야 합니다.

부모라는 직분은 하나님이 주신 거룩한 권위입니다. 부모가 자녀를 양육할 때 권위가 능력으로 나타나려면 자기를 희생하는 아가페 사랑을 주어야 합니다. 부모의 직분은 어떤 직분보다 귀하고 아름다운 것입니다. 그러나 무거운 책임과 함께 어려움이 따라옵니다. 부모가 자녀를 양육하면서 겪게 되는 어려움과 고통은 아름다운 인격과 능력을 갖추게 하는 연단의 도구입니다. 특히 장애 자녀를 양육하는 부모는 고통의 한계를 경험하게 됩니다. 그럴 때마다 부모의 직분을 주신 하나님을 의지하며 도움을 받아야 합니다. 하나님의 은혜가 임하면 오히려 장애 자녀를 주신 하나님께 감사하게 되고 부모의 직분이 기쁘고 자랑스럽습니다.

너는 마음을 다하여 여호와를 신뢰하고 네 명철을 의지하지 말라
너는 범사에 그를 인정하라 그리하면 네 길을 지도하시리라
- 잠언 3장 5, 6절

08 | 사명과 위로
장애를 통해 연단하시는 하나님

■ 하나님이 장애를 통해 연단하신다고요?

시편 기자는 "고난당하기 전에는 내가 그릇 행하였더니 이제는 주의 말씀을 지키나이다"[184]라고 말했습니다. 모든 고난은 우리의 잘못을 깨닫게 하는 회초리 역할도 하지만 성도의 성화 과정에 필요한 섭리적 목적도 있습니다. 인간의 죄 성은 꺼지지 않는 불과 같으며 설사 거듭난 성도요 믿음으로 삶을 사는 사람이라 할지라도 고난의 삶은 면제받지 못합니다. 그 이유는 하나님이 고난을 통하여 사람의 잘못된 생각과 삶을 바꾸시고 인격과 믿음을 성숙하게 하시기 때문입니다. 특별히 하나님은 만성적인 슬픔인 장애를 통해서 거룩한 자녀로 부르시기도 하고 또한 연단하신 후에 거룩한 도구로 사용하십니다.

하나님은 이방인에게 복음을 전하기 위하여 사도로 부르신 바울에게 육체의 가시 곧 장애를 주셨습니다. 바울은 회심하기 전에 얼마동안 앞을 보지 못하는 시각장애인이 되었습니다.[185] 그리고 그 영향인지는 알 수는 없지만, 바울은 평생 눈의 장애 때문에 어려움을 겪었습니다. 하나님이 바울을 연약한 상태로 만드신 이유는 연약하기 때문에 하나님을 더욱 의지하도록 하기 위해서였습니다. 그 결과, 바울은 하나님이 주시는 능력으로 훌륭한 사역을 하게 되었습니다. 그래서 바울은 이렇게 고백했습니다. '그러므로 내가 그리스도를 위하여 약한 것들과 능욕과 궁핍과 곤란을 기뻐하노니 이는 내가 약할 그때에 곧 강함이라.'[186]

■ 하나님이 이렇게 말씀하셨습니다.

"또 아들들에게 권하는 것 같이 너희에게 권면하신 말씀도 잊었도다 일

> 렀으되 내 아들아 주의 징계하심을 경히 여기지 말며 그에게 꾸지람을 받을 때에 낙심하지 말라 주께서 그 사랑하시는 자를 징계하시고 그가 받아들이시는 아들마다 채찍질하심이라 하였으니 너희가 참음은 징계를 받기 위함이라 하나님이 아들과 같이 너희를 대우하시나니 어찌 아버지가 징계하지 않는 아들이 있으리요 징계는 다 받는 것이거늘 너희에게 없으면 사생자요 친아들이 아니니라" (히브리서 12장 5~8절)

하나님은 사랑하는 자녀를 징계하시고 받아들이시는 아들마다 채찍질하신다고 말씀하십니다. 징계란 단어는 훈련(discipline)이라는 뜻입니다. 따라서 앞에서 언급한 바와 같이 시편 기자의 고백을 떠올리며 징계를 생각해 볼 때 징계는 고통을 동반하는 훈련이며 그 목적은 우리의 유익을 위한 것입니다. 따라서 우리를 훈련하기 위해 허락된 고통은 변장 된 축복이라고 말할 수 있습니다. 그렇습니다. 하나님은 우리가 의식할 수 있는 고통을 겪게 함으로써 잘못된 생각과 발걸음을 바꾸게 하십니다. 그러므로 고통에는 하나님의 거룩한 뜻이 담겨있습니다. 한편으로 하나님의 거룩하신 뜻을 이루기 위하여 허락된 고난도 있습니다. 그중의 하나가 장애를 통한 고난입니다. 이전 장에서 살펴 본 바와 같이 '날 때부터 앞을 보지 못하는 시각장애인'[187]의 경우가 실제적인 예입니다.

시각장애인의 장애로 인한 고난은 그의 죄 때문이 아니었고 더군다나 부모의 죄 때문도 아니었습니다. 예수님은 '하나님의 하시는 일'을 나타내기 위한 것이라고 말씀하셨습니다. 그것은 신체장애를 통하여 보이지 않는 영적 장애를 고발하는 선한 도구로 사용되는 것입니다. 이처럼 장애는 비록 고통과 고난을 동반하기도 하지만 하나님의 뜻과 영광을 드러내는 거룩한 도구로 사용되기도 합니다. 그러므로 영적인 눈을 갖고 하나님의 관점에서 장애를 바라보는 것이 매우 중요합니다. 왜냐하면, 장애로 인한 고통과 고난을 믿음으로 받아들일 때 그것을 극복할 뿐만 아니라 거룩한 도구로 사용될 수 있기 때문입니다. 따라서 장애로 인하여 고난을 겪고 있다면 믿음으로 인내하며 기다려야 할 마땅한 이유를 발견할 수 있어야 합니다.

■ **우리는 연단을 받을 때 어떻게 해야 할까요?**

　어떤 부모라도 장애자녀를 받았을 때 '왜, 나에게 이런 일이?' '하필이면 왜, 내 자녀인가?'라는 생각을 할 수 있습니다. 그러나 고난을 당했을 때 어디를 바라보는가에 따라서 인생의 색깔이 달라질 수 있습니다. 예를 들자면 하나님을 바라보는가 아니면 나에게 집중하는가에 따라 우리의 인생이 행복할 수도 있고 불행할 수도 있습니다. 인간의 관점은 언제나 부족하고 불확실합니다. 따라서 대부분 장애를 부정적으로 생각합니다. 그러나 하나님의 관점은 계획적이며 매우 긍정적입니다. 따라서 하나님을 의지하는 믿음의 관점에서 보면 장애가 축복이며 소망으로 연결됨을 깨닫게 됩니다.

　하나님은 결코 의미 없는 일을 하시지 않습니다. 하나님이 하시는 모든 일에는 거룩한 뜻이 담겨 있습니다. 그러므로 연단을 받을 때는 쉽게 생각하거나 불평하지 말아야 합니다. 그리고 낙심하지 말아야 합니다. 오히려 어려운 일이지만 믿음으로 순종하며 하나님의 뜻을 찾을 수 있어야 합니다. 하나님 앞에서 연단을 받는 때는 광맥을 캐며 보물을 발견하는 시간입니다. 따라서 장애를 믿음의 눈으로 바라보고 인내해야 합니다. 한편으로 장애는 마음에 상처를 주기도 합니다. 그런데 마음의 상처를 치료하지 않고 그냥 두면 병이 찾아듭니다. 그리고 가족과 가까운 주위 사람과의 관계에도 보이지 않는 벽을 쌓게 됩니다. 그러므로 마음의 상처를 빨리 치료해야 합니다. 하나님은 마음에 상처를 가진 자를 주목하십니다. 그리고 치유 받은 자를 거룩한 도구로 사용하십니다.

　하나님은 거룩한 뜻을 두고 그의 자녀를 고통과 고난 속에서 연단하십니다. 그 목적은 하나님의 자녀답게 성숙한 인격을 갖게 하여 능력 있는 도구로 사용하시기 위해서입니다. 만일 장애 때문에 마음의 상처를 갖게 되었다면 그것은 결코 하나님의 본심이 아닙니다. 하나님은 신체 장애를 통하여 영적 장애를 깨닫게 하시고 상처 입은 자를 위로하고 그들을 치료하기 원하십니다. 진주조개는 피가 흐르는 상처를 통하여 영롱한 빛을 내는 진주를 키워냅니다. 하나님은 그 자녀를 고난의 수레에 태워 이끄시면서 마지막에는 하늘을 아름답게 수놓는 빛나는 별이 되게 하십니다.

| 사명과 위로

좌절하는 곳에서 만나주시는 하나님

■ 하나님이 좌절하는 사람을 만나주신다고요?

사람이 세상을 살다 보면 여러 가지 고난을 겪게 됩니다. 자신이 감당할 수 있는 고난이 있는가 하면 도무지 감당하기 어려운 고난을 맞이할 수도 있습니다. 누구에게도 도움을 요청할 수 없고 아무리 오랜 시간을 인내하며 기다려도 해결할 수 없는 고난을 겪을 때 갖는 마음이 좌절감입니다. 이것을 다르게 표현하자면 자신의 자존심뿐만 아니라 생명까지도 포기하고 싶은 마음입니다. 이것을 한계상황이라고 표현하고 싶습니다.

하나님은 고난을 겪으며 좌절감을 가진 사람을 만나기 원하십니다. 그 이유는 좌절감을 느끼는 문제를 해결해 주실 뿐만 아니라 영원한 생명을 주고 싶어 하시기 때문입니다. 따라서 한계의 벽에 부딪혔을 때는 한계상황을 두고 우리를 다스리시는 하나님을 찾고 만나야 합니다. 사람이 절망감을 느끼는 고통의 한계상황은 하나님을 만나는 때이며 형통의 기회입니다.

■ 하나님이 이렇게 말씀하셨습니다.

"이르시되 내가 은혜 베풀 때에 너에게 듣고 구원의 날에 너를 도왔다 하셨으니 보라 지금은 은혜 받을 만한 때요 보라 지금은 구원의 날이로다" (고린도후서 6장 2절)

칠흑같이 어두운 인생의 밤을 맞이해도 절대로 좌절하지 말아야 합니다. 왜냐하면, 해가 떠오르는 새벽이 가까워졌기 때문입니다. 고난의 삶이 깊어져서 모든 것을 포기하고 싶을 때는 우리를 위로하시고 문제를 해결해 주시는 하나님이 가까이 와 계시다는 증거입니다.[188] 하나님은 시간을 주관하시는 분이시며 때를 두고 우리를 다스리십니다. 고난이 힘들고 두려운 것은 고난을 감당하기에는 자신의 힘이 부족하며 극복할 수 있는 능력이 없기 때문입니다. 또한, 자신을 도와줄 수 있는 그 누군가가 없기 때문입니다. 그리고 고난이 힘들고 두려운 또 다른 이유는 고난을 해결하는 방법과 때를 모르기 때문입니다.

하나님은 우리가 고난을 겪는 이유와 고난을 피할 방법과 고난을 벗어나는 때를 알고 계십니다. 하나님은 우리에게 나쁜 의도를 갖고 고난을 주시며 고통스러운 삶을 살게 하시는 분은 아닙니다. 사람들은 죄로 말미암아 타락하고 부조화가 가득한 세상에 살면서 장애와 질병을 얻기도 하고 죽음도 맞이하게 되었습니다. 그러나 이 모든 것을 아시는 하나님은 고난의 한계상황을 맞이한 사람들에게 그것이 어떤 뜻인가를 되묻고 있습니다. 고난은 영적인 감각이 없어서 하나님을 모르는 사람들에게 만남의 신호를 보내는 것입니다. 다시 말하자면 고난의 때가 하나님을 만나는 때라는 것입니다. 따라서 하나님은 고난의 한계상황을 은혜를 받을 만한 때 혹은 구원의 날이라고 말씀하십니다. 그렇습니다. 고난의 한계상황은 하나님을 만날 때이며 놀라운 기적을 경험할 때입니다. 그러므로 눈물을 애써 감출 것이 아니라 통곡을 하며 하나님을 부르고 찾아야 합니다. 그러면 하나님이 우리를 만나주시며 모든 문제를 해결해 주십니다.[189]

■ 하나님을 만나려면 어떻게 해야 할까요?

하나님은 거룩한 영이십니다. 쉽게 설명하자면 공기처럼 보이지 않지만, 세상 어느 곳에도 계시는 성령이십니다. 온 우주에 충만하게 계시며 사람들의 생각을 알고 있을 뿐만 아니라 나누는 대화도 듣고 계시는 분이십니다.[190] 그리고 우리의 현재의 삶과 미래의 삶을 아시는 분입니다. 하나님은 우리보다도 더 간절하게 고통 속에서 부르짖는 자를 만나기 원하시는 분이십니다. 세상은 언제나 약한 자가 강한 자를 찾아가서 도움을 구하지만, 하나님은 약한 자를 찾아가 도움을 주십니다. 왜냐하면, 하나님은 약한 자를 사랑하시기 때문입니다. 따라서 고난당한 자가 간절한 마음으로 하나님을 만나기 원한다면 그를 만나주실 뿐만 아니라 고난을 겪는 이유도 알려주시고 고난을 극복할 힘과 방법도 알려주십니다. 그러나 하나님을 만나기 위해서 먼저 준비해야 할 것이 있습니다. 그것은 자신을 내려놓는 겸손한 마음입니다.

겸손한 마음이란 자아를 내려놓을 줄 아는 마음입니다. 스스로 자기의 고난을 극복할 수도 없고 누구의 도움도 받을 수 없는 상황이라면 모든 것을 내려놓는 자기를 포기하는 상황이 됩니다. 그러나 어쩔 수 없는 상황에 굴복하여 포기하는 것이 아니라 거룩하신 하나님을 만나기 원하는 겸손한 마음으로 자아를 내려놓는 것이 중요합니다. 하나님은 자기의 부족함과 교만함을 인정하며 자아를 내려놓고 도움을 요청하는 사람을 좋아하십니다. 하나님은 참으로 약한 자의 위로와 도움이 되시는 분입니다. 하나님이 이렇게 말씀하셨습니다. "너는 내게 부르짖으라 그리하면 내가 네게 응답하겠고 네가 알지 못하는 크고 은밀한 일을 네게 보이리라"[191] 하나님은 자신을 간절히 찾는 자를 만나주신다고 약속하셨습니다. 깊은 고난 중에 있었던 다윗 왕은 이렇게 고백했습니다. "내 영혼아 네가 어찌하여 낙심하며 어찌하여 내 속에서 불안해하는가 너는 하나님께 소망을 두라 그가 나타나 도우심으로 말미암아 내가 여전히 찬송하리로다."[192]

하나님은 세상 만물을 말씀으로 창조하시고 권능으로 다스리시는 분이십니다. 따라서 우리의 마음과 형편을 잘 알고 계시며 가장 합당한 때에 우리를 만나주시고 고난의 문제를 해결해 주십니다. 따라서 우리가 간절하고 겸손한 마음으로 하나님을 만나기 위하여 기도하며 기다린다면 만나주실 뿐만 아니라 고난을 벗어나기 위한 답도 알려주시고 평안한 마음을 주십니다. 하나님을 거역하고 세상을 어지럽게 만드는 사단의 영들은 하나님을 찾고 만나기 원하는 사람들의 마음에 의심과 회의를 갖게 하는 씨를 뿌립니다. 그리고 점을 치는 사람이나 사주팔자를 보는 사람을 찾아가라고 부추깁니다. 다시 말씀드리지만, 고난의 한계상황은 하나님이 우리를 다스리시는 방편이며 우리를 부르시는 방법입니다. 따라서 고난당한 사람은 오직 하나님을 찾고 만나야 합니다.

지혜로운 사람은 하나님의 때를 분별하고 행동하는 사람입니다. 고난의 때에 자아를 내려놓고 하나님을 찾는 사람은 분명 지혜로운 사람입니다. 하나님은 우리에게 이렇게 말씀하셨습니다. "너는 마음을 다하여 여호와를 신뢰하고 네 명철을 의지하지 말라. 너는 범사에 그를 인정하라. 그리하면 네 길을 지도하시리라."[193]

사람이 고난 중에 좌절감을 갖는 것은 그 어떤 것에도 소망을 가질 수 없기 때문입니다. 사람은 누구나 힘들고 어려운 일이 찾아오면 인내할 뿐만 아니라 고난을 극복하기 위하여 나름대로 최선의 노력을 다 합니다. 뿐만 아니라 주위 사람들의 도움을 받아서라도 어려움을 극복하려고 합니다. 그러나 그 어떤 노력을 한다 해도 소용이 없을 때 어떻게 해야 할까요? 그 때는 하나님을 만나야 합니다. 하나님은 사람이 막다른 곳에서 좌절감을 갖고 고통스러워할 때 그곳에서 기다리시며 고난을 극복할 수 있게 도와주십니다. 따라서 지혜가 있는 사람은 결코 절망하지 않습니다. 왜냐하면 좌절하는 곳에서 하나님을 찾기 때문입니다. 하나님은 자신을 간절하게 찾고 부르짖는 사람을 반드시 만나주십니다.[194]

내 영혼아 네가 어찌하여 낙심하며 어찌하여 내 속에서 불안해 하는가
너는 하나님께 소망을 두라 그가 나타나 도우심으로 말미암아 내가 여전히 찬송하리로다
- 시편 42편 5절

10 | 사명과 위로
참된 평안과 쉼을 주시는 하나님

■ 하나님이 평안을 주신다고요?

20세기 독일의 실존주의 철학자 하이데거는 인간을 '세계-내-존재'(Being-in-the-world)라고 정의했습니다. 그는 인간이 '고뇌, 죄책, 죽음'이라는 울타리 속에 갇혀서 염려하는 삶을 살다가 결국 죽어가는 존재라고 말했습니다. 그래서 세상을 두고 '고해'[195]라고 표현하는 것 같습니다. 장애자녀를 양육하는 부모의 염려는 그 자녀보다 '하루만 더 살았으면 좋겠다'는 것입니다. 이 말의 의미는 부모가 장애자녀 때문에 평생을 염려하며 살아간다는 것을 반증하는 것입니다. 염려는 세상의 모든 사람이 갖는 마음의 병이자 심리적 장애입니다. 예수님은 이 세상에서 줄 수 없는 평안과 쉼을 주신다고 말씀하셨습니다. 세상과 죽음을 이기신 예수님이 주시는 평안은 그 무엇과 비교할 수 없고, 그 누구도 줄 수 없는 참 평안함이며 그 쉼은 참된 쉼입니다.

■ 하나님이 이렇게 말씀하셨습니다.

"평안을 너희에게 끼치노니 곧 나의 평안을 너희에게 주노라 내가 너희에게 주는 것은 세상이 주는 것과 같지 아니하니라 너희는 마음에 근심하지도 말고 두려워하지도 말라" (요한복음 28장 19절, 20절)
"수고하고 무거운 짐 진 자들아 다 내게로 오라 내가 너희를 쉬게 하리라 나는 마음이 온유하고 겸손하니 나의 멍에를 메고 내게 배우라 그리하면 너희 마음이 쉼을 얻으리니 이는 내 멍에는 쉽고 내 짐은 가벼움이라 하시니라" (마태복음 11장 28~30절)

인생을 살다 보면 성장하고 변화하는 과정이 있다는 것을 깨닫게 됩니다. 신생아 때는 엄마 품에 안겨서 주는 젖을 먹으며 어떤 걱정도 하지 않습니다. 심리학자 에릭슨(Erikson)은 이때를 가리켜 '세상은 안전하고 살만한 곳이라는 느낌이 드는 때'라고 말합니다. 그러나 필자가 아이를 양육한 경험을 생각해 보았을 때 신생아 때에도 다양한 욕구가 있다는 사실을 아기의 울음을 통해 깨닫습니다. 신생아의 울음은 의사 표현의 방법으로서 다양한 욕구를 나타내는 수단입니다.

신생아에게는 아무 걱정이 없는 참된 평안만 있을 것 같은데 우는 것을 보면 꼭 그렇지 않은 것 같습니다. 자아(Ego)가 발달하는 7세 전후의 아이들은 스스로 자아를 통제할 수 없어서 불안한 하루하루를 보냅니다. 유아기, 청소년기, 청년기, 성년기, 노년기 과정을 거치면서 엄마가 먹여주는 젖과 손에 쥔 과자로 만족하던 아이는 집과 직장을 가졌어도 만족하지 못하고, 자신의 욕구를 통제하지 못하는 삶을 삽니다. 분주한 삶 속에서 인생의 희로애락을 경험하고 지혜를 가진 노년기를 맞이하면서도 결국 염려와 걱정에서 해방되지 못한 채 여전히 '세상 내 존재'로 살아가는 모습을 볼 때 인생이 불쌍하다는 생각이 듭니다. 어쩌면 하나님이 우리에게 주신 세상의 아름다운 것들이 '세상 내 존재'인 우리에게 냉소적으로 느껴지기도 합니다.

사람이 분주함과 염려 속에서 인생을 살다 보면 어느 순간 '참된 평안'이 최고의 삶인 것을 깨닫게 됩니다. 그러나 세상이란 약육강식과 적자생존의 방식으로 움직이기 때문에 참된 평안을 결코 기대할 수 없습니다. 힘이 중심이 되고 경쟁이란 방식으로 살아가는 인생에게 참된 평안은 희망 사항에 불과합니다. 이것을 아시는 예수님이 우리에게 세상이 줄 수 없는 참된 평안을 주시겠다고 말씀하고 있습니다. 그리고 무거운 짐을 지고 염려하며 살아가는 자들을 초청하시면서 쉼을 주시겠다고 약속하셨습니다.

■ **참된 평안과 쉼이란 무엇일까요?**

사람들이 지고 가는 무거운 짐이란 세상의 욕심으로 말미암는 것들입니다. 그 욕심의 무게가 얼마나 무거운지 저울로도 계측하기 어려울 정도입니다. 이와 같이 사람들은 예외 없이 세상의 욕심을 갖고 염려하며 살아갑니다. 성경은 '욕심이 죄를 낳고, 죄가 커지면 결국 죽음에 이른다'라는 사실을 말해 주고 있습니다.[196] 사람이 염려하며 산다는 것은 욕심을 제어할 수 있는 능력이 없다는 뜻이며 결국 죄 때문에 영원히 죽음을 맞이하게 된다는 뜻입니다. 따라서 우리가 '죄'를 해결할 수 있다면 세상의 욕심과 염려를 제어할 수 있게 된다는 사실을 알게 됩니다. 예수님은 사람들이 근본적으로 해결할 수 없는 욕심과 염려의 문제를 해결해 주시려고 우리를 초대하고 있습니다. 다시 말하자면 '참된 평안과 쉼'을 주시기 위해서입니다.

죄의 문제는 그 누구도 해결할 수 없습니다. 왜냐하면, 죄는 곧 사망이라는 공식대로 죽음으로서 해결되기 때문입니다. 하나님은 창세로부터 '피 흘림이 없은즉 죄 사함은 없다'는 원칙을 정하셨습니다. 그러므로 누구든지 자신의 죄를 해결하기 위해서는 죽어야 했습니다. 하나님은 사람들의 죄를 해결해 주시기 위하여 독생자 예수님을 속죄 제물이 되게 하셨습니다. 하나님이 세상을 너무 사랑하셨기 때문입니다. 하나님은 예수님의 십자가 희생 제사를 믿는 사람에게 죄를 용서하실 뿐만 아니라 참된 평안과 쉼도 주시겠다고 약속하셨습니다. 이런 놀라운 사실을 이성으로 깨닫기는 결코 쉽지 않습니다. 성령 하나님이 믿음이라는 선물을 주셔야 비로소 이해가 될 수 있습니다. 2천 년 전 먼 나라에서 일어난 십자가 사건을 머리로 이해하고 가슴으로 깨닫는 것이 어쩌면 불가능한 일이라는 생각이 듭니다. 오직 하나님이 주시는 믿음의 마음으로 깨닫게 되는 것이기 때문에 신비롭다고 할 수 있습니다.

성령 하나님은 변화의 영입니다. 우리의 생각과 마음과 삶의 태도를 바꾸어주시는 분입니다. 그뿐만 아니라 더러운 죄인을 거룩한 의인의 신분으로 바꾸어주시기도 합니다. 예수님은 세상 사람들에게 '참된 평안'과 '쉼'을 약속하시면서 조건 없는 초대를 하십니다. 오직 조건이 있다면 욕심과 염려를 스스로 해결하지 못하는 연약한 존재임을 깨닫고 용기를 내어 하나님을 향하여 발걸음을 옮기기만 하면 됩니다. 그러면 세상에서 경험할 수 없는 하늘의 평안을 경험하게 되고 기쁨과 소망 가운데 살게 됩니다."[197]

예수님이 주시는 참된 평안과 쉼을 얻으려면 마음의 문을 활짝 열어야 합니다. 예수님은 이렇게 말씀하셨습니다. "볼지어다 내가 문 밖에 서서 두드리노니 누구든지 내 음성을 듣고 문을 열면 내가 그에게로 들어가 그와 더불어 먹고 그는 나와 더불어 먹으리라."[198] "모든 눈물을 그 눈에서 닦아 주시니 다시는 사망이 없고 애통해하는 것이나 곡하는 것이나 아픈 것이 다시 있지 아니하리니 처음 것들이 다 지나갔음이러라."[199]

예수님이 보내신 성령님은 매우 인격적이신 분입니다. 우리의 마음에 노크도 없이 함부로 들어오시는 분이 아닙니다. 우리가 마음 문을 열면 조용히 들어오십니다. 그리고 '참된 평안'과 '쉼'을 선물로 주십니다. 그러면 더 이상 세상의 일로 염려하지 않습니다. 장애자녀 로 인한 염려와 걱정도 사라집니다. 말할 수 없는 기쁨과 평안함이 마음에 가득하게 되고 입에는 찬양이 흘러나오게 됩니다.

평안을 너희에게 끼치노니 곧 나의 평안을 너희에게 주노라
내가 너희에게 주는 것은 세상이 주는 것과 같지 아니하니라
너희는 마음에 근심하지도 말고 두려워하지도 말라
- 요한복음 14장 27절

| 변화와 성장

장애인을 돌보시는 하나님

■ **하나님이 장애인을 돌보신다고요?**

　장애자녀를 낳고 기르는 모든 부모님에게는 똑같은 걱정이 있습니다. 그것은 '장애자녀보다 하루만 더 살았으면 좋겠다.'는 마음을 갖고 있습니다. 이 말의 의미는 부모가 장애자녀의 양육을 다른 사람에게 위탁하고 싶지 않다는 책임감의 표현이라고 생각합니다. 그리고 장애자녀를 양육하는 것이 어려운 일인데 부모가 그 누구보다도 잘 양육할 수 있다는 자신감의 표현이라고 또한 생각됩니다. 대부분 부모는 장애자녀의 생명에 대한 주권이 부모에게 있으므로 따라서 부모가 절대적으로 장애 자녀의 삶을 책임져야 한다고 생각합니다. 그런데 하나님은 자신이 세상 만물과 생명을 창조하시고 돌보시는 주인이시라고 말씀하고 있습니다.[200] 그렇습니다, 세상을 다스리시는 하나님은 우리가 살아가는 사회 속에 다양한 생명 안전망을 두시고 장애인들을 돌보십니다.

■ **하나님이 이렇게 말씀하셨습니다.**
"그 중의 한 율법사가 예수를 시험하여 묻되 선생님 율법 중에서 어느 계명이 크니이까예수께서 이르시되 네 마음을 다하고 목숨을 다하고 뜻을 다하여 주 너의 하나님을 사랑하라 하셨으니 이것이 크고 첫째 되는 계명이요 둘째도 그와 같으니 네 이웃을 네 자신 같이 사랑하라 하셨으니 이 두 계명이 온 율법과 선지자의 강령이니라" (마태복음 22장 35~40절)

　하나님의 교회는 성령님으로 말미암아 서로 연결되고 서로 돌보며 자라는 유기적인 몸인 돌봄 공동체입니다.[201] 이에 따라 요한 칼빈은 '기독교 강요'에서 교회를 선택받은 자의 무리이며 그리스도의 몸으로 표현합니다. 성경은 선한 사마리아인 비유를 통하여 어떤 사람이 위기 상황에 있을 때 긍휼의 마음으로 돌보아야 한다는 사실을 가르치고 있습니다. 이것은 예수 그리스도의 가르침이자 그리스도인들이 가져야 할 모범적 태도입니다. 교회에서의 장애인 '돌봄 사역(care ministry)'은 신체적, 심리적, 사회적, 영적 차원의 전인적 돌봄이어야 합니다. 한편 교회의 돌봄은 일방적인 것이 아니라 서로가 유익을 주고받는 쌍방적이어야 합니다. 돌보는 사람과 돌봄을 받는 사람이 내적 치유와 묶임에서의 해방을 맛보고 변화와 성장과 성숙을 경험하는 기회가 되어야 합니다. 이런 의미에서 하나님의 교회는 '서로가 함께 성숙하고 성장하는 아름다운 곳'입니다.

장애인을 돌보는 사람은 장애의 고통과 다양한 문제들을 해결해 줄 수 없지만 그들의 옆에서 함께 있어 줌으로써 위로와 기쁨과 평안을 갖게 할 수 있습니다. 따라서 돌보는 사람은 장애인들과 공감하는 마음을 갖는 것이 매우 중요합니다. 공감하는 마음은 서로를 하나로 묶어줄 뿐만 아니라 서로에게 유익을 끼치며 상한 마음을 치료하는 능력이기도 합니다. 한편, 공감하는 마음이란 긍휼의 마음입니다. 긍휼의 마음을 갖고 그 삶을 실천하는 사람은 '자신이 준 것 못지않게 상대로부터 많이 받았다'라고 고백하는 사람입니다. 돕는 사람이 오히려 상대로부터 선물을 받고 깊은 감사를 표현하는 사람입니다. 그리고 연약함의 신비를 발견하고 오히려 감사하는 사람입니다.

교회는 장애인의 평생 돌봄을 실천해야 하는데 결코 쉽지 않습니다. 그럼에도 불구하고 교회는 온 힘을 다하여 장애인을 돌보아야 합니다. 먼저는 장애인을 돌보는 가정에서 그리고 국가에서 공적인 사회복지체계를 통해서 장애인들을 돌보아야 합니다. 그리고 민간사회복지체계와 시민단체에서 운영하는 다양한 기관을 통하여 장애인을 돌보아야 합니다. 교회는 이러한 기관들과 연계, 협력하여 소금과 빛의 역할을 하며 장애인의 평생 돌봄을 실천할 수 있어야 합니다. 특별히 가정에서 부모가 위기상황을 맞아 장애 자녀를 도무지 돌볼 수 없거나 그 어느 곳에서도 장애 자녀를 위탁할 수 없을 때 교회는 국가와 사회에 대한 보조적(supportive), 보충적(supplementary), 대리적(substitutive) 기능을 함으로써 마지막 생명 안전망 역할을 할 수 있어야 합니다.[202] 왜냐하면, 하나님 사랑과 이웃사랑의 핵심이 생명을 구원하는 것이기 때문입니다. 그러므로 교회는 생명을 구원하는 방주로서 그 정체성을 잃어버리지 말아야 합니다. 그것은 하나님의 가장 큰 계명인 '사랑을 실천하는 것'이며 '서로 사랑하는 것'입니다.[203] 연약해진 사람의 자리에 함께 앉아 연약해지는 것은 주님의 사랑과 그 은혜를 경험하게 되는 것이며 결국 하나님 나라가 그 가운데 임하게 됩니다.

■ 교회는 장애인을 어떻게 돌봐야 할까요?

돌봄이란 참으로 신비스럽습니다. 앞에서 언급한 바와 같이 돌봄을 베푸는 사람과 돌봄을 받는 사람이 함께 연약한 모습으로 만나면 양쪽 모두 새로운 변화를 경험하게 됩니다. 왜냐하면, 연약함의 장소에는 반드시 성령 하나님이 함께하시며 은혜를 베푸시기 때문입니다. 이것이 연약함의 신비이며 거룩하신 성령이 일하시는 방법입니다. 한편, 돌봄은 인간다워지는 것입니다. 돌보는 사람이 된다는 것은 곧 상대를 통하여 나 자신이 비록 고난을 겪고 연약해지지만 삶을 훨씬 더 넓고 풍부하게 만든다는 뜻입니다. 일반적으로 우리는 나 중심적인 삶을 살면서 매우 편협한 마음과 자세를 갖게 됩니다. 하나님은 이타적인 돌봄을 통하여 우리의 생각과 마음을 넓혀주시며 내적 성장과 성숙을 이루어가십니다. 그러므로 돌보는 사람은 돌봄이 자신의 내적 성장과 성숙을 위한 길이며 인간다움을 회복하는 방편임을 알고 고난과 희생의 자리에 도전하며 나아가야 합니다.

거룩한 공동체인 교회도 마찬가지입니다. 장애인을 전인적으로 돌봄으로써 치러야 할 대가가 크다 할지라도 교회의 정체성과 건강성을 회복하고 교회다움을 회복하는 것이기에 감사함으로 희생의 대가를 치를 수 있어야 합니다. 왜냐하면, 거룩한 돌봄이란 고통을 없애는 것이 아니라 고통을 나누는 것이기 때문입니다. 돌봄(care)이란 말의 어원인 헬라어 '카라, χαρά'는 '기쁨'이라는 뜻을 지니고 있습니다. 그 이유는 참사랑으로 돌봄을 실천할 때 세상이 줄 수 없는 기쁨이 찾아오기 때문입니다. 교회는 장애인을 적극 돌봄으로써 교회의 머리 되신 예수 그리스도의 가르침과 행하심을 따라야 합니다. 왜냐하면, 그것이 교회의 본질적 사명이기 때문입니다.

장애인의 돌봄은 하나님이 교회에 주신 아름다운 사역입니다. 사역의 다른 표현은 섬김입니다. 교회는 희생적인 섬김으로 자기 정체성을 드러내어야 합니다. 연약한 존재인 장애인을 돌보는 것은 하나님의 가장 큰 관심입니다. 교회는 그들을 전인적으로 평생 돌보아야 합니다. 교회는 마지막 생명안전망으로써 가정과 국가와 사회의 다양한 민간 기관들과 연계 혹은 협력함으로써 지혜롭고 효율적인 돌봄을 실천할 수 있어야 합니다.

새 계명을 너희에게 주노니 서로 사랑하라
내가 너희를 사랑한 것 같이 너희도 서로 사랑하라
너희가 서로 사랑하면 이로써 모든 사람이 너희가 내 제자인 줄 알리라
- 요한복음 13장 34, 35절

02 | 변화와 성장
장애인을 초청하라고 말씀하시는 하나님

■ 잔치에 장애인을 초청하라고 말씀하신다고요?

2천 년 전 예수님이 유대 땅에서 전해주신 복음은 하나님 나라에 대한 것이었습니다. 하나님 나라는 세상에 있는 그 무엇과도 비교할 수 없고 바꿀 수도 없는 절대적 가치입니다. 예수님은 누구든지 복음을 듣고 천국 잔치에 참여할 수 있도록 초청하셨습니다. 따라서 여러 지역에서 가난한 자, 병든 자 그리고 장애인들과 온갖 고통을 안고 살아가는 사람들이 예수님께 모여들었습니다. 예수님은 하나님에 대한 의존적 삶이 구원과 능력이 됨을 깨닫게 해 주셨고 연약함 속의 능력(strength in weakness)을 갖도록 말씀하셨습니다. 많은 사람들이 예수님이 가르쳐주신 복음을 듣고 참 평안을 얻었고 베풀어 주신 은혜로 온갖 병과 장애가 치유되었습니다. 이것은 장차 이루어질 아름다운 천국 잔치의 예고편이었습니다. 따라서 사람들은 예수님이 세상에서 유일한 소망인 것을 알고 모든 것을 버려두고 따라갔습니다.[204]

■ 하나님이 이렇게 말씀하셨습니다.
"또 자기를 청한 자에게 이르시되 네가 점심이나 저녁이나 베풀거든 벗이나 형제나 친척이나 부한 이웃을 청하지 말라 두렵건대 그 사람들이 너를 도로 청하여 네게 갚음이 될까 하노라 잔치를 베풀거든 차라리 가난한 자들과 몸 불편한 자들과 저는 자들과 맹인들을 청하라 그리하면 그들이 갚을 것이 없으므로 네게 복이 되리니 이는 의인들의 부활시에 네가 갚음을 받겠음이라 하시더라" (누가복음 14장 12~14절)

예수님은 권세가 있는 사람이나 가난한 사람을 구별하지 않으셨습니다. 오히려 가난한 사람을 더 좋아하셨고 죄인과 세리와의 식탁 교제도 기뻐하셨습니다. 그러나 힘이 있는 사람들끼리 유유상종하는 인간의 본능적인 집단 이기주의는 거부하셨습니다. 왜냐하면, 하나님 나라는 약한 자와 가난한 자의 나라이며 누구든지 함께 할 수 있는 나라이기 때문입니다. 그리고 세상에는 서로의 이익을 교환하려는 호혜성의 원리가 중요하지만, 하나님 나라는 일방적이고 조건 없는 사랑을 주고받는 수혜성의 원리로 움직이는 곳이기 때문입니다. 따라서 하나님 나라를 은혜가 가득한 곳이라고 표현합니다.

　예수님은 하나님 나라에 가난한 자, 병든 자 그리고 장애인들을 초청하라고 말씀하셨습니다. 이것은 하나님 나라와 축제가 어떤 성격을 가졌는지 알려주고 있습니다. 누군가를 배척한다는 것은 조건 없는 잔치가 아니라 보이지 않게 차별하는 가식적인 면모가 있음을 깨닫게 합니다. 하나님 나라의 표상인 교회는 지난날 장애인들에게 배타적 태도를 보임으로써 가식적인 면모를 가졌습니다. 가장 큰 이유는 장애인들이 교회에 별 도움이 되지 않았기 때문입니다. 교회가 은혜의 특성을 드러내어야 함에도 불구하고 세상의 특성 곧 호혜성의 성격을 갖고 있었던 것입니다. 이제부터라도 교회는 예수님의 모범을 따라 장애인들을 천국 잔치에 초청해야 합니다. 그들을 초청하는 것은 차별 없는 복음의 성격에 맞는 것이며 작은 자, 약한 자가 중심이 되는 하나님 나라에 대한 정체성과도 일치하기 때문입니다. 그러나 현실의 교회는 장애인들을 외면하고 있습니다. 교회는 동네마다 있고 예배는 참석하고 싶은데 막상 장애인들이 참석할 수 있는 곳이 없다는 것이 현실의 문제입니다.

　장애인의 문제는 예수님의 문제이고 교회의 문제이며 목회의 문제로 생각해야 합니다. 장애인들에게 복음을 듣지 못하게 하는 것은 매우 부당하고 악한 것입니다. 이것은 성경을 올바로 이해하지 못했거나 애써 외면하는 것이며 훗날에 심판을 면하지 못할 무거운 죄입니다. 따라서 교회는 은혜의 방편을 따라 조건 없는 섬김과 희생적인 나눔을 실천해야 합니다. 이것이 예수님의 부탁이며 몸소 보여주신 모범입니다. 예수님은 장애인 사역에 매우 적극적이었습니다. 따라서 예수님의 가르침을 따르는 교회도 장애인 사역에 적극적인 자세를 가져야 합니다.

■ 교회는 장애인들을 어떻게 초청할까요?

교회는 먼저 공동체에 속해 있는 성도들의 가족 중에 장애인이 있는지 살펴보아야 합니다. 장애인들이 어느 정도 있다면 장애인교회학교를 설립, 운영해야 합니다. 왜냐하면, 장애인도 당연히 복음을 듣고 구원을 받아야 하기 때문입니다. 이것은 하나님이 기뻐하시는 일입니다. 만일 교회의 여건이 장애인교회학교를 운영할 수 없다면 주위에 있는 교회에 출석할 수 있도록 배려해 주어야 합니다. 이것이 마땅한 처사입니다. 그리고 지역사회 내에 장애인들이 있는지 관계기관을 통하여 알아보고 지혜롭게 초대를 할 수 있어야 합니다. 왜냐하면, 교회가 선교하는 일은 당연하며 장애인들은 스스로 교회를 찾기 어렵기 때문입니다. 장애인을 찾아가는 것은 예수님이 보여주신 모범입니다. 따라서 그들이 찾아오기를 기다리면 안 됩니다. 둘째, 교회는 장애인을 환영할 수 있어야 합니다. 교회가 연약한 자를 환영하는 것은 교회의 체질이 건강하다는 증거입니다. 반면에 교회가 장애인을 거부한다는 것은 건강하지 못하다는 증거입니다. 교회가 연약한 자들에 관하여 관심이 없거나 소극적인 자세를 갖는다면 교회의 체질이 건강하다고 말할 수 없습니다. 교회가 연약함의 대명사로 불리는 장애인을 맞아들이는 것이란 어느 정도 아픔을 공유해야 한다는 뜻입니다. 그러나 연약한 지체를 섬기고 아픔을 나눌 때 건강한 체질을 갖게 되고 그 결과로 외적 성장의 기쁨도 누릴 수 있습니다. 셋째, 장애인을 초청하는 것이란 그들에게 필요한 것을 채워주는 것입니다. 우선적인 필요는 진리의 복음을 가르침으로써 마음의 상처를 치료하고 죄책감의 멍에를 벗겨 주어야 합니다. 그래서 천국 소망을 품고 주어진 인생을 기쁨과 소망

가운데 살게 해야 합니다. 그뿐만 아니라 하나님의 사랑도 전해주어야 합니다. 아가페 사랑이 그들에게 전달될 때 차별과 소외의 두려움에서 벗어나 기쁜 마음으로 하나님을 찬양하며 살아갈 수 있습니다. 이것이 잃어버린 자유를 되찾아 주는 것이며 생명을 살리는 방법입니다.

장애인을 태워 하나님 나라로 데려가는 두 수레바퀴가 있다면 그것은 복음과 복지입니다. 왜냐하면, 복음으로 영혼을 구원하고 복지로 인간화를 이룰 수 있기 때문입니다. 장애인을 초청해야 하는 것은 결코 선택의 문제가 아닌 예수님의 명령입니다.[205]

장애인을 교회로 초청하는 일은 선택적 사항이거나 여유가 있을 때 하는 것이 아닙니다. 즉시 순종해야 할 예수님의 명령입니다. 교회가 연약함 속의 능력을 갖추게 된다면 세상을 변화시킬 능력을 갖추게 되는 것입니다. 교회의 체질이 건강해야 영적 전투를 할 수 있고 승리할 수 있습니다. 교회는 예수님의 명령에 순종함으로써 하나님 나라를 확장할 수 있습니다. 교회는 '순종이 제사보다 낫다'는 사무엘 선지자의 가르침을 기억해야 합니다. 예수님이 장애인을 초청하라고 명령하신 이유는 결국 교회의 유익을 위함입니다.

잔치를 베풀거든 차라리 가난한 자들과 몸 불편한 자들과 저는 자들과
맹인들을 청하라 그리하면 그들이 갚을 것이 없으므로 네게 복이 되리니
이는 의인들의 부활시에 네가 갚음을 받겠음이라 하시더라
- 누가복음 14장 13, 14절

| 변화와 성장

가르쳐 지키게 하라고 말씀하시는 하나님

■ 장애인을 가르쳐 지키게 하라고요?

예수님은 세상에 오신 목적을 다음과 같이 말씀하셨습니다. "내가 온 것은 양으로 생명을 얻게 하고 더 풍성히 얻게 하려는 것이라."[206] 예수님은 잃어버린 사람을 찾아 영생을 주시기 위하여 이 땅에 오셨습니다. 그리고 그 방법은 진리의 복음을 믿기만 하면 되는 것이었습니다.[207] 진리의 복음이란 예수 그리스도의 가르침과 사랑의 섬김입니다. 영원한 생명을 얻기 위해서는 믿음이 있어야 하는데 그 믿음은 하나님의 말씀을 듣고 배우는 데서 생기며[208] 결국 하나님의 선물로 주어지는 것입니다.[209] 하나님은 누구에게나 영생을 주시기 원하십니다. 따라서 차별과 소외로 고통을 당하며 평생 살아야 하는 장애인들에게 복음을 가르치며 믿음을 선물로 받도록 하는 것은 정말 좋은 일이 아닐까요?

■ 하나님이 이렇게 말씀하셨습니다.

"그러므로 너희는 가서 모든 민족을 제자로 삼아 아버지와 아들과 성령의 이름으로 세례를 베풀고 내가 너희에게 분부한 모든 것을 가르쳐 지키게 하라 볼지어다 내가 세상 끝날까지 너희와 항상 함께 있으리라 하시니라" (마태복음 28장 19~20절)

예수님은 차별 없이 베푸시는 구원의 은혜를 '모든 민족'에게 알리기 위하여 제자들을 부르셨습니다. 예수님은 자신을 따르는 제자들에게 성령의 이름으로 세례를 베풀고 복음을 가르치고 지키게 하라고 명령하셨습니다. 가르치라는 것은 주님의 복음을 전하라는 것이며 지키게 하라는 것은 주님의 모범을 실천하라는 것입니다. 신명기 5장 1절에 쓰인 '배우다'란 단어와 4장 1절에 쓰인 '가르치다'란 단어의 접두사와 접미사를 제거하면 히브리 원형 '라마드,למד'라는 단어가 똑같이 남습니다.[210] 이것은 배우지 않고 가르칠 수 없다는 중요한 의미를 던져 주고 있습니다.[211] 다르게 표현하자면 배우는 학생이 가르치는 선생이 될 수 있듯이 가르치는 선생은 먼저 배우는 학생이 되어야 한다는 뜻입니다. 이를 두고 시청각교육의 대가인 하워드 핸드릭슨 교수는 '배우기를 멈춘다면 가르치지 말아야 한다'고 말했습니다.

한편으로 예수님은 '모든 민족'에게 복음을 전하도록 명령하셨는데 이것은 복음의 성격이 차별 없음을 말해 주고 있습니다. 그리고 '성령의 이름으로 세례를 주라'고 말씀하셨는데 이것은 성령의 능력을 생각해 볼 때 그 대상에 제한이 없음을 또한 깨닫게 해 줍니다. 왜냐하면, 구원을 베푸시는 성령의 은혜를 거부하거나 제한할 수 있는 사람이 없기 때문입니다. 그러나 예수님의 명령에 순종해야 할 교회는 발달장애인들에게 어떻게 복음을 전하며 가르쳐야 하는지 또한 세례를 어떻게 주고 신앙인으로서 삶을 살게 해야 하는지 신학적 토대와 실천방법을 오랫동안 마련하지 못했습니다.

그 이유는 발달장애인에 대하여 무관심했기 때문입니다. 예수님의 마음을 유추해서 생각한다면 연약한 장애인들에게 무관심했던 교회와 지도자들의 불순종하는 모습 때문에 마음이 매우 상하지 않았을까 하는 생각이 듭니다. 예수님이 "모든 민족에게 복음을 전하라"고 교회에 명령하신 것을 장애인 사역과 관련해서 생각해 볼 때 교회의 필요에 따른 선택적 사역이나 여유 있을 때 하는 부수적 사역으로 받아들이면 안 된다는 것입니다. 무조건 순종해야 합니다. 이것이 올바른 태도입니다.

■ **장애인을 어떻게 가르치며 지키게 할까요?**

예수님은 "나의 형제 중 지극히 작은 자들 중 하나에게 한 것이 곧 나에게 한 것이니라"[212] 라고 말씀하시면서 장애인들이 복음과 사랑으로 섬겨야 할 대상임을 분명히 하셨습니다. 그러므로 교회는 장애인 선교를 개 교회 차원에서의 선교(Missio Ecclesia)가 아닌 하나님 나라 차원에서의 선교(Missio Dei)를 해야 합니다. 즉, 교회의 필요에 의한 것이 아니라 하나님의 필요에 의한 선교를 해야 한다는 말입니다. 하나님의 선교란, 교회가 건물이나 프로그램이 아니라 하나님의 사람들이라는 본질을 생각하고 연약한 사람들과 고통을 함께 나누시며 그들의 필요를 채워주신 예수님의 모범을 따르는 것을 의미합니다. 그러므로 발달장애인들을 가르쳐 지키게 하는 것이란 그들의 전인적 구원과 성장을 위한 선교를 해야 한다는 것을 의미합니다. 간단하게 정리하자면 복음과 복지라는 균형 있는 사역을 해야 한다는 것입니다. 이 두 요소는 하나가 다른 한쪽에 종속되거나 의존하지 않고 각각 독립적이면서도 동역적인 관계를 유지하는 것을 의미합니다. 이 개념은 M = E+N+S(SS+SA)+F라는 공식으로 설명할 수 있습니다.[213] E는 복음 전도(evangelization)로서 하나님의 말씀을 전하는 것을 의미하고, N은 양육(nurture)으로서 설교, 심방, 교육, 상담 등의 사역을 말합니다. F는 친교(fellowship)로서 개개인 혹은 교회나 교파 그리고 국가 간의 협력을 의미합니다. S는 봉사(service)를 뜻하는데 구호적 의미가 있는 사회봉사(social service)와 사회구조를 개선하고 향상하는 사회 행동(social action)으로 나누어 생각할 수 있습니다.[214]

　예수님은 하나님 나라를 전하는 복음+사역을 '생명, 사랑, 섬김'이라는 구체적인 실상으로 보여주셨습니다. 이것이 복음의 핵심이며 십자가의 도입니다. 그러므로 교회는 한 생명을 천하보다 귀하게 여기고 예수님의 모범을 따라 하나님의 선교(Missio Dei) 사역을 해야 합니다. 예수님이 말씀하신 '내가 너희에게 분부한 모든 것을 가르쳐 지키게 하라'의 의미는 '네가 누구에게 가르침과 섬김을 받았으며 누구에게 배웠는가?'를 깨닫게 하는 것이며 그 모범을 따라야 한다는 것을 의미합니다. 올바른 복음 사역은 자기의 생각을 따르는 것이 아니라 예수님의 본을 따르는 것입니다. 세속적인 생각과 보편적인 가치와 자신의 유익을 따라서 한 사역은 악한 것이며 마지막 날에 준엄한 심판을 받을 수 있습니다. 교회는 하나님의 마음 곧 약한 자와 작은 자에게 주목하는 눈과 마음을 가져야 합니다.

　예수님이 세상에 오신 목적은 잃어버린 양을 찾아 생명을 얻도록 하기 위함이었습니다. 예수님은 각종 질병과 온갖 장애를 안고 고통 속에서 살아가는 자와 하루의 삶을 염려하는 가난한 자와 귀신들린 자와 인간 취급을 받지 못해 자존감이 없는 자들을 찾아가셨습니다. 예수님이 머리가 되시는 교회는 당연히 예수님의 가르침과 그 모범을 따라야 합니다. 그러므로 교회는 '내가 너희에게 분부한 모든 것을 가르쳐 지키게 하라 볼지어다 내가 세상 끝날까지 너희와 항상 함께 있으리라'고 말씀하신 것을 절대 잊지 말고 예수님의 모범을 따라 사역을 할 수 있어야 합니다.

04 | 변화와 성장
장애인을 통해 일하시는 하나님

▣ 하나님이 장애인을 통해 일하신다고요?

하나님은 장애인을 자신의 거룩한 도구로 사용하십니다. 비단 장애인만이 아닙니다. 하나님은 발람이 부리던 나귀도 입을 열어 말하게 하시며 발람을 가르쳤습니다.[215] 예수님도 어린아이를 제자들 앞에 세우고 그들에게 겸손을 가르쳤습니다.[216] 하나님은 필요할 경우 그 누구도 그 어떤 것도 거룩한 도구로 사용하십니다. 특별히 하나님은 장애인을 거룩한 도구로 사용하시기를 좋아하십니다. 왜냐하면, 장애인의 특성인 연약함이 하나님의 계획과 섭리를 잘 드러낼 수 있기 때문입니다. 구약의 사람 이스라엘 (야곱)이 147세의 노년에 앞을 보지 못한 상태에서 자녀들의 머리위에 손을 얹고 축복기도를 하며 하나님의 뜻을 드러내었습니다. 그리고 예수님을 만나 눈을 떴던 시각장애인은 예수님이 메시아시며 하나님 나라가 이 땅에 임한 것을 증거하며 사람들에게 소망을 갖게 했습니다.[217] 이처럼 장애인들이 하나님의 거룩한 도구로 쓰임 받는 예시가 성경에는 너무나 많이 기록되어 있습니다.

■ 하나님이 이렇게 말씀하셨습니다.

"예수께서 길을 가실 때에 날 때부터 맹인 된 사람을 보신지라. 제자들이 물어 이르되 랍비여 이 사람이 맹인으로 난 것이 누구의 죄로 인함이니이까 자기니이까 그의 부모이니이까. 예수께서 대답하시되 이 사람이나 그 부모의 죄로 인한 것이 아니라 그에게서 하나님이 하시는 일을 나타내고자 하심이라. 때가 아직 낮이매 나를 보내신 이의 일을 우리가 하여야 하리라 밤이 오리니 그 때는 아무도 일할 수 없느니라. 내가 세상에 있는 동안에는 세상의 빛이라" (요한복음 9장 1~5절)

예수님의 사역을 살펴보면 장애인이 복음의 직접적인 대상으로서 나타납니다. 예수님은 장애인의 고통을 이해하시고 그들의 장애를 고쳐주셨습니다. 그리고 때에 따라서는 그들이 스스로 해결하지 못하는 죄도 용서하시며 영혼을 구원해 주시는 은혜도 베풀어 주셨습니다.[218] 예수님께서 장애인을 고쳐주시고 죄를 용서하시며 구원의 은혜를 베풀어주신 이유가 무엇일까요? 그것은 예수님이 공생애 사역을 시작하시기 전에 나사렛 회당에서 발표하셨던 사역선언문에서 그 이유를 찾아볼 수 있습니다. 그것은 포로 된 자, 눈먼 자, 눌린 자를 자유롭게 하고 주의 은혜의 해를 전파하게 하기 위함이었습니다."[219]

예수님이 선지자 이사야가 예언한 내용을 인용하여 읽으신 것은 '하나님이 하시는 일'(ἔργα. works)을 나타내기 위해서였습니다. 그러므로 고통이 집약적으로 나타나는 장애인의 치유 사역은 예수님 자신이 메시아 되심을 뚜렷하게 나타내 보여 주는 증거입니다. 우리는 예수님이 하나님이 하시는 '일들'이라는 복수 명사를 사용하신 것에 주목할 수 있어야 합니다. 왜냐하면, 장애인 치유 사역에는 하나님의 여러 가지 계획이 내포되어 있기 때문입니다. 설명하자면 먼저 장애인을 치유하신 분이 예언대로 이 땅에 오신 메시아이심을 증명해 주고 있습니다. 그리고 메시아가 오심으로서 하나님 나라가 이 땅에 임했으며 은혜의 해가 시작되었음을 알려주고 있습니다. 이것은 세상에서 소망 없이 살아가는 고난 받는 사람들에게 놀라운 소식이 아닐 수 없습니다. 이외에도 성경은 장애인의 치유를 통하여 하나님의 놀라운 계획과 섭리를 보여주고 있습니다. 이와 같이 하나님은 장애인을 통하여 자기의 뜻과 계획을 드러내십니다.

■ **우리는 어떻게 장애인을 통해 하나님의 일을 나타낼까요?**

예수님은 "나를 보내신 이의 일을 우리가 해야 한다."[220]라고 말씀하셨습니다. 예수님을 따르는 모든 그리스도인은 장애인에게 관심을 갖고 다양하고 적절한 방법으로 그들을 돌볼 수 있어야 합니다. 장애인의 치유와 회복은 예수님이 메시아 되심과 이 땅에 하나님 나라의 도래를 알리는 매우 중요한 일입니다. 예수님은 자신을 따르는 모든 그리스도인에게 가장 먼저 '하나님의 나라와 의'를 구하도록 명령하셨습니다. 그것은 가난한 자, 포로 된 자, 눌린 자를 자유롭게 하고 장애인의 치유와 회복을 통하여 하나님 나라의 도래와 은혜의 해를 전파하는 것입니다. 더 나아가서는 성령 하나님이 우리와 함께하신다는 것과 돌보시는 것을 증거하는 것입니다.

기적은 하나님이 사랑하는 자녀에게 은혜를 베푸시는 방편입니다. 그리고 기적은 하나님의 정의를 행하는 곳에 반드시 나타납니다. 왜냐하면, 하나님은 정의로 그 나라를 다스리시기 때문입니다. 따라서 그리스도인들은 정의를 행함으로써 하나님 나라가 이 땅에 임했다는 것과 하나님이 통치하신다는 것을 증거해야 합니다. 우리는 장애인들에게 복음을 전함으로써 하나님의 정의를 실천할 수 있습니다. 그리고 장애인의 치유와 회복을 통해 하나님 나라가 임하였고 하나님이 통치하신다는 사실을 증거 할 수 있습니다.

예수님은 장애인들을 복음의 일차적 대상으로 생각하시고 그들을 따뜻하게 맞아주셨습니다. 그렇다면 그리스도인들도 주님의 모범을 따라야 합니다. 우리는 장애인 사역을 생각하면서 유, 불리를 따지거나 조건을 앞세워서는 안 됩니다. 그리고 제도나 환경 그리고 예산의 문제를 고려하여 마땅히 해야 할 일을 미룸으로써 하나님의 정의를 행하지 않고 복음의 능력을 제한시키는 어리석음을 범하지 말아야 합니다.

예수님은 장애인을 치유하는 일이 그리스도인이 해야 할 본연의 사명임을 분명히 밝혀주셨습니다. 그러므로 교회도 장애인 사역이 교회의 여건을 고려해서 선택적이거나 여유 있을 때 하는 사역으로 이해한다면 잘못을 범하는 것입니다. 교회는 하나님의 정의를 실천해야 합니다.

하나님은 연약함의 신비를 드러내시길 좋아하십니다. 따라서 하나님은 연약한 장애인을 축복의 통로로 사용하십니다. 그러므로 장애인은 하나님의 아름다운 일꾼이며 동역자입니다. 한편 하나님은 장애인의 치유와 회복을 통하여 하나님 나라의 임재와 정의와 통치를 나타내십니다. 그러므로 우리는 장애인 사역을 통하여 우리가 참 그리스도인임을 증명해야 하고 하나님의 정의와 통치를 드러낼 수 있어야 합니다. 왜냐하면, 장애인 사역이 그것을 증명하는 바로미터(barometer)이기 때문입니다.

주의 성령이 내게 임하셨으니 이는 가난한 자에게 복음을 전하게 하시려고
내게 기름을 부으시고 나를 보내사 포로 된 자에게 자유를 눈 먼 자에게 다시 보게함을
전파하며 눌린 자를 자유롭게 하고 주의 은혜의 해를 전파하게 하려 하심이라
- 누가복음 4장 18, 19절

05 | 변화와 성장
정의를 행하라고 말씀하시는 하나님

■ 하나님이 정의를 촉구하신다고요?

하나님이 세상을 창조하신 후에 그 모든 것을 보시고 '심히 좋았다'라고 말씀하셨습니다. 하지만 지금의 세상은 매우 타락하여 어느 것 하나 옳은 것이 없을 정도입니다. 심지어 거룩한 자녀가 하나님께 드리는 예배조차도 진정한 마음이 담겨있지 않을 정도입니다. 따라서 하나님은 거짓 예배를 받지 않으시겠다고 말씀하시고 입술의 찬양과 악기 연주도 그만두라고 말씀하셨습니다.[221] 하나님의 말씀은 변함없는 진리이며 그 말씀은 또한 정의롭습니다. 하나님은 진리의 말씀으로 세상을 창조하셨고 정의로 세상을 다스리십니다. 그러나 세상의 사람들은 언제나 진리의 말씀을 따르지 않고 타락한 본성을 좇아 살아갑니다. 따라서 하나님은 오늘도 사랑하는 자녀에게 진리와 정의를 따라 행하라고 촉구하고 있습니다.

■ 하나님이 이렇게 말씀하셨습니다.

"오직 정의를 물같이, 공의를 마르지 않는 강 같이 흐르게 할지어다" (아모스 5장 24절)

본문에서 표현된 '정의'란 무엇일까요? 하나님은 정의의 개념을 두 가지로 알려주십니다. 첫째는 형식적 개념입니다. 정의는 히브리어로 '체데크 צדק'라는 말로서 윤리, 합리성, 법률, 자연법, 종교, 공정함, 혹은 균등함, 그리고 선포된 윤리의 위배에 따른 처벌 등에 바탕을 두고 내리는 도덕적인 옳음 혹은 의롭다는 개념입니다. 둘째는 실천적 개념입니다. 히브리어로 '미쉬파트 משפט'라는 단어를 사용합니다. 이것은 사회가 정의로운지 묻는 것으로서 우리가 소중히 여기는 것들 이를테면 소득과 부, 의무와 권리, 권력과 기회, 공직과 영광 등을 어떻게 분배하는지 묻는 것입니다. 다시 말하자면 공평의 의미로서 행동하는 정의를 의미하고 있습니다.

하나님이 정의를 행하라고 말씀하시는 것은 거룩한 선민들조차도 올바르게 살지 않았기 때문입니다. 다시 말하자면 거룩한 백성은 하나님 말씀에 순종하며 살아야 함에도 부패한 본성을 따라 자기중심적으로 살았던 것입니다. 거룩한 백성들이 정의롭게 사는 것은 사명이자 책무입니다. 만일 거룩한 백성이 정의를 행하지 않는다면 거룩한 백성으로서의 본분을 잃어버리는 것입니다. 정의를 행하는 것은 하나님이 기뻐하시는 일이며 하나님 나라를 이 땅에 꽃 피우는 일입니다. 이것은 그리스도인들이 해야 할 우선적인 일이며 세상의 복을 받는 방법입니다.[222]

하나님의 일을 하는 봉사자들이 유의해야 할 사항이 있습니다. 그것은 다음과 같습니다. 첫째, 자기 방식과 자기 의를 드러내며 하나님의 정의를 실천하면 안 됩니다. 이렇게 하면 갈등과 분쟁을 일으키게 되고 공동체 구성원들이 영적 시험에 빠져들게 됩니다. 둘째, 적절한 보상을 바라는 이기적 동기로 하나님의 정의를 실천하면 안 됩니다. 왜냐하면, 이기적인 동기는 자신을 높이게 되고 연약한 자를 낮추게 되기 때문입니다. 셋째, 자신의 필요에 따라 봉사를 하면 공동체에 유익을 끼치지 못하게 됩니다. 왜냐하면, 그것은 하나님의 필요에 의한 헌신이 아니기 때문입니다. 넷째, 형식적 정의와 실천적 정의에 대한 균형을 잡지 못한 채 봉사를 하면 안 됩니다. 왜냐하면, 형식에 치우치는 바리새인식의 정의를 실천하는 것은 거룩한 공동체에 유익을 끼치지 못하고 오히려 거침돌이 되기 때문입니다. 다섯째, 하나님의 은혜가 없는 정의를 실천하는 것은 단순한 인간적인 봉사가 됩니다. 참된 정의를 실천하는 것은 성령 하나님의 인도와 참사랑의 실천을 통하여 가능합니다.

정의는 부르짖기는 쉬워도 행하기는 어렵습니다. 왜 그럴까요? 하나님의 정의를 실천하는 데는 희생이 따르기 때문입니다. 다시 강조하자면 거룩한 백성이 정의롭게 사는 것은 본연의 사명이자 의무입니다. 만일 거룩한 백성이 정의를 행하지 않는다면 거룩한 백성으로서의 본분을 망각하게 되며 손가락질을 받게 됩니다.

■ **정의를 행할 때 유익은 무엇일까요?**

하나님이 기뻐하시는 정의는 진리의 말씀을 기준 삼아 올바르게 행하는 것입니다. 정의를 행할 때 유익은 다음과 같습니다. 첫째, 세상에서 필요한 복을 받습니다. 예수님은 하나님 나라와 정의를 먼저 구하면 세상에서 필요로 하는 모든 것을 더하여 주신다고 약속하셨습니다.[223] 둘째, 하나님의 말씀에 온전히 순종하여 살면 세상에 굴복당하며 사는 것이 아니라 세상을 이기며 살 수 있습니다. 성경은 예수님의 모범을 통하여 우리에게 교훈해 주고 있습니다.[224] 셋째, 세상의 어떤 시험에도 흔들리지 않고 평안한 마음을 갖고 살 수 있습니다.[225] 왜냐하면, 하나님이 정의를 행하는 자의 마음을 지켜주시기 때문입니다. 넷째, 세상의 힘을 가진 자 앞에서도 언제나 떳떳하고 자신 있게 살아갈 수 있습니다. 왜냐하면, 정의가 변함없는 가장 큰 힘이기 때문입니다. 다섯째, 하나님과 자유롭고 깊은 교제를 할 수 있습니다. 그 이유는 하나님은 마음이 깨끗한 자를 사랑하시며 그 마음에 거하기를 원하시기 때문입니다.[226] 여섯째, 하나님이 언제나 우리 편이 되어 주십니다.[227] 일곱째, 하나님 나라를 소유하게 됩니다.[228]

하나님은 정의를 행하는 거룩한 성도의 아버지가 되셔서 눈물을 닦아주시고 애통한 것이나 사망이 없는 하나님 나라에서 영원히 살게 하십니다.[229] 이것이 성도가 정의를 행할 때 얻는 특별한 선물입니다.

하나님의 사람은 세상에서 비록 힘들고 어려울지라도 정의를 실천하며 살아야 합니다. 이것은 거룩한 백성으로서 마땅한 삶입니다. 정의를 구하는 삶은 불의와 타협하거나 조건화시켜서는 안 됩니다. 또한, 자랑거리가 되어서도 안 됩니다. 그리스도인에게 있어서 정의를 실천하는 것은 당연한 삶이며 가장 우선적이고 언제나 지향해야 할 삶입니다. 그리고 그리스도인의 정체성을 드러내는 삶입니다. 세상은 정의를 외치지만 실천하지 않습니다. 세상은 오히려 정의를 거부합니다. 정의롭게 살 수 없다고 단정해 버립니다. 하박국 선지자는 정의로운 삶이 복된 삶인 것을 가르쳐 주며 그 삶을 우리에게 촉구하고 있습니다.[230]

그런즉 너희는 먼저 그의 나라와 그의 의를 구하라
그리하면 이 모든 것을 너희에게 더하시리라
- 마태복음 6장 33절

공동체의 변화를 원하시는 하나님

| 변화와 성장

■ 하나님이 공동체의 변화를 원하신다고요?

거룩한 공동체가 당면한 심각한 문제는 항상 거룩한 변화를 추구해야 하는데 그 속도가 변질하는 시간보다 느리다는 것입니다. 거룩한 공동체에는 형식과 내용이 매우 중요합니다. 형식이 공동체를 이루고 운영하는 규칙과 프로그램 그리고 건물 등의 외적 조건이라면 내용은 거룩한 공동체를 구성하고 있는 본질인 사람입니다. 하나님이 공동체의 변화를 원하시는 것은 공동체를 구성하고 있는 사람들의 변화입니다. 그 변화는 공동체 구성원들이 잃어버린 하나님의 형상을 회복하는 것이며 예수님을 닮고 그 모범을 따르는 삶을 사는 것입니다. 공동체에서 구성원이 중요한 이유는 사람이 모든 일을 결정하기 때문입니다. 그러므로 하나님은 거룩한 공동체가 건강한 체질을 갖기를 원하시며 타락한 세상을 변화시키는 거룩한 주체로서 그 역할을 기대하고 있습니다.

■ 하나님이 이렇게 말씀하셨습니다.

"그뿐 아니라 더 약하게 보이는 몸의 지체가 도리어 요긴하고 우리가 몸의 덜 귀히 여기는 그것들을 더욱 귀한 것들로 입혀 주며 우리의 아름답지 못한 지체는 더욱 아름다운 것을 얻느니라 만일 한 지체가 고통을 받으면 모든 지체가 함께 고통을 받고 한 지체가 영광을 얻으면 모든 지체가 함께 즐거워하느니라 너희는 그리스도의 몸이요 지체의 각 부분이라 너희는 그리스도의 몸이요 지체의 각 부분이라"(고린도전서 12장 22~27절)

"내가 내게 있는 모든 것으로 구제하고 또 내 몸을 불사르게 내줄지라도

사랑이 없으면 내게 아무 유익이 없느니라" (고린도전서 13장 3절)

　거룩한 공동체는 누구나 환대하고 환영받는 곳입니다. 교회에 들어오는 조건이 있다면 오직 죄만 있으면 됩니다. 교회는 죄의 올무에서 벗어나지 못하는 사람들을 진리의 말씀으로 해방하고 차별과 무시를 받고 상처를 가진 사람들을 치료하고 회복하는 영적 병원입니다. 그런데 거룩한 공동체에 첫발을 내디디면 누구나 환영을 받지만, 시간이 얼마 지나지 않으면 환멸을 느끼게 됩니다. 그 이유는 공동체 구성원들의 연약함 때문입니다. 거룩한 공동체 안에는 공감과 반감이 언제나 존재합니다. 공동체에 속한 거룩한 지체들은 동료이자 친구입니다. 그러나 서로가 가진 연약함을 들추어내고 그것을 받아들이지 못할 때 어느 순간 적이 되어버립니다. 예를 들자면 믿음이 약한 지체들이 자신이 가지고 있는 지식과 돈과 직업과 용모 등을 은근히 자랑할 때 사람의 빈곤을 드러내는 나쁜 도구로 사용됩니다. 따라서 서로 시험이 들 수 있습니다. 또한, 공동체 안에서 힘이 없거나 능력이 부족한 사람들과 함께 어떤 일을 할 때 능력의 부족함 때문에 은근히 미워할 수 있습니다. 따라서 오늘의 친구가 내일의 적이 될 수 있습니다. 그러나 하나님은 각자가 가진 연약한 부분들을 통하여 공동체 구성원들이 성숙한 인격을 갖도록 훈련하시며 공동체의 결속을 위하여 유익한 도구로 사용하십니다. 따라서 공동체 구성원들은 하나님의 눈으로 상대를 바라보는 코페르니쿠스적 생각의 전환이 필요합니다.
　발달장애인은 지적능력이 부족하여서 경쟁적인 태도를 보이지 않습니다. 그리고 기능적인 능력도 부족하여서 의존적 태도를 보이며 살아갑니다. 하나님은 우리에게 이런 장애인을 통하여 영적 깨달음을 얻고 변화되어야 할 것을 촉구하고 있습니다. 부연해서 설명하자면 그리스도인은 약육강식의 세상에서 경쟁의 논리로 살아가는 세상 사람들의 삶의 태도를 보여서는 안 되며 오히려 약한 사람을 돕고 그들과 함께 살아가는 태도를 보여야 한다는 사실을 깨닫게 해 줍니다.

하나님은 도움이 필요한 장애인이 의존적 태도를 보이고 살아가는 것을 통하여 우리는 누구를 의지하며 살아야 하는지 깨닫게 해 주십니다. 장애를 가진 자녀가 그 부모를 전적으로 의지하는 것처럼 우리는 생명을 돌보시는 하나님을 절대적으로 의지해야 한다는 것입니다. 이런 의미에서 장애인은 우리에게 영적 깨달음을 주는 축복의 통로라고 할 수 있습니다. 그리고 거룩한 공동체가 연약한 자들을 섬기고 사랑을 나누는 삶을 통하여 성숙과 성장을 이룰 수 있다는 사실을 또한 깨닫게 해 줍니다.

■ 공동체는 어떻게 변화를 추구해야 할까요?

공동체 구성원들은 '나를 위해서 존재하는 공동체'가 아니라 '공동체를 위해서 존재하는 나'가 되어야 합니다. 그러므로 거룩한 공동체가 능력 있는 공동체가 되기 위해서는 자기중심이라는 그늘에서 빠져나와 참된 사랑의 빛으로 들어갈 수 있어야 합니다.[231] 참사랑이란 일치의 힘입니다. 서로 같은 마음과 목적을 갖고 같은 방향을 바라보는 것입니다. 그러기 위해서는 기다림의 덕목을 가져야 하며 서로를 용납하는 넉넉한 마음을 가져야 합니다. 한편으로 거룩한 공동체로 변화되기 위해서는 공동체의 핵심인 용서하는 마음을 가져야 합니다. 왜냐하면, 거룩한 공동체는 용서의 자리이기 때문입니다. 함께 산다는 것은 부단히 서로의 연약함을 인지하고 수용해야 하는 십자가를 지는 삶입니다. 우리는 그리스도인으로 형질 변화를 이루었지만 그런데도 우리들의 마음속에는 여전히 빛과 어둠이 공존하고 있습니다. 따라서 우리는 삶의 주도권을 성령님께 내어 드리고 그분의 통치를 받으며 그 은혜로 날마다 변화를 경험할 수 있어야 합니다.

공동체의 희망은 지체들을 있는 모습 그대로 받아들이며 신뢰하고 사랑하며 용서할 때 생겨납니다. 왜냐하면, 서로를 신뢰할 때 두려운 마음의 옷을 벗게 되고 단순한 마음으로 변화되기 때문입니다. 그리고 서로 사랑할 때 하나가 되며 용서의 창문을 만들어 둘 때 그 창문을 통해 축복의 빛이 머무르기 때문입니다. 한편으로 거룩한 공동체 안에서 연약한 존재는 서로를 하나로 엮어주는 접착제 역할을 합니다. 그러므로 약함을 부끄러운 것이 아닌 공동체에 유익한 재료임을 알고 연약한 자들을 적극적으로 받아들일 수 있어야 합니다. 거룩한 공동체는 연약한 지체들의 연합이며 서로가 단단히 결속되어 있을 때 강한 힘을 발휘하고 변화의 주체로서 능력을 나타낼 수 있습니다. 왜냐하면, 거룩한 공동체는 살아 있는 몸이기 때문입니다.

예수님의 열두 제자들도 처음에는 연약한 사람들이었습니다. 출신 지역과 성격과 지식과 직업과 신앙이 각기 달랐습니다. 예수님이 아니면 결코 하나가 될 수 없었던 사람들이었습니다. 그러나 열두 제자들은 예수님의 사랑의 섬김을 통하여 하나가 될 수 있었고 세상을 변화시키는 거룩한 도구로 사용되었습니다. 참사랑은 아무리 연약한 사람도 능력을 드러낼 수 있게 변화시킵니다. 예수님이 보여주신 참사랑이란 연약한 자를 조건 없이 받아들이며 그 속에서 연약함의 신비를 깨닫고 섬김과 나눔을 실천함으로써 변화의 주체가 되는 것입니다.

거룩한 변화란, 자기중심적 가치와 태도를 버리고 하나님의 말씀에 순종하여 예수 그리스도의 모범을 따르는 것입니다. 그리스도인은 세상을 변화시키는 주체로서 세상에서 부름을 받고 세상으로 보냄을 받은 하나님의 증인입니다. 거룩한 변화의 시작은 나 자신으로부터 시작되어야 합니다. 웅덩이에 고인 물이 썩듯이 사람이 변화되지 않으면 반드시 변질됩니다. 변화된 사람은 환멸을 느끼고 떠나려고 하는 사람을 환상의 자리로 이끌며 머물게 할 수 있습니다. 그리스도인에게 성숙과 성장의 자리로 나아가는 변화의 삶은 선택이 아니라 필수입니다.

| 변화와 성장

공동체의 성장을 원하시는 하나님

■ 하나님이 공동체의 성장을 원하신다고요?

마틴 루터 킹 목사의 제자인 제시 잭슨은 수천 명이 모인 곳에서 그들을 향해 "내 백성이 수모를 겪고 있다."라고 말했습니다. 그리고 캘커타의 마더 테레사도 "내 백성이 굶주리고 있다."라는 말을 했습니다.[232] 여기서 '내 백성'이라는 말은 하나님의 자녀들 곧 거룩한 공동체를 의미합니다. 거룩한 공동체란 하나님의 은혜로 말미암아 죄인의 신분에서 의인의 신분으로 형질 변경을 이룬 사람들이 내 중심이 아닌 예수님의 논리와 모범을 따라 살아가는 사람들의 집합을 의미합니다. 따라서 공동체의 성장이란 구성원들이 내적으로 혹은 외적으로 성장을 이루는 것을 의미한다고 생각합니다. 그리스도인으로서 최고의 영광은 예수님을 닮는 것입니다. 그리고 거룩한 공동체의 영광은 초대 예루살렘 공동체처럼 변화의 삶을 통하여 온 백성에게 칭송을 받고 수많은 사람들이 회개하고 돌아오는 것을 보는 것입니다.

■ 하나님이 이렇게 말씀하셨습니다.

"사람마다 두려워하는데 사도들로 말미암아 기사와 표적이 많이 나타나니 믿는 사람이 다 함께 있어 모든 물건을 서로 통용하고 또 재산과 소유를 팔아 각 사람의 필요를 따라 나눠 주며 날마다 마음을 같이하여 성전에 모이기를 힘쓰고 집에서 떡을 떼며 기쁨과 순전한 마음으로 음식을 먹고 하나님을 찬미하며 또 온 백성에게 칭송을 받으니 주께서 구원받는 사람을 날마다 더하게 하시니라" (사도행전 2장 43~47절)

초대 예루살렘 교회는 기도하는 120여 명의 성도가 성령을 충만하게 받는 은혜를 경험했고 그것으로 말미암아 담대하게 복음을 전하게 되었습니다. 그 결과로 초대 예루살렘 교회는 크게 부흥하였습니다.[233] 구체적으로 살펴보면 성도들이 기도에 집중하고 깨끗한 마음으로 이웃들을 향해 나눔과 섬김을 실천했을 때 교회는 성장했습니다. 이처럼 섬김과 나눔은 다른 사람들에게 생명의 길을 활짝 열어주어 그 길을 걷게 합니다. 길을 가로막지 않으면서 길이 되어주는 것입니다. 따라서 거룩한 공동체의 성장은 언제나 희생이 전제된다는 사실을 알 수 있습니다.

공동체는 단지 '함께 있는 곳'이 아닙니다. 같은 지붕 밑에서 산다고 해서 공동체는 아닙니다. 진정한 공동체는 함께 있는 존재들 간에 공유되는 공동 목표가 있어야 합니다. 또 공동체는 '자기를 위해 다른 사람들과 협력하는 곳'이 아닙니다. 예를 들어 야구장이나 영화관에 있는 관객들에게는 공동 목표가 있지만, 서로를 위한 섬김과 나눔이 없습니다. 단지 자신의 유익을 위해 다른 사람들과 잠시 협력했을 뿐이기 때문입니다. 그들은 단지 각자의 자기중심적인 목표를 비교적 쉽게 해결하기 위해서 일시적으로 모인 사람들에 불과합니다. 진정한 공동체는 '자기와 남을 위해 서로 도우며 성숙하는 곳'입니다. 그러므로 거룩한 공동체는 구성원들이 자신과 타인의 성장과 성숙을 위해 기꺼이 자신을 희생해야 합니다. 따라서 모든 구성원이 자기중심이라는 그늘에서 빠져나와 참된 사랑의 빛으로 들어갈 수 있어야 합니다.

■ 교회는 성장을 위하여 무엇을 해야 할까요?

교회는 차별 없는 복음의 정신과 사랑의 실천으로 누구든지 환대해야 합니다. 환대란 따뜻한 마음으로 손님을 맞아들이는 것을 의미합니다. 환대란 사람을 맞아들이는 기본적인 태도이며 기독교 영성의 한 단면이기도 합니다. 그리스도인이 가져야 할 환대의 의미는 생각과 마음이 가난해야 한다는 것입니다. 마치 어떤 사람이라도 섬기는 것이 삶이 되어버린 종의 마음과 태도를 보이는 것을 의미합니다.

장애인들은 차별과 소외를 경험하며 살아가는 연약한 존재이기 때문에 그 누구보다도 환대를 받아야 할 대상입니다. 주일은 있으나 막상 예배드릴 곳을 찾지 못하는 것이 장애인들의 현실입니다. 설사 교회에 다닌다고 해도 이들은 환대의 대상이 되지 못합니다. 왜냐하면, 생산적인 역할을 하지 못하고 오히려 소비적인 역할을 하고 또한 위험을 초래할 수 있는 대상이라고 생각하기 때문입니다. 하나님이 연약한 자를 들어서 강한 자를 부끄럽게 하시는 분임을 생각해 볼 때 장애인이 공동체에 끼치는 유익은 말로 다 표현하기 어렵습니다. 예수님은 장애인들을 적극 환대하셨고 이들의 필요를 채워주셨습니다.[234] 그리고 이들을 사용하셔서 하나님 나라를 증거 하셨고 많은 사람에게 영적 깨달음을 주셨습니다.

연약한 자들을 환대하는 것은 하나님의 지혜입니다. 순전한 마음의 환대는 앞에서 살펴본 바와 같이 백성의 칭송을 받으며 사람들이 몰려오게 합니다. 그러나 순전하지 않은 마음의 환대는 오는 발걸음도 막아버리는 장벽 역할을 하게 됩니다. 한편으로 환대는 종의 마음과 태도를 보여야 합니다. 즉, 연약한 자의 모습으로 사람을 환대할 때 상대방이 긴장감과 두려움을 떨쳐버리고 다가올 수 있게 만들어 줍니다. 이에 대한 모범도 예수님이 보여 주셨습니다.[235]

거룩한 공동체인 교회가 성장하는 것은 하나님의 뜻입니다. 그러나 교회의 성장은 교회를 구성하는 그리스도인들이 어떤 사람도 이해하고 용납하며 사랑할 수 있는 인격의 성장이며 예수님의 모범을 따라 섬김과 나눔의 삶을 실천할 수 있는 능력을 갖추는 것입니다. 다르게 표현하자면 교회의 성장이란 공동체 구성원들이 하나님이 기뻐하시는 올바른 신앙인이 되는 것입니다. 이렇게 할 때 공동체 밖에 있는 사람들을 불러들이는 양적 성장도 기대할 수 있습니다.

교회의 성장은 토양이 매우 중요합니다. 토양이 건강할 때 식물이 건강하게 자라는 것처럼 교회 구성원들이 건강한 신앙 체질을 가졌을 때 교회는 성장하게 됩니다. 이것이 자연적 성장의 법칙입니다. 교회에 성령님이 베푸시는 은혜가 풍성하여 성도들의 예배와 교제와 봉사하는 것이 즐거우면 그 교회는 좋은 소문이 날 것이며 외부의 사람들에게 칭송받고 사람들을 불러들이게 됩니다. 그러므로 교회가 성장하기 위해서는 무엇보다도 성령님이 함께하셔야 하며 구성원들이 바른 신앙을 갖고 바른 삶을 실천할 수 있어야 합니다.

내가 사람의 방언과 천사의 말을 할지라도 사랑이 없으면
소리 나는 구리와 울리는 꽹과리가 되고 내가 예언하는 능력이 있어 모든 비밀과 모든 지식을 알고
또 산을 옮길 만한 모든 믿음이 있을지라도 사랑이 없으면 내가 아무 것도 아니요
내가 내게 있는 모든 것으로 구제하고 또 내 몸을 불사르게 내줄지라도
사랑이 없으면 내게 아무 유익이 없느니라
사랑은 오래 참고 사랑은 온유하며 시기하지 아니하며 사랑은 자랑하지 아니하며
교만하지 아니하며 무례히 행하지 아니하며 자기의 유익을 구하지 아니하며
성내지 아니하며 악한 것을 생각하지 아니하며 불의를 기뻐하지 아니하며
진리와 함께 기뻐하고 모든 것을 참으며 모든 것을 믿으며 모든 것을 바라며 모든 것을 견디느니라
사랑은 언제까지나 떨어지지 아니하되 예언도 폐하고 방언도 그치고 지식도 폐하리라
그런즉 믿음, 소망, 사랑, 이 세 가지는 항상 있을 것인데 그 중의 제일은 사랑이라
- 고린도전서 13장 1 ~ 8절, 13절

PART
03

부록

01 부모가 장애 자녀를 수용하는 심리 변화 단계

부모가 전혀 생각하지 않는 상태에서 장애 자녀를 낳게 되면 감당하기 어려운 충격 때문에 한동안 생각을 정리하지 못한 채 정신적 공백 상태에 빠져들게 됩니다. 그런 중에 장애 자녀가 뇌전증(간질) 증세나 기타 문제행동을 나타내게 되면 부모는 어쩔 줄 몰라 하며 매우 당황하게 됩니다. 그리고 날마다 받게 되는 스트레스 때문에 정상적인 생활이 어려워지며 가족과 주변 사람들에게 부정적인 영향을 끼치게 됩니다. 더 나아가서는 장애 자녀의 문제로 정신적, 심리적, 신체적, 경제적인 어려움마저 겪게 되고, 그것이 심화된다면 극단적인 생각도 할 수 있게 됩니다. 그러나 시간이 흐르고 뒤를 돌아볼 수 있는 심리적 안정을 갖는 여유가 있게 되면 지난 과정에서 지혜롭게 대처하지 못한 것을 후회하게 됩니다. 무엇보다도 장애 자녀를 시의 적절하게 효과적으로 양육하지 못했고 시간과 돈을 낭비했다는 자책도 하게 됩니다. 후회는 자책과 슬픈 마음의 표현입니다. 따라서 지난날의 일로서 자책하고 후회하는 마음에 사로잡히면 우울증이 찾아오게 되고 아름답고 희망찬 미래를 기대할 수 없습니다. 그러므로 부모는 장애 자녀를 긍정적인 마음으로 바라보되 현실을 직시하고 장애를 수용하며 효과적으로 양육할 수 있는 지혜를 갖는 것이 중요합니다. 이에 따라 장애 자녀를 받은 부모가 지혜롭게 자녀를 수용하기 위한 10단계 과정을 소개해 드립니다.

1. **무의식 단계 (unawareness)**
부모와 가족들이 자녀의 장애를 전혀 깨닫지 못하는 단계
부모나 가족들이 장애를 인지하지 못했거나 무관심할 때 일반 아이와 다를 바 없이 받아들이게 됩니다. 그러나 장애를 갖고 있다면 가능한 한 빨리 진단받고 적절하게 대처해야 합니다.

2. 걱정 단계 (uneasiness)
시간이 점점 지남에 따라 부모가 자녀에 대하여 염려하는 단계
부모는 장애 자녀의 성장과 발달이 느려서 염려하게 되고 발달이 늦은 것에 대하여 알아보고 싶어 합니다. 그리고 다른 아이들과 자신의 자녀를 비교하며 전문가의 의견을 듣습니다.

3. 감지 단계 (conscious recognition)
부모는 장애 자녀의 상태와 성장에 관심을 두는 단계
부모는 장애 자녀가 정상적이라는 생각을 계속 갖게 되고 단지 자녀의 성장과 발달이 다른 아이에 비해 조금 늦을 뿐이라는 생각을 하게 됩니다. 이때 빠른 조치를 하는 것이 중요합니다.

4. 간헐적 인식단계 (casual recognition)
부모는 장애 자녀의 문제와 상태에 인지하는 단계
부모가 장애 자녀의 상태에 대하여 어느 정도 이해하기 시작합니다. 그리고 충격을 받고 슬픔과 비탄에 빠집니다. 자녀의 장애를 인정하지 않고 뭔가 잘못되었다는 생각을 하게 됩니다.

5. 부정단계 (denial)
부모는 자녀의 장애를 부정하며 전문가 진단을 오류로 생각하는 단계
전문가가 오진했다고 생각하며 다른 병원이나 복지관을 찾아다닙니다. 장애에 대한 부정은 부모들이 감당하기 어려운 고통을 회피하는 심리적인 거부이며 자신을 방어하는 기제입니다.

6. 분노단계 (anger)
부모는 장애 자녀 때문인 분노와 이해할 수 없는 의문을 품는 단계
부모는 이 단계를 거치면서 장애 자녀 때문에 사람을 멀리하게 됩니다. 그리고 엄마는 장애 자녀를 돌보면서 많은 스트레스를 받고 남편이나 가족들에게 부정적인 영향을 끼치게 됩니다.

7. 동정과 연민의 단계 (pity and self-pity)
부모가 장애 자녀에게 동정과 연민을 갖는 단계

부모가 장애 자녀 때문에 자신의 시간을 갖지 못하고 묶임에 따라 스트레스를 받고 장애 자녀의 돌봄에 어려움을 느낍니다. 그런데도 한편으로는 동정과 연민의 마음을 갖습니다.

8. 교섭단계 (bargaining)
부모가 장애 자녀의 치유를 위하여 하나님과 타협하는 단계

부모가 장애 자녀의 치유와 회복을 위하여 창조주 하나님과 타협하며 조건부 순종과 신앙생활을 제시하며 갈급한 마음을 나타냅니다. 한편 부모는 자녀의 장애 때문에 죄책감을 느낍니다.

9. 침체단계 (depression)
부모가 장애 자녀의 양육 때문에 고통과 만성적 슬픔을 느끼는 단계

엄마는 장애 자녀의 양육 때문에 심리적, 육체적, 생활적, 관계적 고통과 무거운 양육책임과 자신을 잃어버릴 것 같은 두려움 때문에 마음이 위축되며 우울증을 겪을 수도 있습니다.

10. 수용 및 적응단계 (acceptance and accommodation)
장애 자녀를 받아들이는 단계

부모가 장애 자녀를 적극 받아들이게 되는 단계로서 자녀의 건강한 생활과 성장발달을 돕는 계획을 세우며 적극 도움을 주기 위하여 적극 행동하게 됩니다.

■ 참조 : 김삼섭, 『중증장애인의 교육과 재활』, 이화여자대학교 출판부, pp. 303~306

장애 자녀의 건강한 성장과 발달을 위한 부모의 바람직한 양육자세

장애자녀의 건강한 성장과 발달은 결국 부모의 생각과 태도에 달려 있습니다. 따라서 부모가 먼저 건강한 생각과 태도를 보여야 합니다. 그것은 장애 자녀를 만드신 하나님의 관점에서 이해하고 받아들이는 것이 무엇보다도 중요합니다. 그리고 전문가들의 도움을 받아 전인적인 건강과 아름다운 성장을 이루도록 지도해야 합니다. 이때 다양한 덕목이 요구됩니다. 예를 들면, 발달장애인들은 대체로 지적장애를 동반하기 때문에 이에 따른 전문적인 교육 방법이 필요합니다. 그러므로 부모는 기본적으로 장애 자녀에 대한 특성과 문제행동 그리고 문제행동을 효과적으로 지도할 방법 등을 알고 있어야 합니다. 그렇다면 바람직한 부모의 자세가 무엇인지 몇 가지 살펴보겠습니다.

1. 장애 자녀를 믿음으로 받아들여야 합니다.

장애 자녀는 부모의 선택이 아니라 창조주 하나님의 선택입니다. 따라서 믿음의 행위를 통하여 창조주 하나님의 뜻을 깨달아야 합니다. 왜냐하면, 하나님께서 특별한 계획을 갖고 부모에게 장애자녀를 맡겼기 때문입니다. 자녀를 건강하게 양육하는 비결은 부모의 건강한 생각입니다.

2. 전문가의 의견과 조언을 믿고 따라야 합니다.

전문가를 통하여 자녀가 장애진단을 받았다면 부모는 그것을 적극 수용해야 합니다. 그리고 다양한 영역의 전문가를 만나서 조언을 듣고 장애 자녀를 위하여 무엇을 어떻게 해야 할지 바른 결정을 하고 실행에 옮겨야 합니다. 이때 시간을 지체하지 않는 것이 중요합니다.

3. 모든 자녀에게 똑같이 대해주어야 합니다.

다른 비장애 자녀가 있다면 부모는 비 장애자녀가 차별을 느끼지 않도록 똑같이 대해주어야 합니다. 왜냐하면, 장애 자녀에 대한 사랑이 편중되면 다른 자녀들이 소외감과 반감을 품을 수 있기 때문입니다. 이것은 모든 가족이 공감해야 하며 일관성 있게 대해주는 것이 중요합니다.

4. 장애 자녀의 성장과 발달을 위하여 인내심을 가져야 합니다.

장애는 아무것도 할 수 없는 무능력이 아닙니다. 단지 성장과 발달이 다소 늦을 뿐입니다. 따라서 인내심을 갖고 자녀의 특성과 능력과 자질을 발견하고 효과적인 교육방법을 사용해서 지도하면 놀라운 교육적 결과를 기대할 수 있습니다.

5. 자녀의 장애 특성을 이해하고 능력을 고려하여 지도합니다.

장애인에게는 독특한 특성이 있습니다. 그것은 건강한 성장과 발달에 부정적 혹은 긍정적인 영향을 미칠 수 있습니다. 따라서 특성을 이해하고 교육하는 것이 매우 중요합니다. 특별히 주의해야 할 것은 모든 일을 일관성 있게 해야 합니다. 그리고 기분이 좋은 시간을 택하여 자녀가 감당할 수 있는 적절한 분량으로 지도하는 것이 바람직합니다.

6. 자녀의 능력과 자질이 발휘되도록 도와주어야 합니다.

장애를 가진 자녀도 독특한 능력과 자질이 있습니다. 따라서 다양한 방법을 통하여 장애자녀가 갖춘 능력과 자질이 무엇인지 발견하고, 그것이 개발될 수 있도록 도와주어야 합니다. 비장애인보다 장애인들이 오히려 탁월한 능력과 자질을 발휘하는 경우가 종종 있습니다.

7. 하루의 일과에 대하여 구체적인 계획을 갖고 지도해야 합니다.

대부분의 발달장애인은 지적장애를 동반하므로 하루의 일과에 대하여 구체적인 계획을 이해할 수 있는 방법으로 설명해 주어야 합니다. 그림 등 시각적으로 구조화시켜서 표현하는 것이 좋습니다. 하루의 일과를 설명할 때 충분히 이해되고, 서로 약속을 한 상태에서 지도하는 것이 바람직합니다.

8. 자녀에게 사랑과 칭찬과 격려를 자주 해 주어야 합니다.

일반적으로 사람들의 삶은 어떤 생각과 태도와 습관을 갖는가에 따라서 달라집니다. 즉, 생각은 태도를 만들며 태도는 습관을 갖게 합니다. 그리고 습관은 그 사람의 삶이 되는 것입니다. 따라서 조건 없는 사랑과 아낌없는 칭찬과 격려를 지속해 주어서 긍정적이고 바른 삶을 유지하도록 지도합니다.

9. 한번 시작한 일은 끝까지 마칠 수 있도록 지도합니다.

장애가 있다면 스스로 자신을 통제하는 능력이 떨어지며 목표를 추구하는 능력이 부족할 수 있습니다. 또한, 주변의 다양한 자극에 쉽게 노출되고 집중력이 떨어지므로 시작한 일을 끝까지 마무리하기 매우 어렵습니다. 그러므로 자녀의 특성과 능력을 고려하고 약속과 보상을 해줌으로써 끝까지 일을 마칠 수 있도록 지도합니다.

10. 부정적 행동의 원인을 찾고 이유를 알고 지도합니다.

지적장애를 가진 자녀는 대체로 언어를 통해 자기 의사와 욕구를 표현하기 어렵습니다. 따라서 부적절한 방법으로 자신의 의사와 욕구를 표현합니다. 모든 문제행동에는 원인과 이유가 있습니다. 그러므로 장애자녀의 특성과 지도방법을 알고 효과적인 대화방식을 찾는 것이 매우 중요합니다.

■ 참조 : 여광응 외 3명, 『특수아동 부모교육의 이론과 실제』, 양서원, p. 32

03 자폐스펙트럼장애 특성 및 지도 방법

1. 사회적 상호작용 특성 및 지도 방법

자폐스펙트럼장애를 가진 학생은 사회적인 행동에서 어려움을 보입니다. 다른 사람과 눈을 맞추지 못하고 다른 곳을 응시하기도 하며 이름을 불러도 반응을 보이지 않기도 합니다. 자신에게 관심을 보이는 사람에 대해 거부감을 나타내기도 하고 독특한 억양과 음성을 나타냅니다. 그리고 특이한 표정을 짓거나 행동을 합니다. 타인에 관한 관심이 부족하고 관계 형성을 위한 방법을 아는 것도 제한적입니다. 이러한 이유로 또래 친구들이나 다른 사람과의 상호작용이 적절하게 이루어지기가 어렵습니다. 따라서 주변 사람들은 관심을 두고 자폐성 장애 학생들이 바르게 관계 형성을 하고 상호작용을 가질 수 있도록 지속해서 도와주어야 합니다.

1) 다른 사람과 눈 맞춤을 하는 데 어려움이 있습니다.

- ■ 학습을 위한 지도 방법
    - ① 학생의 수준에 맞게 점진적인 촉진법을 사용합니다.
        - 예) 점진적 (최소) 촉진법 : 언어 촉진 → 몸짓 촉진 → 모델링 촉진 → 신체적 촉진
    - ② 눈 맞춤을 위한 다양한 방법을 사용합니다.
        - 예) 교사의 양손으로 학생의 눈 양옆을 감싸고 눈 맞춤 놀이를 합니다. "선생님 눈은 어디 있나요? 코는 어디 있나요?"

2) 어른이나 또래에 관한 관심이 적습니다.

- ■ 학습을 위한 지도 방법

① 일반 또래에게 자폐성 장애 학생의 특징에 대해 알리고, 어떻게 반응하는지 가르칩니다.
② 자폐성 장애 학생의 놀이 활동 지원 시 학생의 능력을 고려해야 합니다.
③ 학생의 흥미와 생활연령을 고려하여 일반 또래들 사이에서 유행하고 있는 놀이를 적절하게 활용 합니다.

3) 학습에 필요한 동기 유발이 부족합니다.
■ 학습을 위한 지도 방법
학생에게 더욱 의미 있는 강화물을 찾아 사용합니다.

2. 의사소통 특성 및 지도 방법

자폐스펙트럼장애를 가진 학생은 일반적인 의사소통 기술을 사용하는 데 어려움을 갖고 있습니다. 이들은 의사소통하고자 하는 의도는 있지만 적절한 의사소통 방법을 알고 있지 못하는 경우가 많이 있습니다. 또한 구어 혹은 비 구어적 의사소통 기술을 습득하지 못하여 어려움을 겪는 경우도 많이 있습니다. 예를 들면 종종 상황에 맞지 않는 말을 하거나 다른 사람의 말을 그대로 따라 하거나 자신이 하고 싶은 말만 반복해서 하는 행동을 보이곤 합니다. 또한 말로는 의사소통이 어려운 예도 있고 음의 높낮이가 없게 일정한 톤으로 말을 하는 예도 있습니다. 이런 저런 이유로 말로서 자신의 의사를 전하기 어려워서 급기야는 소리를 지르거나 물거나 화를 내며 자해하는 예도 있습니다. 그러므로 자폐스펙트럼장애를 가진 학생에게 적절한 의사소통 방법을 가르쳐주며 사용하도록 돕는 것이 필요합니다.

1) 의미 있는 대화를 하는 데 어려움이 있습니다.
■ 학습을 위한 지도 방법
① 자연적인 일상생활에서의 의사소통을 지도해 줍니다.

예) 감사할 때의 표현 : 허리를 굽혀 머리를 숙이는 동작을 하도록 하고 '감사합니다.', '고맙습니다.' 따라 말하게 합니다.
② 학생의 수준에 적합한 언어와 기능적인 사용을 고려하여 가르칩니다.
③ 추상적인 단어를 이해할 수 있도록 도와줍니다.
예) '하나님', '바람', '헌금' 등의 단어와 내용을 쉽게 이해할 수 있도록 시각화, 청각화, 촉각화하여 제시해 줍니다.

2) 반향어를 사용합니다.
■ 학습을 위한 지도 방법
① 반향어를 이용하여 적절한 문장으로 말하도록 교정해 줍니다.
② 의문사를 이해할 수 있도록 지도합니다.

3) 비언어적인 의사소통을 이해하는 데 어려움이 있습니다.
■ 학습을 위한 지도 방법
① 상대방의 표정을 읽을 수 있도록 표정 카드로 지도합니다.
② 글을 읽을 줄 아는 학생에게는 상황 카드를 사용합니다.
③ 학습해야 하는 상황들을 자주 경험하게 하고, 그 상황에 대하여 지도합니다.

3. 반복 행동, 상동 행동 특성 및 지도 방법

자폐스펙트럼장애를 가진 학생의 특징 중 하나는 제한적이고 반복된 형태의 상동 행동입니다. 이들은 특정한 일의 순서나 일과 규칙들이 변하는 것을 불안해하는 경우가 있습니다. 그뿐만 아니라 자신이 관심을 보이는 놀이나 장난감 등에 오랫동안 집착하기도 합니다.

1) 똑같은 것만 고집하고 이런 행동을 유지하려는 경향을 보입니다.

■ 학습을 위한 지도 방법
① 무조건 그 행동을 저지하지 말아야 합니다.
② 변화되는 일이나 환경에 대하여 미리 알리고 준비하도록 합니다.
③ 상황마다 다양한 행동 방법이 있음을 가르쳐 줍니다.

2) 상동 행동을 하거나 특정 사물에 집착합니다.
■ 학습을 위한 지도방법
① 상동 행동의 원인을 파악합니다.
② 환경을 조절해 봅니다.
③ 특정 사물에 집착하는 행동을 역이용하여 지도하고자 하는 내용을 가르칩니다.

3. 문제행동의 이해
1) 문제행동에만 초점을 둔 기존의 접근 방법
문제행동이란 자신의 감정을 바람직하지 못한 방법이나 행동으로 표현하는 것을 의미합니다. 이 방법은 문제행동이 보이면 그 행동을 중단시키거나 감소시키기 위하여 즉각적인 제재나 처벌을 하는 것을 말합니다. 그러나 이 방법은 즉각적 혹은 단기적 효과가 나타날 수는 있으나 문제행동이 발생하는 원인을 고려하지 않기 때문에 또 다른 문제행동을 발생시키며 상황을 악화시킬 수 있습니다.

2) 문제행동에 대한 기능적 접근 방법
이 방법은 학생이 왜 그런 문제행동을 일으켰는가에 대하여 생각하고 그 이유를 먼저 찾으려는 접근 방법입니다. 다시 말하자면 이 방법은 교사가 문제행동 자체가 가지고 있는 기능에 대하여 생각하는 것을 의미합니다. 이러한 기능적 접근은 학생의 문제행동에 대하여 부정적으로 대처하게 되는 것을 피할 수 있고, 원인이 되는 사건을 찾아 방지함으로써 문제행동을 예방할 수 있습니다. 그리고 같은 기능을 갖는 것보다 바람직한 행동을 가르침으로써 문제행동을 긍정적인 행동으로 대체할 수 있습니다.

3) 문제행동의 유형
(1) 과잉 행동 : 행동이 너무 자주 혹은 너무 강하게 나타나거나 오랫동안 지속하는 행동을 말합니다.
(2) 행동 결핍 : 예배나 다른 활동을 할 때 무기력하거나 의욕이 없이 가만히 있는 것을 말합니다.
(3) 상황에 맞지 않는 행동 : 부적절한 자극 조절로 상황에 맞지 않는 행동을 말합니다.

4) 문제행동의 종류
(1) 공격 행동 : 다른 사람의 신체나 물건에 해를 입히는 것입니다.
(2) 상동 행동 : 같은 동작을 일정 기간 반복하는 것입니다.
(3) 자해 행동 : 자기 자신의 신체에 스스로 상해를 입히는 것입니다.
(4) 방해 행동 : 다른 사람에게 방해되는 행동입니다.
(5) 주의산만 행동 : 가만히 있거나 어떤 일에 집중하는 데 어려움이 있는 것입니다.
(6) 위축 행동 : 말없이 조용하며 불안해하는 것입니다.

5) 문제행동 중재 방법
(1) 선행사건(배경 사건 중재)을 이해합니다.
선행사건은 행동이 발생하기 직전에 나타나는 환경적인 사건으로 행동 발생에 직접적인 영향을 미치는 자극을 의미합니다. 배경 사건은 선행사건과는 달리 문제 행동의 직접적인 원인은 아니지만, 선행사건으로부터의 행동 발생 가능성을 높이는 것으로 선행사건 이전의 사회적, 환경적, 생리적인 사건이나 상태, 자극 등을 의미합니다. 그리고 배경 사건의 중재란, 문제행동이 일어나기 전에 전조가 되는 환경이나 상황, 사건을 중재 및 수정, 변화시켜 문제행동을 예방하는 것을 말합니다.

(2) 환경을 변화시킵니다.
 ① 예배실에서 자리이탈 등 잘 적응하지 못할 때 자리 이동 등의 물리적 환경을 변화시켜 봅니다.
 ② 학습에 흥미가 없을 때 교육내용을 쉽게 하거나 흥미롭게 하는 등 교육내용을 수정해 봅니다.

(3) 행동 지원전략
문제행동을 대체 할 수 있는 바람직한 기술을 가르치는 전략에는 강화, 촉진, 시범, 또래 지도 등이 있습니다. 장애인교회학교에서는 강화와 촉진이 효과적으로 사용될 수 있습니다.

 ① 강화
  강화란, 칭찬이나 격려 등을 통해 학생의 행동이 지속하거나 증가하는 것을 말합니다. 강화의 단계는 일차적 강화(음식, 좋아하는 물건) - 이차적 강화(칭찬, 스킨 쉽, 좋아하는 특정 활동에 참여시키는 보상) - 계약 (학생에게 과제수행 후 제공할 보상을 미리 계약형식으로 약속하는 것) - 토큰 강화(달란트 딱지와 같은 것으로 물건을 교환할 수 있는 강화물)로 진행할 수 있습니다.

 ② 촉진
  촉진은 학생이 목표 행동을 수행할 수 있도록 누군가에 의해서 제공되는 다양한 보조 자극들을 의미합니다. 촉진을

사용하는 목적은 학생에게 추가 정보를 제공하여 목표 행동을 수행하도록 도와주는 것입니다. 촉진의 종류에는 언어적 촉진, 신체적 촉진, 단서 촉진, 시범 촉진, 시각적 촉진, 시간 촉진 공간적 촉진 등이 있습니다.

(4) 후속 반응전략

후속 반응이 중요한 이유는 학생이 문제행동을 갖고서는 자신이 원하는 것을 얻을 수 없다는 것을 알게 하기 위해서입니다. 또 그렇게 함으로써 문제행동을 감소시키고자 하는 목적이 있습니다. 후속 반응 전략은 다음과 같습니다.

① 소거

소거는 문제행동이 발생했을 때 그 행동 때문에 뒤따르던 관심을 보이지 않는 것을 말합니다. 예를 들자면 학생이 관심을 끌기 위하여 책을 찢는 문제행동을 보일 때 교사는 관심을 두지 않는 것을 말합니다.

② 차별강화

차별강화는 바람직한 행동을 할 때는 강화를 하고 부적절한 행동을 할 때는 소거를 응용하는 방법입니다.

③ 벌

벌은 특정 문제행동이 향후에도 발생할 것을 감소시키기 위하여 학생이 원하지 않는 자극이나 행동에 제한을 두어 문제행동이 재발하지 않도록 하는 것입니다.

참조 : 김해용, 『장애인교회학교 사역매뉴얼』, 도서출판 한장연. pp. 92~101

04 지적장애인의 특성 이해 및 지도 방법

1. 지적능력 특성 및 지도 방법

1) 주의집중이 어렵습니다.

무언가를 배우기 위해서는 먼저 관심을 두고 과제를 보는 능력이 있어야 합니다. 이것을 주의집중 능력이라고 하는데, 지적장애인들은 학습 준비단계인 주의집중 능력이 부족하므로 학습 진행이 어렵고 학습의 결과도 늦게 나타납니다. 주의 집중에 대한 중요한 세 가지 특성을 살펴보면 다음과 같습니다.

첫째, 주의 집중을 하는 시간이 짧습니다.
둘째, 주의집중 범위가 좁고, 초점을 맞추기 어렵습니다.
셋째, 선택적 주의집중 능력이 부족합니다.

> ■ 주의집중을 위한 지도 방법
> ① 관찰을 통해 학생의 흥미와 욕구를 파악합니다.
> ② 구체적이고 의미 있는 활동과 자료를 사용합니다.
> ③ 불필요한 자극을 주는 요소들을 제거해 줍니다.
> ④ 필요한 자극에 집중할 수 있도록 촉진을 제공합니다.

2) 학습속도가 느립니다.

지적장애 학생도 비 장애 학생과 동일한 발달 단계를 거치지만, 같은 나이의 비장애 학생보다 발달 속도와 배우는 속도가 느립니다. 그리고 학습하는 데 시간이 더 많이 소요됩니다. 따라서 학습 속도를 재촉하거나 대신해 주기보다는 나중에는 할 수 있을 것이라는 확신을 하고 기다려주는 인내심이 필요합니다.

> ■ 학습을 위한 지도 방법
> ① 학생의 현재 수준을 정확하게 파악하여 능력에 맞는 과제를 제시합니다.
> ② 생활연령과 정신연령을 고려하여 학습과제를 제시합니다.
> ③ 부분적이라도 과제나 활동에 참여할 수 있도록 도와줍니다.

3) 단기기억이 어렵습니다.

지적장애 학생은 일반 학생에 비하여 단기기억력에 어려움을 갖고 있어서 방금 들은 말을 잘 기억하지 못하고 어떤 과정의 순서나 내용을 잘 이해하지 못합니다. 그리고 과거에 자신이 경험한 일을 기억하는데 어려움이 있습니다. 하지만 일단 단기기억에서 장기기억으로 넘어가면 지나치게 일반화시키며 기억이 오래가는 경우가 많기 때문에, 지적장애 학생을 가르칠 때는 잘못된 정보나 학습을 제공하지 않도록 신중해야 합니다.

> ■ 학습을 위한 지도 방법
> ① 반복 연습할 기회를 줍니다.
> ② 다양한 방법으로 학습할 기회를 줍니다.
> ③ 처음 배울 때 정확히 배울 수 있도록 합니다.
> ④ 학생이 기억을 끄집어낼 수 있도록 여러 가지 기억 단서를 제공해 줍니다.

4) 학습 동기가 부족합니다.

지적장애 학생은 어떤 활동이나 학습에 참여할 때 흥미나 욕구 혹은 동기가 부족한 경우 많습니다. 또한, 학습된 무기력 때문에 자신감이 없이 위축되고 과제나 자극 자체에서 흥미를 느끼지 못하기도 한다. 또한, 주위의 다양한 자극에도 무관심한 성향을 갖고 있습니다.

- ■ 학습을 위한 지도 방법
  ① 학생이 좋아하는 것을 파악하여 학습에 활용합니다.
  ② 학습하는 과정에서 적절하게 강화를 제공해 줍니다.

5) 모방과 관찰학습이 어렵습니다.

지적장애 학생은 관찰이나 모방을 통해 자연스럽게 보고 따라 하는 것을 어려워하는 경우가 종종 있습니다. 또 한편으로는 따라 하지 말아야 할 행동이나 말 등을 그대로 따라 하는 예도 있습니다. 그래서 일반 학생이라면 특별히 교사가 가르치지 않아도 자연스럽게 스스로 배우는 내용이 지적장애 학생들에게는 세밀하게 가르쳐야 하는 교수목표가 되기도 합니다. 일상에서 보이는 자연적인 단서들을 이해하고 활용하는 것 또한 이러한 교수 목표에 포함될 수 있습니다.

- ■ 학습을 위한 지도 방법
  ① 순서대로 따라 할 수 있도록 과정을 세밀하게 차례대로 알려줍니다.
  ② 바람직하지 않은 행동을 모방하지 않도록 지도합니다.
  ③ 일상생활 속에서 자연적 단서를 이용하는 방법을 알려줍니다.

2. 적응능력 특성 및 지도 방법

1) 의사소통이 어렵습니다.

지적장애 학생은 언어발달이 일반 학생보다 늦습니다. 왜냐하면,

언어능력이 인지발달과 사회성발달과 연관되어 있기 때문입니다. 따라서 표현하고자 하는 내용이나 발음을 정확하게 말하는 것이 어렵습니다. 따라서 올바르지 않은 방법으로 의사소통 하는 경우가 많습니다. 예를 들자면 몸이나 손 혹은 이상한 소리를 통해 자신의 의사를 표현하려고 하는 것입니다. 말을 배운다고 할지라도 배운 말을 실제 환경에서 제대로 적용하는 데는 어려움이 있습니다.

■ 학습을 위한 지도 방법
① 장애가 발견되면 가능한 한 빨리 언어치료를 하는 것이 좋습니다.
② 의사소통할 수 있는 대안적인 방법을 찾아 활용합니다.
③ 올바른 방법으로 의사 표현을 할 수 있도록 가르쳐 줍니다.
④ 자연스러운 상황에서 적절하게 의사 표현을 할 수 있는 기회를 줍니다.

2) 자조 기술이 부족합니다.

독립적인 일상생활을 하는 데 필요한 기본적인 기술을 자조 기술이라고 합니다. 이것은 가정과 지역사회에서 적응하기 위해 꼭 필요한 기술입니다. 자조 기술의 내용으로는 식사하기, 화장실 사용하기(대, 소변), 옷 입고 벗기, 목욕하기, 몸단장 등이 있습니다. 이러한 기술은 반드시 습득하는 것이 기본적이고 필수적입니다. 그러나 지적장애 학생은 이러한 자조 기술 사용 능력이 부족하여서 구체적으로 배울 수 있도록 체계적인 지원이 필요합니다.

■ 학습을 위한 지도 방법
① 그림 카드를 보고 가르치는 것보다 자신이 필요할 때 가장 잘 가르칠 수 있습니다.
② 쉬운 것부터 작은 단계로 나누어 가르치는 것이 바람직

> 합니다.
> ③ 전체 과정을 훈련하는 가운데 조금씩 목표를 성취해 나갈 수 있도록 합니다.

3) 사회성 기술이 부족합니다.
많은 지적장애인은 다른 사람과 어떻게 적절하게 상호작용해야 하는가를 잘 몰라서 사회적 관계를 형성하는 데 어려움을 겪습니다.

> ■ 학습을 위한 지도 방법
> ① 또래들과 접할 다양한 기회를 많이 제공해 줍니다.
> ② 일반 학생이 지적 학생을 이해할 수 있게 해 줍니다.
> ③ 학생이 바람직한 사회적 상호작용을 할 수 있게 지원해 줍니다.

4) 자기 지시 능력에서 어려움이 있습니다.
지적장애 학생은 자신이 주도적인 입장에서 의사를 결정하고 행동하고 표현하는 등의 자기 지시 능력에서 어려움을 보입니다.

> ■ 학습을 위한 지도 방법
> ① 상황에 따라 적절한 자기주장을 할 수 있도록 지도합니다.
> ② 일정과 규칙에 맞게 행동할 수 있도록 지도합니다.
> ③ 요구된 과제를 끝까지 수행하도록 도와줍니다.
> ④ 자기 생각에 따라 선택할 기회와 다양한 선택사항을 제시해 줍니다.

5) 건강과 안전생활이 어렵습니다.
지적장애 학생 중에는 자신의 행동이 가져오는 위험성을 알지 자신과 타인의 안전을 위협하거나 건강을 해치는 상황에 노출되는 경우가 종종 있습니다.

> ■ 학습을 위한 지도 방법
> ① 예방이 가장 중요하므로 위험한 요소를 사전에 제거하거나 안전하게 조치합니다.
> ② 위험요소가 많은 활동이나 현장학습 전에는 사전교육을 꼭 해야 합니다.
> ③ 학생과 미리 지켜야 할 것에 대하여 약속과 다짐을 합니다.
> ④ 학생이 위험한 행동을 보였을 때는 바로 그 자리에서 단호하게 주의를 시킵니다.

6) 기능적 학업기술을 사용하는 데 어려움이 있습니다.

학생이 교회학교에서 가르치는 신앙적 내용에 대하여 개념이해는 물론 실생활에서 필요한 읽기, 쓰기에도 어려움을 느낍니다.

> ■ 학습을 위한 지도 방법
> ① 지적장애 학생의 생활에 가장 필요한 기술을 먼저 가르칩니다.
> ② 건강과 안전생활에 관련하여 '주의', '출입금지'를 읽고 이해할 수 있도록 합니다.
> ③ 지역사회 일원으로서 생활하기에 꼭 필요한 기술을 익힐 수 있도록 합니다.

7) 여가생활을 하는 데 어려움이 있습니다.

학생의 적절한 여가생활과 오락 생활은 학생 자신뿐만 아니라 부모와 가족에 대한 부담을 줄여줍니다. 그러나 지적장애인들의 여가생활과 오락 생활은 매우 제한적입니다. 따라서 다양한 놀이나 여가활동을 통해 사회성도 키우고 풍성한 삶을 살 수 있도록 해야 합니다.

■ 학습을 위한 지도 방법
① 지적장애 학생의 생활연령에 맞는 여가활동을 가르쳐 줍니다.
② 지적장애 학생의 특성에 알맞은 활동을 할 수 있게 합니다.
③ 더욱 쉽게 할 수 있는 여가활동을 배우는 것이 좋습니다.

■ 참조 : 김해용, 『장애인교회학교 사역매뉴얼』, 도서출판 한장연. pp. 78~91

05 장애인을 이해하는 데 도움이 되는 영화

일반인의 시선	장애를 이겨내는 장애인	1. 나의 왼발	그림을 그린 뇌성마비 중증장애인 크리스티 브라운의 실화를 바탕으로 만든 영화
		2. 뷰티풀 마인드	노벨 경제학상 수상자인 존 F. 내쉬의 삶과 고뇌를 다룬 영화
		3. 말아톤	마라톤을 통하여 세상과 소통하는 자폐아 초원이에 대한 영화
	서번트 신드롬	4. 레인맨	서번트 신드롬의 자폐적 특성을 가진 형제 레이먼드와 동생 찰리의 우애를 다룬 영화
		5. 내 이름은 칸	자폐증과 천재적인 특성 모두 가진 칸이 사랑하는 아내를 위해 대통령을 만나기 위해 노력하는 과정을 다룬 영화
	사회적제도	6. 아이 엠 샘	지적 장애를 지닌 샘이 딸의 양육권을 두고 벌이는 이야기를 다룬 영화
	장애인의 사랑	7. 모차르트와 고래	아스퍼거증후군으로 인해 상반된 특성을 가진 남녀의 사랑에 대한 영화
		8. 오아시스	중증뇌성마비 장애인의 진정한 사랑에 대해 생각하게 하는 영화
		9. 조제, 호랑이 그리고 물고기들	다리가 불편한 조제와 츠네오의 섬세하고 잔잔한 사랑에 대한 영화
장애인의 시선		10. 여섯 개의 시선(중 세 번째 여행)	김문주라는 한 뇌성마비 1급 장애인의 일상적인 사건, 감정, 기록을 열세 편의 짧은 장면으로 구성한 영화

■ 참조 : 김해용, 『신입교사 Q. A.』, 도서출판 한장연, pp. 92~93

장애인을 이해하는 데 도움이 되는 책

■ 장애인

존 엘더 로비슨 저 <나를 똑바로 봐>	40세가 되어서야 비로소 진단을 받고 자신을 이해하고 삶을 긍정하게 되었다는 아스퍼거인의 회고록
티토 라자쉬 무코파드야이 저 <마음 나무>	열한 살 자폐아 티토가 들려주는 세상에 대한 깊은 성찰이 담긴 내면세계의 이야기
템플 그랜틴 저 <어느 자폐인 이야기> <나는 그림으로 생각한다>	천재적인 동물학자인 저자가 자폐의 세계에서 경험한 것들을 생생하게 기록해 자폐인과 비자폐인의 넓은 간극을 명쾌하게 메워준다.
로버트 저겐 저 <리틀 몬스터>	ADHD를 자원으로 활용하여 결국 대학교수가 된 자신의 경험을 바탕으로, ADHD를 가진 학생들의 입장에서 그들이 재능을 발휘하여 행복해질 수 있도록 격려해 주는 책

■ 교사

아이빛 저 <조금 느려도 괜찮아>	서울 정문초등학교의 특수교사와 학생들이 나눈 알콩달콩한 사랑 이야기
토리 헤이든 저 <예쁜 아이>	특수교사인 저자가 특수학급에서의 1년간의 여정을 들려준다
야마모토 어사무 저 <도토리의 집>	농아학교의 선생님, 부모와 아이들의 휴먼드라마를 그린 만화책 (전 7권)

■ 가족

폴 콜린스 저 <네모난 못>	자폐를 앓는 이들에 대한 애증은 아버지를 자폐에 대한 여행으로 이끌고 그 안에서 자폐와 인간의 정체성에 관해 물음을 던진다.
오민주 저 <엄마가 되어보니>	예지를 낳고 키우면서 수없이 울고 후회하기를 반복하면서 깨달은 것은 엄마가 장애 자녀를 보는 시선이 달라져야 한다고 말하며 행복한 가정을 이룰 방법을 제시해 주는 책
페기 루 모건 저 <부모가 알아야 할 장애 자녀 평생 설계>	장애 자녀가 열두 살이 되면 부모는 성년기 이행 설계를 시작해야 한다고 주장하며 어떻게 성년계획을 설계할 것인지 구체적으로 밝혀주는 책
유현경 저 <진호야 사랑해>	국가대표 수영선수인 자폐를 앓는 진호의 양육을 위해서 세상에서 가장 독한 엄마가 되어야 했던 어머니의 이야기
장차현실 저 <엄마 외로운 거 그만하고 밥 먹자>	다운증후군 딸을 키우는 엄마의 이야기를 수필과 만화로 풀어낸 책
주디 카라시크 저 <함께 살아가기>	자폐아를 키우는 미국의 중산층 가족의 이야기
사사키 시호미 저 <장애도 못 말리는 명랑엄마의 행복선언>	3명의 아이 모두 장애인이지만 진심으로 행복하고 감사하다는 명랑한 어머니의 이야기

■ 참조 : 김해용, 『신입교사 Q. A.』, 도서출판 한장연, pp. 93~94

07 장애 학생의 행동 관찰하기

1. 행동의 기능

장애 학생의 행동은 나름의 '목적'을 지닌 기능적인 행동으로 볼 수 있습니다. 행동의 기능은 일반적으로 아래와 같이 다섯 가지로 볼 수 있습니다. 행동의 기능을 알게 되면, 좀 더 바람직한 행동을 지도하는 것으로 문제행동이 감소할 수 있습니다. 학생을 관찰하기 위해서 사용하는 일반적인 방법의 하나로 ABC 분석이 있습니다.

기능	내용
관심 끌기	다른 사람의 관심을 끌고 싶어서 하는 행동
문제 회피	특정한 사람, 특정한 과제를 피하고 싶어서 하는 거부 행동
원하는 것 얻기	원하는 것(물건이나 활동)을 얻거나, 계속 지속하고자 하는 행동
자기 조절	자신의 각성 수준을 조절하고자 하는 행동, 자기 자극 행동
놀이 또는 오락	단순히 하고 싶어서 하는 행동, 특별히 할 일이 없는 경우에 나타나곤 함

2. ABC 분석표

(예시①) 선행사건이 행동에 영향을 주는 경우

배경사건	선행사건	행동	후속결과
없음	사랑이의 오른쪽 옆자리에 앉은 믿음이가 사랑이의 오른손을 잡았다.	사랑이가 믿음이에게 잡히지 않은 왼손으로 믿음이의 손등을 때렸다.	교사가 '친구를 때리면 안 되지'라고 말하였다.

선행 사건이 행동에 영향을 주는 경우에는, 선행사건을 바꿔주시면 행동을 예방하는 데 도움이 될 수 있어요!

(예시①) 선행사건이 행동에 영향을 주는 경우

배경사건	선행사건	행동	후속결과
겸손이는 아침에 늦잠을 자 아침밥을 먹지 못하고 교회에 왔다.	겸손이가 소망이 뒤에 간식을 받기 위해 줄을 서 있다.	겸손이가 소망이를 밀치고 소망이 앞으로 가 줄을 섰다.	소망이가 울음을 터트리고 다른 곳으로 가 겸손이는 더 빨리 간식을 받았다.

학생이 평소에는 잘 보이지 않던 문제행동을 보일 때에는 배경사건의 영향을 받았을 수 있어요. 이럴 때는 왜 이런 행동이 나타났는지 알아보시면 좋겠지요?

(예시③) 후속 결과가 학생의 행동에 영향을 주는 경우

배경사건	선행사건	행동	후속결과
없음	공과공부 시간에 선생님이 공과 내용을 설명하였다.	은혜가 "방귀 뿡! 하하! 웃기다!"라고 큰 소리로 웃었다.	옆에 앉은 다른 학생들이 크게 웃었다. 선생님은 설명을 중단하고 은혜에게 "은혜야, 안돼. 선생님 이야기를 들어야지"라고 말하였다.

이 경우에는 은혜가 선생님과 친구들의 관심을 얻으려고 했던 것일 수 있어요. 이 경우 은혜가 얻는 후속 결과를 바꾸면 은혜는 '방귀 뿡!' 같은 행동을 해도 원하는 것을 얻을 수 없게 되고, 원하는 결과를 얻지 못 하는 행동은 점점 하지 않게 돼요. 예를 들어 관심을 얻기 위한 행동이었다면 은혜의 행동을 무시하여 관심을 주지 않는 게 좋을 거예요.

■ 참조 : 김해용, 『신입교사 Q. A.』, 도서출판 한장연, pp. 96~98

08 장애인에 대한 올바른 용어사용

장애인복지법 제8조 2항에는 "누구든지 장애인을 비하, 모욕하거나 장애인을 이용하여 부당한 영리 행위를 하여서는 아니 되며…"라고 규정되어 있습니다. 이것은 비장애인이 장애인에 대하여 올바른 용어를 사용함으로써 그들을 존중해야 한다는 사실을 깨닫게 해 줍니다. 일반적으로 다양한 장애를 가진 분들을 어떻게 호칭해야 하는지 살펴보겠습니다. 아래의 장애인 용어는 장애인복지법과 장애인 먼저 실천운동본부의 제안과 필자의 의견을 담은 것이므로 참고해서 올바른 용어를 사용하면 좋겠습니다.

〈 올바르게 사용해야 할 장애인 관련 용어 〉

잘못된 용어	올바른 용어
장애자, 장애우	장애인
정상인	비장애인
정신박약, 정신병자, 백치	정신장애인
앉은뱅이, 절름발이, 불구자	지체장애인
정신지체인, 저능아, 바보	지적장애인, 학습장애인
장님, 소경, 애꾸눈	시각장애인
꼽추, 곱사	척추 장애인
귀머거리, 벙어리	청각장애인, 언어장애인

잘못된 용어	올바른 용어
간질 병자	뇌전증 장애인
뇌성마비, 파킨슨 장애	뇌병변 장애인
문둥병자, 나병 환자	한센인
병신	신체장애인
난쟁이	키가 작은 사람, 왜소증 *
정신분열증	조현병 *
외팔이, 외다리, 외발이	신체 장애인, 절단 장애인
얼굴에 화상 등 기타 장애가 있는 사람	안면 장애인, 기형 장애인
장애를 앓고 있다	장애가 있다
장애를 두 개 이상 가진 사람	중복장애인
장애가 심한 사람	중증장애인
장애가 약한 사람	경증장애인
날 때부터 장애를 가지고 태어난 사람	선천성 장애인
태어난 이후에 살면서 장애를 가진 사람	후천성 장애인

* 는 질병에 속한 것이나 장애로 인식됩니다.

참고도서 목록

1. 장바니에,『공동체와 성장』, 성바오로 출판사.
2. 박종삼,『교회사회봉사 이해와 실천』, 인간과 복지.
3. 브루스 윌킨스,『배우는 이의 7가지 법칙』, 도서출판 디모데.
4. 죠지바나,『비전있는 지도자 비전있는 사역』, 죠이선교회.
5. 김해용,『신입교사 Q.A.』, 도서출판 한장연.
6. 데이비드 W. 앤더슨,『신학적 관점에서 본 장애인이해』, 도서출판 밀알서원.
7. 김경수,『성경적 돌봄』, 도서출판 목양.
8. 엘리자베스 퀴블러-로스 & 제이비드 케슬러,『인생수업』, 이레.
9. 헨리 나우웬,『영성에의 길』, IVP.
10. 헨리 나우웬,『영혼의 양식』, 두란노.
11. 김해용,『장애인교회학교사역매뉴얼』, 도서출판 한장연.
12. 안교성,『장애인을 잃어버린 교회』, 홍성사.
13. 황의경,『정신지체이해와 교육』, 홍익사.
10. 김삼섭,『중증장애인의 교육과 재활』, 이화여자대학교출판부.
11. 김해용,『치유영성』, 도서출판 한장연.
12. 데이비드 W. 앤더슨,『특수교육신학』, 시그마프레스.

본문 미주

1) 고린도 전서 1장 27~29절
2) 안교성, 『장애인을 잃어버린 교회』, 홍성사, p. 27.
3) 시편 119편 71절
4) 요한복음 9장 39절
5) 대상관계이론(object relations theory): 프로이트 이론을 기본으로 멜라니 클라인(Melanie Klein)이 새롭게 발전시킨 정신분석의 한 방법론으로서 대인관계를 통하여 자아와 인격이 형성된다는 것이다.
6) 로마서 3장 23, 24절
7) 빌립보서 4장 13절
8) 이사야 9장 6절; 이사야 61장1, 2절
9) 디모데전서 2장 4절
10) 로마서 1장 16절
11) 사도행전 2장 21절
12) 로마서 5장 8, 9절
13) 에베소서 2장 8, 9절
14) 창세기 12장 1~4절
15) 로마서 3장 28절
16) 누가복음 23장 42절
17) 로마서 10장 9절
18) 사무엘상 16장 7절
19) 이사야서 61장 1~3절
20) 고린도전서 1장 27~31절
21) 오민주, 『엄마가 되어보니』, 젤리판다, p.18.
22) 마태복음 11장 28절
 "수고하고 무거운 짐진 자들아 나 내게오라 내가 너희를 쉬게 하리라"
23) 실존주의 철학에서 인간을 가리키는 말로써 '현존재(現存在)'라고도 한다.
24) 요한복음 9장 39절
25) 신명기 7장 6, 7절
 "너는 여호와 네 하나님의 성민이라. 네 하나님 여호와께서 지상 만민 중에서 너를 자기 기업의 백성으로 택하셨나니, 여호와께서 너희를 기뻐하시고 너희를 택하심은 너희가 다른 민족보다 수효가 많기 때문이 아니니라. 너희는 오히려 모든 민족 중에 가장 적으니라"
26) paradox '일반적으로 현실에서 발생할 수 있는 대부분의 모순된 상황을 말함'
27) 마태복음 23장 17, 19, 24, 26절
28) 갈라디아서 6장 14절
29) 베드로전서 2장 9, 10절
30) 요한복음 9장 39절
31) 안교성, p.68.
32) 히브리서 5장 8, 9절
이사야 2장 11절
33) 시편 31편 23절
34) 창세기 1장 26절
 "하나님이 이르시되 우리의 형상을 따라 우리의 모양대로 우리가 사람을 만들고 그들로 바다의 물고기와 하늘의 새와 가축과 온 땅과 땅에 기는 모든 것을 다스리게 하자 하시고."
35) 시편 139편 15절
36) 이사야 43장 7절
37) 창세기 1장 26~29절
38) 지, 정, 의(인간의 전인격이 하나님의 성품과 속성을 닮아 창조되었음을 의미함)
39) 요한복음 9장 1~5절
40) 신명기 28장 28절
 "여호와께서 또 너를 미치는 것과 눈 머는 것과 정신병으로 치시리니"
41) 요한복음 9장 3절
42) 독자들에게 올바른 전달을 위하여 귀머거리라는 부정적 언어를 원안대로 인용함.
43) 출애굽기 4장 11절
 로마서 9장 19~21절
44) 고린도전서 1장 24~29절
45) 고린도전서 12장 22, 23절; 13장 1절
46) 고린도후서 1장 20절
47) 잠언 6장 16~19절
48) 골로새서 1장 16절

49) 사무엘하 24장 1~25절
50) 시편 18편 1, 2절
51) 마가복음 10장 46~52절
52) 마태복음 20장 29~34절
53) '양자의 무력함'이란 신체의 결함이나 능력이 부족함으로 연약한 상태에 있는 사람에게 사랑을 나누기 위하여 자신이 희생하며 연약한 상태가 되는 것.
54) 헨리 나우웬의 4월 19일 일기 중 - "자유는 끌어당기는 힘을 가지고 있는..."
55) 요한복음 14장 6절
56) 갈라디아서 5장 1절
57) 고린도전서 1장 27~29절
58) 시편 127편 3절
"보라 자식들은 여호와의 기업이요 태의 열매는 그의 상급이로다."
59) 스위스 출신의 미국 정신과 의사로서 상실의 5단계(five stages of grief) 이론을 처음 논의했다.
60) 히브리서 12장 6~8절
61) 야고보서 1장 3, 4절
62) 출애굽기 4장 11절
"여호와께서 그에게 이르시되 누가 사람의 입을 지었느냐 누가 말 못 하는 자나 못 듣는 자나 눈 밝은 자나 맹인이 되게 하였느냐 나 여호와가 아니냐."
63) 요한복음 9장 3절
"예수께서 대답하시되 이 사람이나 그 부모의 죄로 인한 것이 아니라 그에게서 하나님이 하시는 일을 나타내고자 하심이라."
64) 히브리서 12장 5절~8절
65) 전도서 3장 1절
"범사에 기한이 있고 천하 만사가 다 때가 있나니."
66) 출처 : 중앙일보 2019년 1월 25일 '배추머리' 김병조, 방송 퇴출당하고 교수 된 사연
67) 사도행전 9장
68) 사도행전 9장 15절
69) 고린도후서 12장 7절
70) 페르소나 (persona) : 진정한 자신과는 달리 다른 사람에게 투사된 성격을 말하는 심리학의 용어. 이 용어는 스위스의 정신분석학자 카를 구스타프 융(Carl Gustav Jung)이 에트루리아의 어릿광대들이 쓰던 가면을 뜻하는 라틴어에서 따서 만들었다. 카를 융은 사회에서 요구하는 덕목, 의무 등에 따라 자신의 본성 위에 덧씌우는 사회적 인격을 페르소나라고 명명했다.
71) 나병 환자의 공식적인 표현은 '한센인'이며 독자의 편의를 위해 본문 그대로 표현했음.
72) 사마리아인은 고대 근동 북이스라엘의 사마리아 지역에 살던 사람들이었다. 그런데 BC 722년에 앗시리아에 의해 멸망당한 후에 타민족과의 혼인정책으로 인하여 유대인의 정통성을 잃고 혼혈족이 되었다. 이 때문에 유대인의 정통성을 계승한 남유다의 유대인들과는 차별되었다.
73) 예수께서 대답하셨다.
"이 사람이 죄를 지은 것도 아니요, 그의 부모가 죄를 지은 것도 아니다. 하나님께서 하시는 일들을 그에게서 드러내시려는 것이다." (요한복음 9장 3절 / 표준새번역)
74) 예수께서 온 갈릴리를 두루 다니시면서, 그들의 회당에서 가르치며, 하늘나라의 복음을 선포하며, 백성 가운데서 모든 질병과 아픔을 고쳐 주셨다. 예수의 소문이 온 시리아에 퍼졌다. 그리하여 사람들이, 갖가지 질병과 고통으로 앓는 모든 환자들과 귀신 들린 사람들과 간질병 환자들과 중풍병 환자들을 예수께로 데리고 왔다. 예수께서는 그들을 고쳐 주셨다. (마태복음 4장23절~24절 / 표준새번역)
75) 레위기 19장 14절
"너는 귀먹은 자를 저주하지 말며 맹인 앞에 장애물을 놓지 말고 네 하나님을 경외하라 나는 여호와니라."
76) 누가복음 4장 18, 19절
"주의 성령이 내게 임하셨으니 이는 가난한 자에게 복음을 전하게 하시려고 내게 기름을 부으시고 나를 보내사 포로된 자에게 자유를, 눈 먼 자에게 다시 보게 함을 전파하며 눌린 자를 자유롭게 하고 주의 은혜의 해를 전파하게 하려 하심이라 하였더라."

77) 마태복음 4장 23, 24절
"예수께서 온 갈릴리에 두루 다니사 그들의 회당에서 가르치시며 천국 복음을 전파하시며 백성 중의 모든 병과 모든 약한 것을 고치시니 그의 소문이 온 수리아에 퍼진지라 사람들이 모든 앓는 자 곧 각종 병에 걸려서 고통 당하는 자, 귀신 들린 자, 간질하는 자, 중풍병자들을 데려오니 그들을 고치시더라."

78) 마태복음 14장 13, 21절

79) 마태복음 8장 16, 17절
이사야서 53장 4, 5절

80) 요한복음 5장 8, 9절

81) 요한복음 9장 3절

82) 요한복음 9장 4절
우리가 해야 할 일임을 가르쳐주신 예수님

83) 마태복음 15장 32절
무리를 불쌍히 여기신 예수님

84) 마태복음 15장 29~31절
찾아온 장애인을 고쳐주신 예수님

85) 마태복음 4장 23~25절
장애인에게 복음을 전하신 예수님

86) 마가복음 4장 35절
귀신들린 자를 찾아가신 예수님

87) 요한복음 5장 1~18절
베데스다 연못의 38년 된 장애인을 고쳐주신 예수님

88) 마태복음 8장 1~3절
장애인의 필요를 채워주시는 예수님

89) 누가복음 5장 17~26절
병 고치는 능력이 있으신 예수님

90) 마태복음 12장 28절
성령을 힘입어 귀신을 쫓아내신 예수님

91) 마태복음 11장 29절
마음이 온유하고 겸손하신 예수님

92) 히브리서 10장 24, 25절

93) 에베소서 4장 32절

94) 마태복음 5장 3절

95) www.kmind.net
(전국장애인교회학교협회 및 한국장애인사역연구소 홈페이지 주소)

96) 로마서 12장 15절

97) 사도행전 2장 43~47절

98) 요한복음 9장 4절

99) 마태복음 25장 35절~45절

100) 로마서 12장 15절

101) 빌립보서 2장 4절

102) 사무엘상 13장 14절;
사도행전 13장 22절

103) 사무엘하 11장

104) 로마서 8장 31절~39절

105) 고린도전서 12장 27절

106) 고린도전서 12장 13절

107) 라르쉬 공동체(L'Arche Community)
프랑스어로 '방주'라는 뜻의 라르슈 공동체는 캐나다의 장애인 인권운동가이자 신학자, 철학자인 장 바니에(Jean Vanier, 1928년 9월 10일~2019년 5월 7일)에 의해서 설립된 발달장애인 공동체이다.

108) 디아코니아(διακονία)는 자발적인 자세로 행하는 적극적인 봉사(service)를 의미한다.(참조:사도행전 6장1~7절; 로마서 12장 3,7절; 고린도전서 16장13,15절; 에베소서 4장 12,13절; 디모데전서 1장 12,14절; 디모데후서 4장 5,7절)

109) 고린도전서 12장 23절

110) 갈라디아서 5장 22절

111) 이사야 60장 22절

112) 고린도전서 12장 22절

113) 에베소서 4장 2절

114) 요한일서 4장 7~21절 (4장에서 사랑이라는 단어를 31번 사용함)

115) 마태복음 5장 7절

116) 호세아 6장 6절
"나는 인애(긍휼)를 원하고 제사를 원치 아니하며 번제보다 하나님을 아는 것을 원하노라."

117) 요한복음 13장 1~20절

118) 요한복음 13장 34, 35절

119) 출애굽기 20장 8절(십계명 중 4계명)

120) 마가복음 2장 27절
"또 이르시되 안식일이 사람을 위하여 있는 것이요, 사람이 안식일을 위하여 있는 것이 아니니"

121) 마가복음 2장 28절
"이러므로 인자는 안식일에도 주인이니라"
122) 사도행전 20장 24절
123) 히브리서 11장 1절
124) 전도서 3장 1~11절
125) 전도서 3장 11, 14절
126) 시편 119편 71절; 욥기 23장 10절
127) 마태복음 11장 28, 29절
128) 창세기 41장 1~57절
129) 전도서 3장 1~22절
130) 출애굽기 4장 11절
131) 시편 44편 9~26절
132) 인간의 내면에 내재되어 있는 하나님의 공유적 속성 중 정직하고 깨끗한 성품.
133) 예레미야 33장 3절
134) 예레미야 29장 11~13절
135) 에베소서 1장 3~6절
136) 히브리서 12장 1~13절
137) 야고보서 1장 2~4절
138) 히브리서 12장 6~8절
139) 시편 119편 71절
140) 로마서 8장 26절
141) 마태복음 7장 13, 14절
142) 사도행전 14장 22절
143) 야고보서 1장 12절
144) 이사야서 61장 1절
145) 누가복음 4장 18절
146) 마태복음 5장 23~25절
147) 마태복음 9장 1~13절
148) 창세기 3장 1~24절
149) 출애굽기 15장 26절
150) 예레미야 30장 17절
151) 예레미야 33장 6절
152) 마태복음 11장 28절
153) 예레미야 33장 3절
154) 요한일서 4장 16절
155) 사회역학은 1990년대 후반에서 그 연구가 본격화된 학문이다.

156) 로마서 1장 28~32절
157) 출애굽기 15장 26절
158) 마태복음 11장 28절
159) 누가복음 15장 11~32절
160) 전도서 3장 1절
161) 이사야 53장 1~12절
162) '연약함(weakness)'에는 '의존(dependence)'이라는 긍정적인 의미와 '결함, 결핍(deficiency)'이라는 부정적인 의미가 모두 포함 될 수 있다. '순전한 연약함(pure weakness)'이라는 용어는 연약함의 긍정적인 측면을 강조하기 위한 표현으로써 완전한 사람으로 이 땅에 오신 성자(聖子) 예수님께서 성부(聖父) 하나님을 온전히 의존하심을 나타낸다. 만일 예수님께서 부정적인 측면에서의 연약함(결함, deficiency)을 보이셨다면 예수님은 구원자로써 온전한 대속제물이 될 수 없게 된다.
163) 헨리 나우웬, 『영성에의 길』, p. 32.
164) 동일한 책, p. 23.
165) 로마서 3장 23, 24절
166) 요한복음 15장 26절
167) 자폐 스펙트럼 장애 또는 전반적 발달장애의 일종으로, 사회적 상호작용에 어려움을 겪고 제한된 관심사에 반복적인 행동 문제를 나타낸다. 그러나 인지 및 언어 발달의 지연은 발생하지 않는 것으로 알려져 있다.
168) "뇌성마비, 외상성 뇌손상, 뇌졸중 등 뇌의 기질적 병변으로 인하여 발생한 신체적 장애로 보행이나 일상생활의 동작 등에 상당한 제약을 받는 사람" 「장애인복지법」
169) 고린도전서 1장 27~29절
170) 창세기 1장 26~28절
171) 히브리서 12장 6절
사도행전 1장 8절
172) 마태복음 15장 29~31절
173) 디모데후서 2장 20, 21절
174) 마태복음 9장 9~13절
175) 이사야 53장 1~4절
176) 누가복음 15장 1~32절

177) 요한복음 9장 39절
178) 시편 50편
179) 히브리서 12장 11절
180) 베드로전서 2장 9절
181) 신명기 8장 15, 16절
182) 잠언 3장 전체 (중요구절 1~12절)
183) 출애굽기 4장 10, 11절
184) 시편 119편 67절
185) 사도행전 9장 9절
186) 고린도후서 12장 10절
187) 요한복음 9장
188) 전도서 3장 1절
"범사에 기한이 있고 천하만사가 다 때가 있나니."
189) 예레미아 33장 3절
190) 시편 139편 1~24절
191) 예레미야 33장 3절
192) 시편 42편 5절
193) 잠언 3장 5, 6절
194) 예레미야 29장 11~14절
195) 고해 : 현세의 괴로움이 깊고 끝없음을 바다에 비유하여 이르는 말
196) 야고보서 1장 15절
197) 요한복음 14장 27절
198) 요한계시록 3장 20절
199) 요한계시록 21장 4절
200) 마태복음 6장 19~34절
201) 고린도전서 12장 12~27절
202) 박종삼, 『교회사회봉사 이해와 실천』, 인간과 복지, P. 28.
203) 요한복음 13장 34, 35절
204) 마가복음 3장 7~10절
205) 누가복음 14장 12~14절
206) 요한복음 10장 10절
"내가 온 것은 양으로 생명을 얻게 하고 더 풍성히 얻게 하려는 것이라."
207) 요한복음 3장 16절
"하나님이 세상을 이처럼 사랑하사 독생자를 주셨으니 이는 그를 믿는 자마다 멸망하지 않고 영생을 얻게 하려 하심이라."
208) 로마서 10장 17절
"그러므로 믿음은 들음에서 나며 들음은 그리스도의 말씀으로 말미암느니라."
209) 에베소서 2장 8절
"너희는 그 은혜에 의하여 믿음으로 말미암아 구원을 받았으니 이것은 너희에게서 난 것이 아니요 하나님의 선물이라."
210) 신명기 4장 1절 מלמד 피엘 분사 남성 단수형 '가르치는' 기본형 למד
신명기 5장 1절 למדתם 칼 완료 2인치 남성 복수형 '배우다' 기본형 למד
211) 브루스 윌킨스, 『배우는 이의 7가지 법칙』, 도서출판 디모데, P 28, 29.
212) 마태복음 15장 40절
213) M(선교 mission),
E(복음전도 evangelization),
N(양육 nurture),
S(봉사 service),
SS(사회봉사 social service),
SA(사회행동 social action),
F(친교 fellowship)
214) 박종삼, pp. 20~22.
215) 민수기 22장
216) 마태복음 18장
217) 요한복음 9장
218) 누가복음 17장
219) 누가복음 4장 17~19절
"주의 성령이 내게 임하셨으니 이는 가난한 자에게 복음을 전하게 하시려고 내게 기름을 부으시고 나를 보내사 포로 된 자에게 자유를, 눈 먼 자에게 다시 보게 함을 전파하며 눌린 자를 자유롭게 하고 주의 은혜의 해를 전파하게 하려 하심이라 하였더라."
220) 요한복음 9장 4절
221) 아모스서 5장 21~27절
222) 마태복음 6장 33절
"그런즉 너희는 먼저 그의 나라와 그의 의를 구하라 그리하면 이 모든 것을 너희에게 더하시리라."
223) 마태복음 6장 33절
224) 마태복음 4장 1~11절;
요한복음 16장 33절

225) 욥기 22장 21, 22절
226) 요한계시록 3장 20절
227) 민수기 15장 41절
228) 마태복음 5장 10절
229) 요한계시록 21장 3, 4절
230) 하박국 3장 17, 18절
231) 빌립보서 2장 3, 4절
232) 장 바니에, 『공동체와 성장』, 성바오로 출판사, p.17.
233) 사도행전 2장 41, 42절
234) 마태복음 4장 23~25절
235) 이사야 53장 1~6절